国家重点研发计划项目"职务犯罪职能评估、预防关键技术研究"课题《反腐防控决策模型与评估系统研究》（项目编号：2017YFC0804004）

Zhineng Jishu Yu Zhiwu Fanzui Yufang
Fanfu Fangkong Juece Yu Pinggu Jishu De Fazhan

智能技术与职务犯罪预防
——反腐防控决策与评估技术的发展

主　编　喻国明
副主编　杨　雅

人民日报出版社
北京

图书在版编目(CIP)数据

智能技术与职务犯罪预防:反腐防控决策与评估技术的发展/喻国明主编.—北京:人民日报出版社,2020.11

ISBN 978-7-5115-6608-9

Ⅰ.①智… Ⅱ.①喻… Ⅲ.①职务犯罪—预防犯罪—决策模型—研究—中国②职务犯罪—预防犯罪—评估—系统软件—研究—中国 Ⅳ.①D924.304-39

中国版本图书馆 CIP 数据核字(2020)第 204630 号

书　　　名:智能技术与职务犯罪预防——反腐防控决策与评估技术的发展
ZHINENG JISHU YU ZHIWU FANZUI YUFANG —FANFU FANGKONG JUECE YU PINGGU JISHU DE FAZHAN

主　　　编:喻国明
副 主 编:杨　雅

出 版 人:刘华新
责任编辑:梁雪云
版式设计:中联华文

出版发行: 人民日报出版社

社　　　址:北京金台西路2号
邮政编码:100733
发行热线:(010)65369509　65369846　65363528　65369512
邮购热线:(010)65369530　65363527
编辑热线:(010)65369526
网　　　址:www.peopledailypress.com
经　　　销:新华书店
印　　　刷:三河市华东印刷有限公司
法律顾问:北京科宇律师事务所　010-83622312

开　　　本:710mm×1000mm　1/16
字　　　数:305千字
印　　　张:17
版次印次:2021年1月第1版　　2021年1月第1次印刷

书　　　号:ISBN 978-7-5115-6608-9
定　　　价:75.00元

《智能技术与职务犯罪预防》编委会

主　　编：喻国明

副 主 编：杨　雅

编委会成员（按姓氏首字母排序）：

狄增如　郭理蓉　李　东　李　彪

刘品新　王志春　张远煌

前　言

本书为国家重点研发计划项目"职务犯罪职能评估、预防关键技术研究"课题《反腐防控决策模型与评估系统研究》(项目编号:2017YFC0804004)结项成果之一。项目包括四个子课题:课题一,犯罪社会关系网络分析技术研究;课题二,反腐案例特征发现与腐败案件发展态势预判研究;课题三,反腐信息评估与举报线索研判技术研究;课题四,反腐防控决策模型与评估系统研究。喻国明教授主持课题四反腐防控决策模型与评估系统研究。

腐败犯罪治理难度大,反腐败在政策理念与政策运行中必须坚持"惩防并举、注重预防"。虽然事后打击具有重要价值,但事前预防具有更高的价值追求,而且控制效率也更高,如何有效识别腐败犯罪风险并及时采取主动干预措施,减少腐败的发生概率及现实危害,方是治本之策。课题主要研究现阶段我国腐败犯罪的事实特征与发生机理,结合我国反腐败的政策及法律规定,初步形成符合我国国情并与国际接轨的腐败风险评估与预防指标体系,促进国家、社会腐败犯罪预防和治理能力的提升。

本书围绕腐败犯罪防控决策与评估研究的目标与具体实施情况,主要分为四个部分:反腐传播对策体系、非公经济组织腐败犯罪预防、反腐败指数研究,以及反腐决策智能技术与可视化。

第一部分,反腐传播对策体系。当前新媒体和自媒体的迅猛发展,拓展了预防职务腐败的传播新渠道。自下而上的社会反腐机制,即受众本位的反腐思路,成为传统的自上而下的国家本位、传播者本位的互补渠道。"防患于未然"已经成为遏制职务腐败的重要方面。此部分基于传播学和舆论学的研究方法和经验,构建风险社会反腐传播"知信行"(KAP)模型,探索反腐传播对策机制创新,积极引导反腐案件相关舆情,为反腐决策提供有效参考。此外,研究通过对职务犯罪舆情的现状及特征的分析,从重点地区、主要领域、主体特征、组织特征、行为特征、时间特征、后果特征等多个层面进行详细描述,并在此基础上提出反腐传播的对策,即构建职务腐败案件"零容忍"的舆论氛围,明确媒体在预防职务犯罪中的重要作用,以及职务犯罪舆情监测的重要意义。

第二部分,非公经济组织腐败犯罪预防。当前,无论反腐败理论研究还是反腐败实践,主要聚焦于公共领域的反腐败,非公领域尤其是民营企业腐败治理成了被遗忘的角度。事实上,公共领域的腐败与私营部门的腐败之间存在着相互交织、互为因果的联系。反腐败斗争的全面深入推进,必须在战略决策与实践运行中注重公共领域与私营部门反腐败的协调推进。在这方面,构建民营企业腐败犯罪合作预防模式,不失为一种新的路径选择与策略构想,分析非公经济组织贿赂犯罪现状与原因,在此基础上形成风险评估标准,并研究构建和完善我国非公经济组织腐败犯罪的评估和预防措施体系。

第三部分,反腐败指数研究。在界定腐败、反腐败与反腐败指数等概念的基础上,基于我国各省级区划的公开数据,建立多维度的反腐败"清廉指数"评估模型及其数据特征,深入分析了影响反腐败指数的相关因素,并以具备完整公开数据的省份为例予以佐证说明。在此基础上,探索防控腐败犯罪的对策理念,研究通过梳理我国防控腐败犯罪的历史经验和教训,借鉴域外反腐的有效经验,立足我国现实国情,研究如何进一步完善我国防控腐败犯罪的刑事政策,使之更科学化、合理化。

第四部分,反腐决策智能技术与可视化。构建面向职务犯罪防控的辅助决策与评估交互模型,为职务犯罪预防提供辅助决策手段;利用支持信息可视化的人机交互界面,充分整合计算机计算能力和决策者的认知分析能力,提示腐败犯罪发生的规律,如腐败犯罪的"四高",即高发领域、高发环节、高发岗位、高发人群,合理配置反腐败资源,完善和创新反腐机制,提高预防腐败的效能,为反腐防控决策及评估提供支撑。

目　录
CONTENTS

第四部分　　反腐决策智能技术与可视化

第一部分

01

反腐传播对策体系

第一章

反腐传播对策体系的依据与构建

一、风险社会信息传播的"知信行"模型

新媒体和自媒体的迅猛发展,拓展了预防职务腐败的传播新渠道。自下而上的社会反腐机制,即受众本位的反腐思路,成为传统的自上而下的国家本位、传播者本位的互补渠道。"防患于未然"已经成为遏制职务腐败的重要方面。

因此,开展"反腐传播"对策体系研究,从"自上而下"的传播与"自下而上"的传播两条渠道出发构建"反腐传播"新机制,一方面,结合新形势下的新问题,判断社会各领域中职务腐败热点舆情事件易发生的领域和环节;另一方面,建立信息库,对于典型网络反腐事件进行分类管理,分析其特点、规律、时间序列的表现特征,科学预测变化趋势,建立预警机制,为反腐决策提供有效参考。

本课题从外网和内网两类信息库进行数据挖掘,健全"反腐传播"新评价体系,进一步推进预防职务腐败研究的进展,了解群众对于反腐倡廉的认知、态度、行为,即"知信行"(KAP)模式,判断公众关注的反腐热点议题、重点领域,为更好地开展预防职务腐败提供判断与决策依据。

具体来说,首先,"知"的层面,即公众对是与非、善与恶的认知。习总书记说过,"预防职务犯罪出生产力",必须将法制意识、廉洁意识内化于公众的素质之中,加强公众的思想道德教育,提高公众对于腐败严重性的认识。其次,"信"的层面,即态度层面,公众对于腐败与否的内心衡量、对腐败行为的容忍度如何,反映出行为人的价值取向。通过"解释是与非评估重要性与可信度结合因素做决定自我效能调节"四个维度,形成态度量表。最后,"行"的层面,即民众自律与他律的行为选择。行为模式可以分为"行为启动或培育阶段、行为转变或增强阶段、行为维持阶段"这三个行为阶段,每个阶段都会受到动机因素、条件因素、调节因素和制约因素的综合影响。整个社会需要营造反腐倡廉的舆论氛围,从态度、行为取向上筑牢遏制腐败的坚固防线。

二、研究体系建构的思路设计：自上而下与自下而上的场域相结合

(一)构建"自上而下"场域的"反腐传播"评价子体系

具体来说，对于"外网"，即主流新闻媒体预防职务腐败相关报道的内容分析，选择经由渠道价值评测的媒体平台，将指标细化为报道总量、报道领域、报道主体、情感倾向、网络搜索量等三级指标，通过加权计算，进行文本研究；此外，对于主流媒体预防职务腐败相关报道的时间序列上的演变进行分析，探讨哪些是热点议题以及议题舆情的演变过程，构建媒体反腐事件的基本传播常模。

表1-1-1　"自上而下"场域的"反腐传播"评价子体系

名称	架构	一级指标	二级指标	三级指标
反腐传播对策体系研究	"自上而下"	媒体效果评测	平台价值评测	粉丝量
				阅读/浏览量
				活跃度
				黏性
			反腐报道内容分析	报道总量
				报道领域
				报道主体
				情感倾向
				网络搜索量
			反腐报道时间序列分析	同类型热点议题演变分布时间
				单个热点议题舆情发酵过程

(二)构建"自下而上"场域的"反腐传播"评价子体系，探讨网民的认知、态度和行为

具体来说，通过抓取微博、微信的相关数据，运用"主题模型"建构，从海量数据中抽取隐藏构念、获取潜在关联。这样，既可以将公众网络平台的文本进行"分类"，即按照公众话题类别进行区分；又可以进行"分层"，即实现热点事件话题传播语义网中的意见领袖、搬运工、助燃者等结构性角色的判别；还可以实现"分极"，即在网络中对于公众的情感极性进行分类标注。进而结合其他方法，解读与预测公众在职务反腐舆情事件中的认知、态度和行为。

表1-1-2　"自下而上"场域的"反腐传播"评价子体系

名称	架构	一级指标	二级指标	三级指标
反腐传播对策体系研究	"自下而上"	受众知信行分析	微博、微信内容分析	分类:话题类别
				分层:网络分工
				分极:情感判别
			知:认知渠道	主动寻求
				被动接触
			信:态度量表	解释
				评估
				决定
				调节
			行:行为模式	行为启动或培育
				行为转变或增强
				行为维持阶段

（三）"自下而上"子场域中网民"知—信—行"模型构建

首先，"知"的层面，即公众对是与非、善与恶的认知。需将法制意识、廉洁意识内化于公众的素质之中，加强公众的思想道德教育，提高公众对于腐败严重性的认识。其次，"信"的层面，即态度层面，公众对于腐败与否的内心衡量、对腐败行为的容忍度如何，反映出行为人的价值取向。通过"解释是与非—评估重要性与可信度—结合因素做决定—自我效能调节"四个维度，形成态度量表。最后，"行"的层面，即民众自律与他律的行为选择。行为模式可以分为"行为启动或培育阶段、行为转变或增强阶段、行为维持阶段"这三个行为阶段，每个阶段都会受到动机因素、条件因素、调节因素和制约因素的综合影响。

结合两方面子体系的研究，经由两个基本话语场域的比较，替代单向度评估的扁平化趋势，构建综合性的"反腐传播"的评价体系，进而建立"反腐传播"从点到面、逻辑一致的对策框架，以期对预防职业腐败决策有所助益。

第二章

职务犯罪舆情的现状、特征与反腐传播
对策研究

喻国明　李　彪　杨　雅①

"舆论是我们社会的皮肤",舆论有助于我们感知社会评价与公共意见,也如同皮肤一样保护着我们的社会,使它能够成为一个整体②。网络舆情研究,对于相关领域的现状、特征以及发展趋势的研判,对于创新社会管理、把握当下网络思潮、加强对策分析和引导机制建设等都具有重要的价值和意义。

互联网舆情场域是一种社会空间和意义空间。职务犯罪舆情的子场域,受到线下政治社会环境、反腐态势等元场域的影响,也是现实状态在线上的映射与体现。具体到网络舆情场域的行动者来说,目前主要存在着三类行动者,即舆情主体、舆情客体与舆情本体,舆情主体是参与舆情讨论的个体,舆情客体是舆情关注的事件、现象与问题,而舆情本体则是舆情中主体表达的观点、意见和看法。本文对于职务犯罪舆情领域的研究,主要集中于舆情客体的研究,即职务犯罪舆情涉及人员的个人与组织特征、行为与后果特征、时间与地域特征、案发特征和行为原因等。

当前新媒体和自媒体的迅猛发展,拓展了预防职务腐败的传播新渠道。自下而上的社会反腐机制,即受众本位的反腐思路,成为传统的自上而下的国家本位、传播者本位的互补渠道。"防患于未然"已经成为遏制职务腐败的重要方面。

---

① 本文是喻国明教授主持的国家重点研发计划"公共安全风险防控与应急技术装备"重点专项《职务犯罪智能评估、预防关键技术研究》的课题"反腐防控决策模型与评估系统研究"(项目编号:2017YFC0804000)的研究成果之一。喻国明:教育部长江学者特聘教授、北京师范大学新闻传播学院执行院长;李彪:中国人民大学新闻与社会发展研究中心副主任、副教授;杨雅:北京师范大学新闻传播学院讲师。文章发表于《江淮论坛》2019年第3期。
② [德]伊丽莎白·诺尔-诺依曼:《沉默的螺旋》,董璐译,北京大学出版社2018年版,第189页。

一、研究数据来源

（一）研究范围

根据最高人民检察院定义，职务犯罪指国家机关、国有公司、企业事业单位、人民团体工作人员利用已有职权，贪污、贿赂、徇私舞弊、滥用职权、玩忽职守，侵犯公民人身权利、民主权利，破坏国家对公务活动的规章规范，依照《刑法》应当予以刑事处罚的犯罪，包括《刑法》规定的"贪污贿赂罪""渎职罪"和国家机关工作人员利用职权实施的侵犯公民人身权利、民主权利犯罪。

研究选择与"职务犯罪"相关的关键词，包括"腐败犯罪""职务犯罪""腐败信息""腐败案例""腐败案件""腐败线索"。

本项目中，"职务犯罪"包含范围限定为以下 10 个法定罪名：受贿罪、行贿罪、单位行贿罪、对单位行贿罪、非国家工作人员受贿罪、贪污罪、职务侵占罪、挪用资金罪、私分国有资产罪、滥用职权罪。

"贿赂犯罪""行贿档案信息"，限定为以下 5 个法定罪名的信息：受贿罪、行贿罪、单位行贿罪、对单位行贿罪、非国家工作人员受贿罪。

"行贿犯罪"限定为以下 3 个法定罪名：行贿罪、单位行贿罪、对单位行贿罪。

（二）数据来源

研究选取时间范围为 2017 年 1 月 1 日—2018 年 8 月 1 日的各类型媒体报道数据 275338 条。数据来源主要为以下几个方面：一是新闻网站及网友跟帖，主要是重点商业门户网站（11.7%）及其客户端（8.2%）；二是新浪微博数据（34.5%），包括了认证账号和草根账号；三是微信公众号数据（22.6%）；四是论坛（2.4%）、博客（0.9%）等数据。经过对所有案例进行消重聚合，通过后期人工筛选，得出的职务犯罪案例总计 1244 个，对以上案例进行属性变量研究。

二、研究发现：职务犯罪舆情的现状与特征

（一）职务犯罪案件发生的重点地区与重点领域

1. 地区分布：东南沿海与东北地区是高发区

根据抓取的职务犯罪的案例发生的地域进行统计可以看出，整体分布趋势是沿海地区相对发生职务犯罪的数量较高，一是因为沿海地区经济相对较为发达，发生职务犯罪和经济活动的概率相对较高；二是由于抓取的数据主要是网络数据，与各个省（区、市）互联网的普及率存在一定的正相关关系。发生数量比较高的十个省（区、市）依次是浙江、北京、山东、广东、河南、江苏、河北、湖北、福建、

辽宁。

2. 涉及领域:工程建设领域是重灾区

将所有抓取的案例进行涉及领域的分类发现,抓取的案例职务犯罪涉及的领域主要集中在工程建设领域(38.6%)、涉农惠民领域(27.7%)、国企管理领域(16.4%)、行政审批和执法监管领域(14.4%)等。在工程建设领域,除物资采购、资金拨付、招投标等关键环节外,在项目的立项审批、土地出让、征地补偿、移民拆迁等方面也都是滋生贪污贿赂犯罪的高风险点。

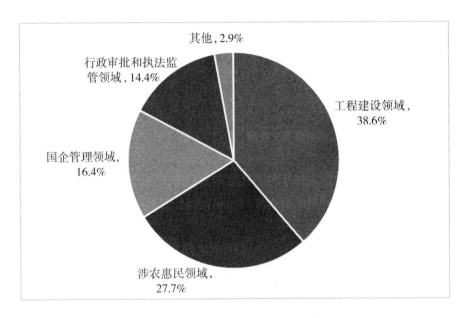

图1-2-1 职务犯罪案件涉及的重点领域

3. 涉及行业:医疗和金融是多发行业

对案例所涉及的行业进行归类发现,职务犯罪主要涉及的行业依次是医疗行业(20.0%)、金融行业(15.5%)、建筑行业(14.4%)、装备行业(11.9%)、环保行业(9.5%)、电子行业(7.8%)、食品行业(6.7%)、消费品行业(4.4%)等。从中可以看出,医疗行业作为涉及民众健康等民生领域比例较高,其次是金融,这两个高发行业的职务犯罪形式相对比较严重,都是涉及民生与经济安全的领域,反腐形势还依然十分严峻。

(二)职务犯罪案件的特征

职务犯罪案件特征的分析,主要是用于发现和甄别腐败犯罪人,预测和预警

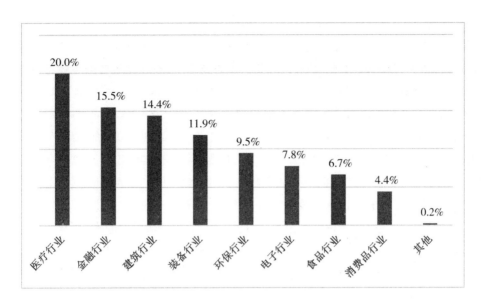

图1-2-2 职务犯罪案件涉及的主要行业

腐败风险指数,提出预防措施和方法的基础。其中,特征分析主要分为涉案主体特征、涉案组织特征、行为特征、后果特征、时间特征、案发特征、犯罪潜伏期、刑罚适用等几方面。

1. 职务犯罪案件的主体特征

首先,从性别特征来看,男性是主要犯罪群体。对以上职务犯罪案例中的主体进行社会身份的相关统计,男性占绝大部分(89.3%),女性占比10.7%。该数据与其他犯罪类型相比,女性犯罪率对比显示偏低。在职务犯罪中,男性犯罪较多,这是由于在目前社会中,职务犯罪多与职务层级及经济权力等掌控相关,在政治、经济领域男性数量占有绝对统治地位,随着女权的崛起及女性角色在政治、经济等领域的强化,该数据也将慢慢产生变化。

而单独将女性职务犯罪案例进行分析,女性职务犯罪集中于财务会计人员,以贪污公款为主,主要为国企出纳、会计人员以及银行营业员、医院收银员等相关职业,都是利用职务之便以侵吞、窃取、骗取等手段非法占有国家和公司财产。

其次,从年龄特征来看,平均年龄46.9岁,60后是主犯。研究将收集的职务犯罪案例进行分析,去除职务犯罪及未显示年龄的案件后,得到2813个案件主体。犯罪主体的出生年以1960年到1969年阶段为主,占比46.2%,这与职务犯罪的特点相关联。在职务犯罪中,掌握社会权力及社会资源的人更有可能成为职务犯罪相关案件的主体,这与其他犯罪类型有所不同。从年龄结构上也可以做一定的解读,年龄基本成正态分布,其中,出生在 1950 年到 1959 年的犯罪主体占比 10.4%,1970 年到 1979 年占比 31.1%,1980 年到 1989 年占比 11.3%,90 后占比 0.9%。可见,处于 35 岁至 60 岁是职务犯罪的高峰期,不起诉案件的主体基本也与职务犯罪保持类似的年龄结构特点。

而将职务犯罪人员的年龄段再进行统计,根据相关案例进行均值计算发现,涉案人员的平均年龄为 46.9 岁,其中 51 岁以上占比 20.8%,41~50 岁人员占比 52.0%,31~40 岁占比 22.1%,30 岁以下占比 5.2%。不难看出 41~50 岁年龄阶段职务犯罪案件最高,"一把手""天花板"干部职务犯罪严重,接近已侦办总人数的一半,根据案件分析这一阶段的犯罪人基本上都是各单位的"一把手"等实际掌权者,这一部分人群掌握权力后抱着"有捞则捞""过期作废"的心态,把党纪国法抛于脑后,进行暗箱操作、权钱交易,大势捞取非法利益。另外,从案件中可以看出这一部分人群还存在着"天花板"干部现象,部分"天花板"干部利用职权疯狂敛财,晚节不保,掉入腐败黑洞。

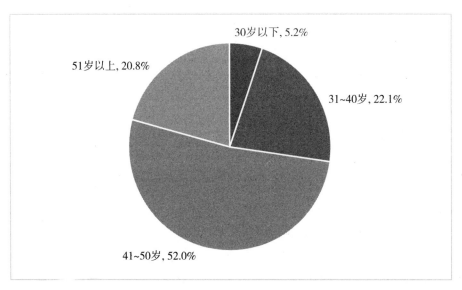

图 1 - 2 - 3　职务犯罪案件涉及的主体年龄

再次,从学历分布来看,本科和大专人群比例最高。从涉案主体的学历来看,发现本科学历(22.2%)及大专学历(19.9%)占比最高,两者占比超过四成,这与大部分国家工作人员的学历层次较高有关。在统计中发现,除了行贿类犯罪的主体及作为共同犯罪中从犯地位的国家工作人员的辅助人员学历可能较低之外,职务犯罪的主体总体上表现为学历层次较高,硕士学历(18.7%)与博士学历

(13.5%)的比例已经高达三成以上,大多犯罪主体已经具有大专及以上学历,职务犯罪呈智能化趋势发展,而初中以下文化程度职务犯罪人以行贿罪为主。

这些人在作案时,往往考虑缜密,具有很高的隐蔽性,反侦破能力强,对法律较熟悉。随着干部选拔标准的提高,可以预见以后的职务犯罪将更趋智能化,这给打击职务犯罪办案带来很大的压力。

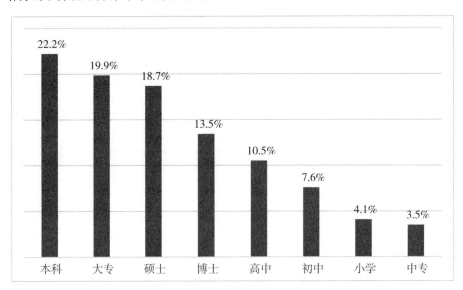

图1-2-4 职务犯罪案件涉及主体的学历分布

最后,从行政级别来看,省部级和乡镇科级是重点人群所在。涉案主体的行政级别呈现出哑铃结构,如图1-2-5可以看出,即既有老虎又有苍蝇,其中省部级以上的占到了一半以上,主要是涉及范围广,这些涉案人员动辄都是主管一个行业和一个地区,因此涉及范围广、危害度较高,科级及以下的占据1/4,两个层级双高,说明既要继续加大高层的反腐力度,对基层的职务犯罪近年来有蔓延的趋势也需要警醒。

2. 职务犯罪案件的涉案组织特征:国家机关和国有企业是高发组织

研究对这些涉及职务犯罪的案例进行涉案单位的统计分析,将涉案单位按照主体特征分为国家机关(31.3%)、国有企业(26.5%)、其他国有事业单位(17.7%)、公立医院(13.2%)、公立学校(7.4%)、自治组织和其他组织(4.0%,主要是私企、外资等)。

3. 职务犯罪案件主体的行为特征

首先,从行为方式来看,贪污罪和受贿罪是主体。从相关研究来看,贪污和受

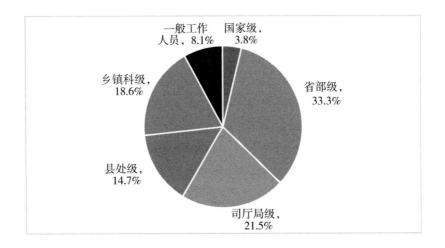

图1 - 2 - 5　职务犯罪案件涉及主体的行政级别

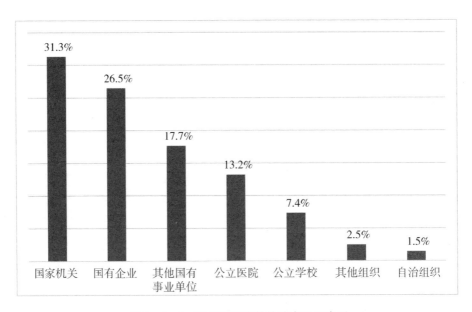

图1 - 2 - 6　职务犯罪案件的涉案组织类别

贿被称为"腐败的两副面孔",是目前最常见的腐败形式,也被称为自体腐败和交易型腐败。① 研究发现,职务犯罪的主要方式依次是贪污罪(20.3%)、受贿罪

---

① 李辉:《腐败的两幅面孔:基于7000个司法裁判文书数据的描述分析》,载《理论与改革》,2017年第5期,第30—41页。

(17.8%)、挪用资金罪(12.6%)和职务侵占罪(10.9%),这些都是主动的公权力寻租行为,说明目前公权私用的约束机制还有待完善。滥用职权罪(9%)由于其隐蔽性较高,案例相对较少。以非自然人为主体的单位或者组织涉案情况相对较少,一是组织行为不具备显著性,二是案例的起诉课题由于是组织,很难进行有效立案处理。此外,李辉在《贪污受贿案涉案金额的结构性特征》一文中,通过司法判决文书2014—2015年的数据也发现,受贿案件涉案金额的平均水平要高于贪污案,"贪污案的平均金额为223181.8元,中位数为40000元,而受贿案的平均金额为438367.9元,中位数为89000元,受贿案几乎为贪污案的两倍"①。

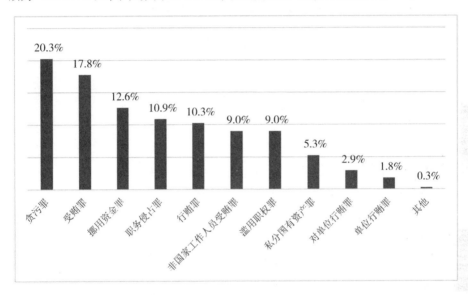

图1-2-7 职务犯罪案件的涉案类别

其次,从行为对象来看,上级领导和政府部门的公权力化身为主导。对收集到的案例进行统计,剔除在新闻报道中未出现行为对象的案例。在筛选后的职务犯罪的案例中,职务犯罪的主要行为对象分为上级领导(43.8%)、政府部门(28.8%)、一般工作人员(15.1%)、相关企业(11.0%)和外资企业(1.4%)等,尤其上级官员是犯罪行为的主要对象,说明"吏治"的严峻性。另外比较突出的特点是一般工作人员的比例也较高,说明既要打大老虎更要打小苍蝇的必要性。

---

① 李辉:《贪污受贿案涉案金额的结构性特征:基于司法判决书数据的初步分析》,载《复旦学报(社会科学版)》,2018年第5期,第170—180页。

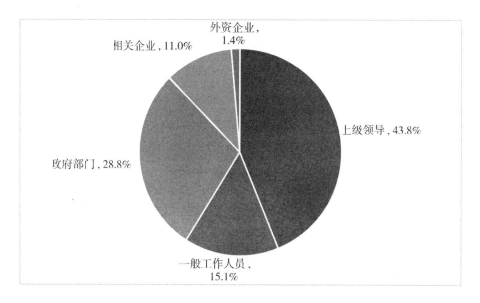

图 1 - 2 - 8 职务犯罪案件的行为对象

4. 职务犯罪案件的后果特征：涉案金额平均每案 864.4 万元

首先对抓取的案例进行涉案金额的统计，剔除部分没有涉案金额的案例，可以得出，平均每案贪腐所得约 864.4 万元。为了方便呈现出不同涉案类型的涉案金额的多少，研究对不同类型案例的涉案金额进行了分析，相关结果如图 1 - 2 - 9 所示。涉案金额比较高的几类案例依次是私分国有资产、利用影响力受贿、挪用公款等，这些涉案金额动辄都在 1000 万元以上，其中需要说明的是贪污的数额不大，大约在 664.2 万元，但其案例数量相对较多，综合来看，职务犯罪的涉案数额相对较高，尤其是贪腐类案例，大部分是存在贪污罪、受贿罪、职务侵占罪、私分国有资产罪、内幕交易罪及诈骗等贪腐案例。这些都是未来需要加强防控的领域，因为其破坏力大，影响范围广。

5. 职务犯罪案件的时间特征

首先，从节假日分布上，春节和中秋等传统节日是高发期。在职务犯罪的时间分布的统计中，由于职务犯罪很多是日积月累完成整个犯罪过程，并且在很多信息的传播中多是对其宣判的新闻报道，很难准确捕捉到其具体受贿的时间节点，因此研究只能通过案件宣判的日期来进行反推。因为每个案例基本上的诉讼期差不多，为了方便直观呈现结果，将全年的节假日分为元旦（13.6%）、春节（38.4%）、清明节（7.0%）、劳动节（6.1%）、端午节（8.8%）、中秋节（19.6%）、国庆节（6.6%），将案件宣判的日期在以上几个节日前后 30 内都归在该节日内。

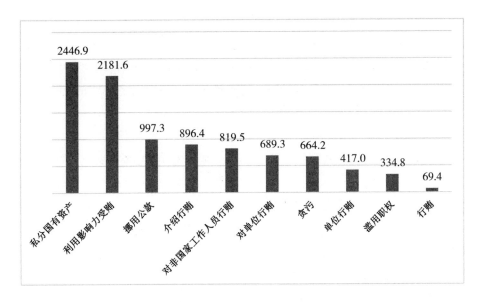

图1－2－9 职务犯罪案件的涉案金额（万元）

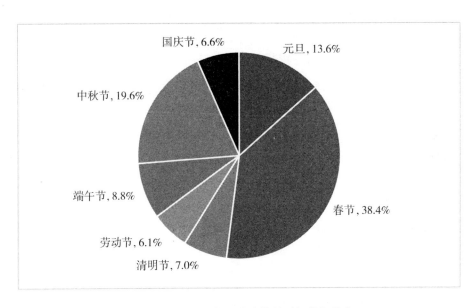

图1－2－10 职务犯罪案件的时间特征分布

其次，从季节分布上，春季是高发期。在职务犯罪发生季节的统计中发现，四个季节的总体分布相对均衡，相对来说，春季最多，占比28.6%，因为是春节所在的季节；其次是秋季（25.2%），主要是中秋节在这个季节，然后是冬季（24.4%）和夏季(21.8%),依然说明春节是职务犯罪的高发期。研究发现,相对比较容易进行职务犯罪的节日主要集中在春节和中秋节两个大的节日,占比超过了一半以上,从节日的类型上来说,主要是中国传统的节日,说明了中国传统文化中的送礼的思维是多么根深蒂固,未来需要加强中国传统节假日的职务犯罪的反腐预警,争取防患于未然。

6. 职务犯罪案件的案发特征

首先,案发特征以非共同犯罪为主。从数据可看出,大部分职业犯罪属于非共同犯罪,占比82.7%。从案件是否为共同犯罪的角度进行分析,可发现共同犯罪率是17.3%,在职务犯罪的共同犯罪中,从犯存在较大可能被不起诉,从案件统计过程中发现,显示为共同犯罪的,多为从犯。而共同犯罪的主犯,除了在个别犯罪类型,例如,玩忽职守、滥用职权中存疑不起诉,在相对不起诉过程中,主犯较难被作为不起诉处理。

其次,案发原因以上级机关督查和纪委移送为主。对职业犯罪的案发原因等进行研究,剔除没有报道或者公布的案发原因,可以看出,目前案发原因主要来源于上级机关督查(24.1%)和纪委移送(22.4%),立案线索来源单一化,群众及被害单位举报各占比12.1%,投案自首(5.2%)的较少,从这个角度可以看出,我国职务犯罪的侦查模式,是以行政指导司法,大多数的职务犯罪进入司法层面时,都经过了前置程序,如双规、单位内部处理等。而群众举报等民意表达渠道相对不

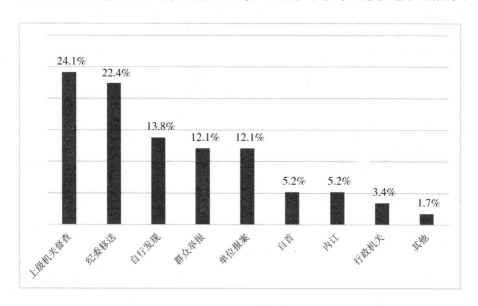

图1-2-11　职务犯罪案件的案发原因

够畅通,这种自上而下的监督模式再加上内部消化的处理方式,并不利于职业犯罪的侦查,未来必须通过顶层设计才能实现真正的全民反腐和腐败无处遁形的高压模式。

7. 职务犯罪案件的行为原因:婚外情和不良嗜好是诱因

不同的案发模式及犯罪动机对有效预防职务犯罪具有前置性的价值,因此本课题将职务犯罪的行为原因划分为个人挥霍、婚外情、不良嗜好(赌博、吸毒及特殊癖好)、为职务晋升、为亲友牟利、为单位利益、其他等多种原因。在职务犯罪的行为原因中,婚外情是居第一位的,占到总体的31.2%,即1/3左右的职务犯罪是基于婚外情而引发的,色与财是一对相依相存的关系;其次是不良兴趣嗜好(22.3%),比如,赌博、吸毒甚至对玉石、兰花等的爱好,占比超过1/5;再次是为了职务晋升(18.1%)、个人挥霍(15.9%)、为亲友牟利(8.4%)等,所以职业犯罪的归因也更需要从官员个体的自身找问题,而不仅仅是客观原因或者环境造就的。

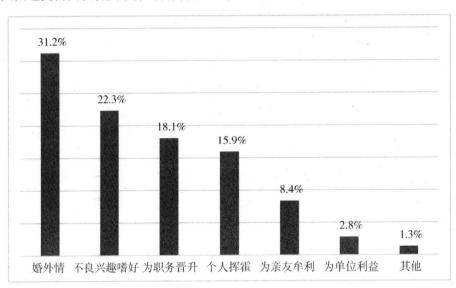

图1-2-12　职务犯罪案件的行为原因

8. 职务犯罪案件的犯罪潜伏期

其一,发案潜伏期平均为8.7年。发案潜伏期是从初次作案到案件发生之间的间隔时间。一般新闻报道中很少涉及该具体时间节点,本课题经过筛选剔除,再回到案例本身的搜索与确认,找到了453个案例。研究发现发案潜伏期平均每个案例在8.7年,潜伏期时间较长,说明整体来看,职业犯罪的约束机制不是很完善,未来发现职业腐败犯罪的机制还需进一步加强。大多数的发案潜伏期在2~

14 年,"1 年以内"短时间内的很少,仅为 9.7%,15 年以上的也较少,仅为 11.5%。因为一般官员的从政生命周期为十几年,大多数集中在 2～5 年和 6～10 年的时间段,这说明对长期任职在某个岗位的官员更要加强督查机制,建立保险丝机制,以免造成长期不升迁而思想懈怠等问题。

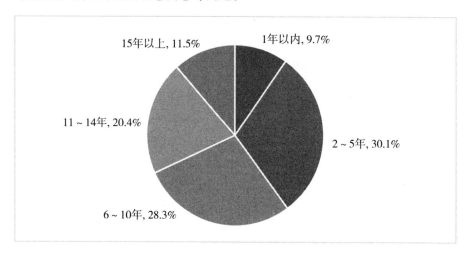

图 1－2－13　职务犯罪案件的发案潜伏期

其二,平均羁押时间为 83.2 天。因为很多职务犯罪的案发确切时间很难在新闻报道或者网友爆料中确认,因此很多案例很难准确地获知其羁押时间,主要是中央上层的一些职务犯罪案例能够准确知道其双规时间和宣判时间,经过筛选仅有 126 个案例入选,经过测算,平均每个职务犯罪案例的羁押时间为 83.2 天,接近于三个月的事件,其中,行受贿犯罪、贪污犯罪的羁押时间仍然较长,玩忽职守、滥用职权等渎职类犯罪的羁押时间仍比其他类型犯罪时间短。出现上述情况,主要为行受贿及贪污犯罪与自身犯罪特点相关,行受贿犯罪与贪污犯罪在侦查过程中,较依赖突破口供、固定供述、取得证言等形式进行,因此羁押可以隔离犯罪嫌疑人,减少串供的可能性,并可以在相对可控的空间及带有惩罚性的羁押过程中,增加犯罪嫌疑人供述的能动性。因此,羁押手段的采取与时间较长。而玩忽职守与滥用职权犯罪等渎职犯罪,基本上与职权相关性更大,造成的结果在侦查甚至立案前已经固化为客观事实,另外还有大量的外围证据可以收集,并不以犯罪嫌疑人的辩解而产生变化,大部分也不存在串供的可能性,对口供的依赖性也较弱,因此,通过羁押取得的效果与作用并不大,因此在数据上显示该类犯罪羁押率及平均羁押的时间往往较短。

9. 职务犯罪案件的刑罚适用

对已经公开宣判的案例中所适用的惩处类别进行分类统计,在做出宣判的职务犯罪案件中,判处死刑的比例相对最低,仅为 0.7%;判决死刑缓期两年执行的为 7.5%;判处无期徒刑的占比 14.3%;判决有期徒刑 15 年以上的(含 15 年)占比 17.8%;判决有期徒刑 10 年以上(含 10 年)不足 15 年的比例为 26.7%;有期徒刑 5 年以上(含 5 年)不满 10 年的比例为 24.3%;有期徒刑 5 年以下的比例为 3.9%;判处免于刑事处分的为 1.2%;判处有期徒刑缓期执行的为 3.5%。

可以看出,目前我国对职务犯罪的刑罚处分主要是在一个相对比重中间的程度,死刑等极刑的比例不高;总体量刑的力度处在中间,不重不轻,这是我国宽严相济的刑事政策在司法实践中的体现。不过也有一些学者认为,目前我国贪污受贿罪的量刑使用依然存在一些问题,如"量刑偏轻、量刑失衡、唯数额论、从宽量刑情节认定不严格和适用不规范"等,并认为"司法上构建二元处罚标准的量刑方法,观念上厘清受贿罪的罪质及影响其罪责程度的要素,是促进量刑均衡的有效路径"。[①]

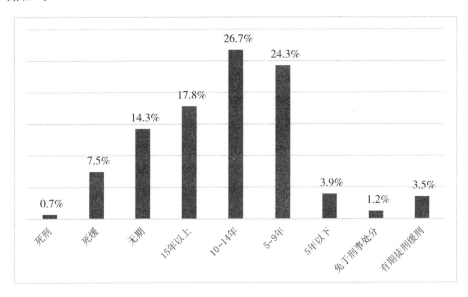

图 1 - 2 - 14　职务犯罪案件的犯罪惩处类别及分布

---

① 王刚:《我国贪污受贿罪量刑存在的问题和完善建议:以 200 份贪污受贿案件判决书的实证分析为基础》,载《湖北社会科学》2016 年第 8 期,第 121—132 页。

三、总结与反腐传播对策研究

(一)职务犯罪相关舆情的关键特征总结

首先,医疗、金融、建筑、环保行业是职务犯罪案件涉及的重点行业部门。在工程建设领域,除物资采购、资金拨付、招投标等关键环节外,在项目的立项审批、土地出让、征地补偿、移民拆迁等方面也都是滋生贪污贿赂犯罪的高风险点。在之后的研究中,可以进一步对这四个领域做专门分析,并将职务犯罪舆情的子场域与社会舆情元场域相结合,将腐败案件四大领域的案件数量与地域分布、主体特征、行为特征、涉案金额等因素做交叉分析,进一步总结关键特征。

其次,反腐败,打老虎也要打苍蝇。《依纪依法严惩腐败,着力解决群众反映强烈的突出问题》中指出,要坚持苍蝇老虎一起打,既要查处领导干部违纪违法案件,又要切实解决发生在群众身边的不正之风和腐败问题。从职务犯罪案件的数量上来看,涉案主体的行政级别呈现哑铃结构,即既有老虎又有苍蝇,其中省部级占比33.3%,而乡镇科级占比为18.6%。此外,从职务犯罪案件涉及的金额来看,李辉基于公开判决文书数据的研究发现,"随着行政级别的提高,腐败金额的中位数也逐渐升高",即行政级别越高,权力越大,其所能支配的资源和财富也越多,一旦发生腐败案件,相应的涉案金额平均来说也会越高,村委会级别的腐败案件平均涉案金额还是较小,在领导和一般工作人员之间也有一定差异;因此日常所说的"小官巨贪",属于幸存者偏差,在大样本中仅为个别现象。①

最后,在宣判的职务犯罪案件中,判处死刑的比例低,仅为0.7%。可见,我国对职务犯罪的刑罚处分主要是在一个相对比重中间的程度,死刑等极刑的比例不高,因为"法律的震慑力,源于承担犯罪后果的必然性,而非承担犯罪后果的严重性"。北京师范大学中国企业家犯罪预防研究中心发布的《企业家腐败犯罪报告》也认为,"虽然近年来党和国家惩治腐败犯罪的力度加大,但这种力度的加大主要体现在查处发现的力度而非判刑力度之上,这种现象表明我国目前的高压反腐,其重点在发现腐败而非利用严刑峻法压制腐败"②。此外,缓刑与免于处罚的比例较少,大多数是在5~20年之间的处罚,总体量刑的力度处在中间,不重不轻,这是我国宽严相济的刑事政策在司法实践中的体现。

---

① 李辉:《腐败的两幅面孔:基于7000个司法裁判文书数据的描述分析》,载《理论与改革》,2017年第5期,第30—41页。

② 北京师范大学中国企业家犯罪预防研究中心:《企业家腐败犯罪报告(2014—2017)》,2018年4月12日。

（二）职务犯罪预防的对策建议：基于舆情分析的特征

首先，构建职务腐败案件"零容忍"的舆论氛围。舆论如同皮肤对于社会具有整合作用，"零容忍"的舆论氛围展现坚强决心和鲜明态度，有助于齐聚人心，坚决反腐。在我国不断推进反腐进程中，特别是在党的十八大以后，明确提出了"零容忍"的反腐败战略。① 习近平总书记在十八届中央纪委三次会议上特别强调，"反腐败的高压态势必须继续保持，坚持以零容忍的态度惩治腐败"。党的十八届六中全会也明确指出"要坚持有腐必反、有贪必肃，坚持无禁区、全覆盖、零容忍，党内绝不允许有腐败分子藏身之地"。党的十九大报告中也多次强调反腐败，展示了党和政府坚定的反腐决心。注重职务犯罪行为的预防，完善监督机制，"防患于未然"已经成为遏制职务腐败的重要方面。

其次，明确媒体在预防职务犯罪中的重要作用。媒体报道与舆论监督是预防职务犯罪的重要环节，是政府审计的辅助手段。傅樵等通过研究政府审计、媒体关注与腐败治理的关系认为，一方面，专业优秀的媒体往往可以利用其掌握的资源敏锐地发现贪腐事件，并通过调查报道了解腐败案件的脉络，再通过传统主流媒体和网络披露以引起社会公众和政府相关部门与审计机关的关注；网络社群的曝光也可能成为追查腐败案件的线索。② 另一方面，舆论压力可以起到预警作用，提倡清廉风气，形成反腐的社会舆论氛围，也可警示尚处于摇篮中的其他职务犯罪行为。整个社会需要营造反腐倡廉舆论氛围，从态度行为取向上筑牢遏制腐败的坚固防线。

最后，职务犯罪舆情监测的重要意义。腐败犯罪治理难度大，反腐败在政策理念与政策运行中必须坚持"惩防并举、注重预防"。虽然事后打击具有重要意义，但事前预防具有更高的价值。职务犯罪舆情监测，通过海量腐败案件信息和举报线索的智能梳理和甄别，提取职务犯罪社会关系网络特征，过多源信息的整合和分析进一步区分行贿主客体网络关系；综合判决文书数据、电子卷宗数据、媒体报道数据与网络舆情数据，进行职务犯罪行为聚类与趋势分析，精确呈现职务犯罪主客体、腐败行为、案件特征等，从而构建反腐决策模型，开展职务犯罪预防辅助与预警评估工作。

---

① 张旭：《反腐败视域下的"零容忍"：内涵、价值与实现》，载《当代法学》2018年第5期，第59—66页。

② 傅樵、高晓雅：《政府审计、媒体关注与腐败治理》，载《财会月刊》2018年第14期，第135—144页。

第二部分

02

非公经济组织腐败犯罪预防

第一章

民营企业腐败犯罪合作预防模式之提倡

张远煌　龚红卫①

当前,无论反腐败理论研究还是反腐败实践,主要聚焦于公共领域的反腐败,非公领域尤其是民营企业腐败治理成了被遗忘的角度。事实上,公共领域的腐败与私营部门的腐败之间存在着相互交织、互为因果的联系。反腐败斗争的全面深入推进,必须在战略决策与实践运行中注重公共领域与私营部门反腐败的协调推进。而在这方面,构建民营企业腐败犯罪合作预防模式,不失为一种新的路径选择与策略构想。

一、充分认识合作预防的反腐败价值与功能

(一)腐败犯罪合作预防是现代治理理念的必然要求

相对于从上至下靠权力维系的单向管理,治理的运作模式往往体现出"复合、合作、包容、自治、共治"的特点,治理主体的多元化、主体间的合作化意味着"治理"本身蕴含着"合作"。治理之目的,在于实现善治。善治是国家与公民社会处于最佳状态的一种新型关系。善治离不开国家和政府,但更离不开社会和公民。善治本质在于,通过政府与公民对公共生活的合作管理,实现公共利益的最大化。② 同时,实现善治之目标必然要求在路径和方法上强调源头治理与标本兼治。一般认为,善治包括合法性、透明性、责任性、法治性、回应性和有效性这六个

---

① 本文为国家重点研发计划项目"职务犯罪职能评估、预防关键技术研究"(项目编号:2017YFC0804004)阶段性成果。张远煌:北京师范大学刑事法律科学研究院教授、院长,前述项目负责人;龚红卫:法学博士,天津社会科学研究院助理研究员。
② 参见俞可平:《治理与善治》,社会科学文献出版社2000年版,第8—9页。

要素;善治是一个过程,意味着国家权力向社会回归,还政于民。①

从北京师范大学中国企业家犯罪预防研究中心发布的《企业家腐败犯罪报告》所揭示的情况看,一方面,虽然民营企业贿赂犯罪主要表现为行贿(单位行贿与行贿均为前五位的高频罪名),与公共领域的受贿犯罪呈对向分布,但民营企业受贿犯罪(非国家工作人员受贿罪)也同样属于位列前五名的高频罪名,并且呈现居高不下的趋势。贿赂犯罪这种公共领域与私营领域相互交织的态势决定了,不加强国家与企业的合作治理,客观上就难以协调推进公共领域与私营部门反腐败的协调发展,反腐败的整体效能就会因此严重降低。另一方面,民营企业腐败犯罪中以职务侵占和挪用资金为代表的自体性腐败,是企业自身存在组织缺陷与不良企业文化的必然反映,如果民营企业自身不注重从企业文化、制度与机制建设上消除诱发腐败的诱因和条件,腐败犯罪将从根基上削弱企业可持续性发展的能力。很难想象,一个内部腐败犯罪频发的企业,能够做大做强、行稳致远。

针对结构性腐败的治理,有学者从其发生机理进行剖析,认为不少国家在研究商业反腐时很少关注企业反向影响政府的模式,大多还是将侧重点放在政府影响企业方面。通过考察域外国家对商业腐败的结构性治理,发现大多经历的是一个监管化—市场化—监管化的螺旋过程。而在商业结构性反腐模式中已不能一味局限于以借助严刑峻法来打击这种单靠政府影响企业的旧模式,而是需要转换思路和视角,从企业反向影响政府的角度去改变原来的旧模式,注重引导企业在制定反腐对策上从过去习惯于俘获公权力转向以合法的手段形式影响政府,即注重企业对国家在改革方向和步伐的确立以及调整、政治和经济制度的设计、公平竞争环境的具体构建等方面的反作用功能。② 这实际上就是强调政府与企业之间的合作预防,既不是政府单向的监管,也不是放任的企业市场化。这其实提供了合作预防的逻辑起点和另一种思维模式,即企业的有所为和政府的有所不为。其中有一派激进的观点提出,坚定推动"市场化"才是商业反腐的结构性治理方向,几乎就是强调完全的市场自制,政府监管最好循序渐进直至完全退出,包括政府应当简化监管规则直至削弱管制,更大程度地推动贸易开放,以及减少行政裁

---

① 汪明亮等著:《公众参与犯罪治理之市场化途径》,复旦大学出版社 2018 年版,第 9—11 页。

② 杨力:《商业反腐的结构性治理和模式》,载《中国法学》2016 年第 5 期。

量权。① 但也有更多的研究成果表明,仅强调依靠市场化力量而放松政府从外部进行监管的商业反腐做法,只能是理论上的催眠曲,不具实践操作性和有效性。它不仅难以实际解决商业反腐中的结构性问题,而且还可能产生因其单项发酵而威胁到国家政权合法性的灾难性后果。② 于是,表现为在进一步推动市场公平竞争的同时,注重加强国家监管化的东北亚模式也开始备受关注,这种以"国家控制经济自由化"为核心特征的模式在以中、韩、日为代表的国家表现尤为突出。随后,商业反腐领域逐步达成了从"市场化"和"监管化"两个方向平行推进的共识。这为从治本立场对商业腐败进行结构性治理,从社会支持角度着手提供了新的视角和极有价值的参考。这更说明了代表国家的政府与市场之间的关系互动,不能偏颇,政府适时介入很重要,市场是由所有企业共同构建起来的,需要强调国家与企业间的合作互动对于治理商业结构性腐败很重要。

我国商业结构性腐败存在的原因大体可归结为四个方面:一是企业内部的商业反腐合规性不强;二是民营企业产权存在差异性对待;三是权力面对新型商业模式的透明度不够清晰;四是市场环境下依然存在谋取制度供应的俘获政府,从而获得不当利益的现象。整体来说,刑法打击万能的错误倾向、规则缺失和监管不力导致的权力寻租、公司内部监督缺失和治理结构不完善等,构成了我国商业结构性腐败的本土化缘由。所以,如何处理好市场化和监管化的关系是治理商业结构性腐败的关键,国家与企业之间的合作是否意味着均衡配置、两不偏废? 还是在特定时期不同场合实行不同的配置,如何合作实现国家规制与企业自制的共制是需要深入探讨的。鉴于合作治理存在着复杂性,就需要考虑促进合作的方法。合作的方法就是增大未来的影响,而增大未来的影响可以通过保持相互作用的持久性和频繁性这两点来做到。③ 在这里,合作的基础不是真正的信任,而是制度安排下的关系的持续性。由此,构建一个稳定的合作模式是促进合作预防的最佳方案。而在治理语境下的预防,倡导的当然是双向互动的合作预防模式。

就我国而言,在大力推进国家治理体系和治理能力现代化的时代语境下,对

① See Ades A. and Tella R. , Rents, Competition and Corruption, American Economic Review, 1999,89(4), pp. 982 – 993; Ades A. and Di T. , National Champions and Corruption: Some Unpleasant Interventionist Arithmetic, Economic Journal, 2009, 107(443), pp. 1023 – 1042.

② 商业反腐与市场化之间的关系在不同国家会有不同表现,以市场化来抑制商业腐败的法则很难简单地在某一国家复制和遵循。See Karkins, R. , *The System Made Me Do It*, New York: M. E. Sharpe,2005.

③ [美]罗伯特·阿克塞尔罗德:《合作的进化》,吴坚忠译,上海人民出版社2017年版,第91页。

照我国民营企业腐败犯罪的现状和态势,在治理民营企业腐败犯罪中构建合作型预防模式应当是一种必然选择。在这方面,促进国家—企业双方建立稳定合作模式的条件成熟比促进双方真正信任更为重要。因为,传统的国家一元治理更多强调的是事后惩罚性规制,无法调动市场主体参与犯罪治理的积极性和培育公民社会的自主性意识。合作预防强调的是治理主体多元化,是建立在市场原则、公共利益和价值认同之上的合作,是基于实现共同目标的上下多元互动。这个共同目标就是"善治",即是"一个使公共利益最大化的社会管理过程"①。在犯罪治理中要实现"善治",就必须树立国家—社会二元治理理念,在宏观路径选择上就需要致力于推进国家—企业合作预防模式。

(二)合作预防具有实现国家—企业"共赢"的强大动力机制

根据菲利的犯罪多因性理论,"所有犯罪都是犯罪者生理因素、社会环境因素、自然因素共同作用的结果,其中社会环境因素包括犯罪者出生、工作和生活的外部条件和环境"②,民营企业家腐败犯罪发生的原因也是多方面的。对策需要针对原因而制定,方能对症下药,所以针对自然因素、人类学因素和社会因素必须多管齐下。传统的国家一元治理更多强调的是事后惩罚性规制,无法适应市场化改革的不断深入、公民社会自主性意识不断增强的现状。合作预防强调的是治理主体多元化,建立在市场原则、公共利益和价值认同之上进行合作。

当前企业犯罪越来越呈现出隐蔽化、长期化与跨国化的特征,其发现和查处的难度加大,客观上要求遏制企业犯罪的主要方向和重点应该放在培育并重视企业本身的预防意识和企业的自身努力上。其中最为突出的问题是,执法机关在跨国企业犯罪调查中要面临更重的经济和人力负担,而且还可能涉及绵连管辖权争议的尴尬局面。此时,如果能够设计出一种可以鼓励企业自我答责即通过企业内部调查收集并向国家有关机关提供证据的机制,这种机制既有利于诉讼活动的顺利展开,也有利于良好企业文化的健康塑造。于国家和企业而言,都是双赢的。至少从国家层面来看,为了有效惩治企业犯罪并降低执法成本,国家积极寻求国家与企业的这种合作是紧迫和必要的。国家与社会力量合作治理公共领域中的一些问题可以借鉴,如在处理噪声的方法上,国际学术界提出了三种方法可供借鉴:一是以允许少量背叛的博弈者不受到惩罚的情况存在为互惠策略增加宽容;二是以己方在自己因先前的背叛引起对方背叛的情况下,停止自己再次背叛的决

---

① 俞可平:《治理与善治》,社会科学文献出版社 2000 年版,第 11 页。
② [意]恩里科·菲利:《实证派犯罪学》,郭建安译,商务印书馆 2016 年版,第 27 页。

断,而为互惠增加"悔悟";三是设计一种"巴甫洛夫方法",促使博弈双方能够在各自使用太多的背叛策略导致双方受益均低的情况下,条件放射式地自动选择合作策略。① 这对于国家与社会力量中的企业自身预防企业腐败犯罪同样具有借鉴意义,即在反腐合规计划中构建和解、举报、激励机制,以及条件反射式地防止利益冲突的方法,这对于国家和企业来说都是双赢的。因为,合规计划反映的是一种预防性思维。如果单位犯罪一旦成立,对企业而言有时就是灾难性的,因为刑罚的附随效果会带给企业毁灭性的后果,这种可能性客观存在。对于国家而言,企业被执行刑罚,同样带来诸多社会问题,如企业倒闭、税源流失、职工失业等,这实质上于国家和企业而言都是双输的结果。但是合规计划的提倡,能够成为惩治经济犯罪的刑法替代措施,这样其效果好于单纯地使用刑法。

于企业而言,在良好的制度引导下积极预防腐败,不仅会减少发生于内部的腐败犯罪,避免因追究刑事责任所造成的巨大经济损失,而且还会在生意场上收获良好的形象与声誉,为企业带来巨大的发展机遇。② 于国家而言,加强合作实现国家—企业的共治,会带来两大好处,一是通过使企业以建立内部监督体系或开展内部调查的方式承担贯彻现行法律的义务,将成本转嫁给企业,国家可以降低部分刑事追诉的开销;二是"公司内部调查的结果经常可以使国家层面的刑事追诉成为可能,或者至少会明显对其发挥推动作用"③。实践中,司法和执法机关对于查处已经暴露出来的企业违法事实都有很大的难度,更不要说查处犯罪黑数了。所以,单独依靠国家有关权力机关监督和预防企业违法犯罪是很难有效的。

伴随着改革开放,我国的企业数量激增,同时大量的企业与资本投资延伸至海外。根据商务部公布的数据,中国企业对外投资在 2007—2014 年以年均 30% 的速度大幅增长,预计到 2025 年将达到 3000 亿美元以上的对外投资规模。④ 据普华永道《2018 中国民营企业高管调研报告》显示,民营企业中表示愿意通过海外投资拓展其全球业务范围的企业数量增多,计划在未来 12 个月增加全球投资

---

① ［美］罗伯特·阿克塞尔罗德:《合作的复杂性:基于参与者竞争与合作的模型》,梁捷、高笑梅等译,上海人民出版社 2017 年版,第 14 页。

② 李本灿等编译:《合规与刑法:全球视野的考察》,中国政法大学出版社 2018 年版,第 202 页。

③ 李本灿等编译:《合规与刑法:全球视野的考察》,中国政法大学出版社 2018 年版,第 64 页。

④ 商务部:《商务部合作司负责人谈 2016 年我国对外投资合作情况》,http://hzs. mofcom. gov. cn/article/aa/201701/20170102504436. shtml。

的民营企业高管从 2016 年的 57% 提高到 2017 年的 62%。① 宏观层面上,我国通过进一步优化企业资源的全球化配置,以实现从投资大国向投资强国的转变。民营企业参与海外投资的热情更盛,根据全球化智库(The Center for China and Globalization,简称 CCG)统计数据,中国 2017 年民营企业海外投资占我国企业海外投资数量比例的 73.8%,达到 248 宗。② 这也反映出我国民营经济的发展迅猛。

如此一来,一方面我国民营企业中母公司在国内的跨国企业存有涉外业务,另一方面在我国的外资企业也会在我国境内开展业务,这两方面都会受到合作模式的影响,最好的选择是去适应这一模式。中国工商银行西班牙马德里分行和中国银行意大利米兰分行涉嫌洗钱被调查的案例显示③,适应合作预防模式还是企业走出去过程中避免遭遇种种问题的客观现实所需。如 2018 年 1 月至 7 月,有 38 个中资企业和个人因腐败欺诈等行为被世界银行列入黑名单,总数已升至 88 个。④ 这都双向提示从事涉外业务的中国企业应尽快适应合作预防模式。同时不出国门的中国企业也会受这一模式的影响,也应该尽快调整和适应。例如,根据英国《2010 反贿赂法》的规定,在英国境内有办事机构的从事石油业务的中国公司总部,在南非向当地公司行贿,假设是为了拓展其在英国办事机构的业务,这样发生贿赂的行为地与结果地都不在英国境内,而《2010 反贿赂法》确立了"密切联系"的管辖原则,英国司法机关仍然可以据其贿赂行为发生与公司在英国的业务相关而强行行使刑事管辖权。另外,许多在中国境内开展业务的外资企业,往往利用其跨国优势隐秘地实施贿赂行为,导致我国司法机关难以查处。如根据 SEC 对朗讯公司贿赂案的调查报告,在 2000 年到 2003 年间,朗讯耗资千万美元,邀请约 1000 名中国政府"官员"赴美国旅行 315 起,以"参观工厂,接受培训"为由安排前往夏威夷、拉斯维加斯、大峡谷、迪士尼乐园和纽约等地的行程。⑤ 而根据

---

① 普华永道:《2018 中国民营企业高管调研报告》,http://www. 199it. com/archives/760895. html。
② 参见全球化智库(CCG)与西南财经大学发展研究院联合编写的企业国际化蓝皮书——《中国企业全球化报告(2018)》。CCG:2017—2018 年中国企业对外直接投资的现状与特点分析,http://www. ccg. org. cn/research/View. aspx? Id = 10541。
③ 参见韩秉宸:《中行米兰分行洗钱案将搞 5 场听证会,或争取庭外和解》,http://news. sohu. com/20160318/n440909068. shtml;王迪《工行马德里分行遭搜查,涉嫌洗钱至少 4000 万欧元》,载《环球时报》2016 年 2 月 18 日。
④ 海外网:《中企在外需要的不是战狼,而是抵御合规风险》,http://www. sohu. com/a/289655649_115376。
⑤ 转引自周振杰:《惩治企业贿赂犯罪的冲突模式与合作模式研究》,载《刑法论丛》2016 年第 2 卷。

我国公安部的统计,公安机关在 2000 年至 2006 年 6 月共调查了 2529 件非国家工作人员收受贿赂的刑事案件,而同时期调查的行贿案件仅有 564 件。这就意味着,司法机关可能是为了获取行贿嫌疑人的配合与合作,在收集证据方面不得不对这些涉嫌行贿者网开一面。因而,以行贿与受贿具有对向关系来分析,实际受到公安机关调查的行贿者仅占实际行贿人数的 1/5。① 所以,不论是国内企业贿赂,还是更具有隐秘性、组织性与复杂性的特点的外资企业贿赂②,我国司法机关对其查处和调查都面临着司法资源不足、跨境取证难的困境。在国内立法中采纳合作模式的思路,不仅可以帮助企业熟悉相关法律规定,尤其是国外的法律和制度,可以提高规避法律风险的能力,而且有助于国家权力机关有效地查处企业腐败行为,节约司法资源,威慑企业腐败犯罪。

事实上,加强国家与企业之间的合作,不仅可以促使国家的外部监督向企业的内部监督转移,更有效地约束企业为了短期利益而忽视重大社会责任的履行,以此形成国家—企业合作治理的良性格局;而且可以通过国家层面的预防性立法倒逼企业履行社会责任和义务,提升企业自我管控的能力,促进企业治理结构的升级,实现企业的健康可持续性发展。这一预防性工作可以发生在企业运营中任意阶段,甚至可以是在违规之后合规体系的构建或重建。如前一章中所述西门子公司在 2006 年贿赂案之后,按美国司法部的要求在一年内花费了近 8.5 亿欧元合规咨询费对所有历史问题进行了彻查,最后不仅与监管部门达成了和解,而且更为惊喜的是,其全球营业收入在此之后不降反升。另外,企业在预防企业腐败犯罪中的优异实践表现也会促使国家立法的进一步科学化,如法国 2016 年 "Spain Ⅱ 法案" 对于建立合规制度的要求比美国和英国更为严格,也更为全面和科学,而这也在很大程度上得益于企业在实践中对合规计划建立的探索。

因此,就预防我国民营企业腐败犯罪而言,需要融合国家和作为重要社会力量代表的民营企业的共同力量,在坚持国家主导的原则下,注重培育和激发民营企业自身的社会责任意识,促进国家—企业力量的共同合作,实现对民营企业家腐败犯罪的疏导型治理,最终达到腐败犯罪的良好治理,实现合作共赢。

(三)合作预防可增加反腐败社会资本,提高反腐败效益

社会资本理论为犯罪治理政策研究提供了新的解释范式,有着重要的方法论

---

① 参见周振杰:《比较法视野中的单位犯罪》,中国人民公安大学出版社 2012 年版,第 102 页。

② 参见张远煌、操宏均:《跨国企业在华行贿现象透视》,载《青少年犯罪问题》2014 年第 2 期。

意义。社会资本与犯罪治理之间的密切关系表现为:宏观而言,"社会资本存量与控制犯罪效果是成正比的"①;微观而论,不同形式的社会资本因其对犯罪生成的不同影响而会具体影响到相应的犯罪治理政策。美国犯罪学家桑普森和劳布曾指出,"低水平的社会资本会导致社会控制尤其是非正式社会控制的弱化,被弱化的社会控制最终会促使社会成员去实施犯罪"②。民营企业腐败犯罪治理过程中,国家加大查处力度是增加社会资本投入的一种方式。储槐植指出,提高犯罪控制效益的根本出路在于改变刑法运行模式,即刑罚权和刑事司法权从国家手中分出一部分(还给)社会,加强国家力量和社会力量在犯罪控制方面的协调和配合。③ 西方国家的犯罪控制历史和发展趋势表明,国家垄断式的犯罪控制并不能解决问题,只有充分、有效、合理地整合社会力量,才能保证犯罪控制的效果。④国家—企业之间的有效合作,为许多公共目标的达成提供了一种有效的路径选择,"是一种合理的、非意识形态方面的方法,能够提高生产率、获得信息和资源"⑤。对治理难度很大的腐败犯罪而言尤其如此。

企业本身作为社会主体的重要组成部分,其参与程度和水平与社会资本整体呈正相关。民营企业的腐败犯罪发生在企业之中,自身对腐败的生成机理更为熟悉,将民营企业纳入反腐的阵营,通过企业与社会、企业与国家之间的相互关系,也可以反过来影响政府的行为模式,在规制的自制中对国家经济制度的设计、公平竞争环境的构建产生交互影响。通过企业自身加入反腐败犯罪阵营中,加强企业自身内控机制建设,强化合规管理,事实上就是增大了情景预防因素。所谓犯罪情景预防,是指在预防某些高发案率犯罪方面,通过以管理、涉及、调整的方式持久有效地改变环境的手段,最大限度地加大犯罪难度和被捕可能性,并促使行为人认识到其犯罪收益可能减少,违法成本增大,以此达到减少犯罪的目的。⑥如此一来,民营企业通过加强自我预防,从客观上分散了民营企业腐败犯罪的预

① 汪明亮:《基于社会资本解释范式的刑事政策研究》,载《中国法学》2009 年第 1 期。

② Robert J. Sampson, John H. Laub. *Crime in the Making*: *Pathways and Turning Points through Life*. Massachusetts: Harvard University Press, 1995, p. 256.

③ 储槐植:《刑事一体化与关系刑法论》,北京大学出版社 1997 年版,第 410—412 页。

④ 焦俊峰:《犯罪控制模式研究》,中国人民公安大学出版社 2012 年版,第 94 页。

⑤ [美]约翰·D. 多纳林、理查德·J. 泽克豪泽:《合作:激变时代的合作治理》,徐维译,中国政法大学出版社 2015 年版,第 171—173 页。

⑥ Ronald V. Clarke (1995), "Situational Crime Prevention", in M. Tonry & D. Farrington D (eds), Building a Safer Strategic Approaches to Crime Prevention, Chicago, The University of Chicago Press, p. 91.

防责任,降低了民营企业腐败犯罪的制裁成本,长远来看有利于民营企业形成守法的企业文化。

同时,企业与国家、社会之间的交互影响就会产生信任和规范,为了共同利益而合作。这种合作就从客观上增大了反腐败的社会资本投入,其效果远胜于国家的单打独斗。对于企业自身加强内部控制后产生的遵循成本与内控质量水平之间的关系,理论界有着怀疑。有学者做了实证分析之后发现,内部控制监督产生的成本投入与内控质量水平之间并未形成显著的负向关系,因而推断企业因遵循内控规则而发生的额外成本显著增加,但企业并未根据内部控制质量的高低而投入成本,这可能只是为了达到"形式合规"的目的,并没有实质有效。① 这一研究也正好契合了经济学理论中仅依赖于外部监管无法根本解决企业内控失败的问题,这里并没有注重国家与企业的合作,企业面对国家方面的监管要求,往往缺乏自觉遵守的内在动力而敷衍了事,这正是外部监管方面的死穴。同时,"只是为了达到'形式合规'的目的"的推论,正好提示了应加大国家方面对主动预防犯罪的企业予以正向激励,以此激发企业自主预防腐败的内生性需求,开辟企业自主预防的新路径。自我监管就是对自己公司的民间监督或行业监督,通常是白领犯罪与传统犯罪区别所在。如美国2002年"SOX法案"(萨班斯奥克斯利法案)中对企业监察专员的职能进行了一定程度的妥协,其报告义务是向首席执行官而非董事会,但它们由首席执行官雇佣,因此对首席执行官具有一定依附性。但是公司合规计划的存在可能说服检察官不追诉公司的刑事责任。②

在公司和合法的职业领域,雇主和雇员的行为才受内部正式行为规则的约束。因为政府没有充分的人力或物力监督或监管所有的公司、零售业、专业人员、合法的白领以及蓝领雇主的行为,因此自我监管非常重要。规制下的自我监管比纯粹的外部监管有更大的灵活性和更广的手段,还可能有更严格的内部奖惩,可能更彻底、更有效。企业扩大规制下的自我监管一方面能维护良好的公众形象并基于此而获得巨大的利益,另一方面也能先发制人,尽可能少受政府外部监管的不快。如此,既能缓解国家对企业的监管负担,提高企业违法犯罪的治理效果,又能在促使企业履行社会责任和义务的同时,提升企业自我管控的能力,促进企业治理结构的升级,实现企业的可持续性健康发展。如2015年3月8日全国人大代

---

① 陈骏:《上市公司内部控制监督效果研究:形式合规抑或实质有效》,经济科学出版社2016年版,第94页。

② [美]戴维·O.弗里德里希斯:《背信犯罪:当代社会的白领犯罪》,刘荣译,法律出版社2018年版,第458—459页。

表、江苏省南京市检察院职务犯罪预防局局长林志梅介绍有关职务犯罪预防的主题发言中指出,不仅预防出生产力,反腐败同样也出生产力。① 一是南京市两级检察机关自 2008 年以来共介入工程项目预防 500 多项,涉及投资 22165 亿元。二是南京推行无职务犯罪单位争创活动,有很多家企业申请之后进行综合评定,其中争创方案和打分项目上百项,拥有"无职务犯罪单位"牌子就相当于拥有了绿色通行证。在经济不太景气的环境之下,南京招商引资时一外商与南京企业商谈合作事宜,刚开始外商不是很积极,到这个单位考察之后看到这个单位挂了一个"无职务犯罪单位"的牌子,而且这个牌子位于很多牌子的正中间,外商问企业负责人为什么单单把这个牌子挂在正中间,该企业负责人说这个牌子最有价值,因为"无职务犯罪单位"意味着企业从未发生过腐败行为。于是外商就信任这家企业,觉得跟他们合作放心,并当场就签订了合同。这就是预防也出生产力,反腐败也出生产力的最好例证。

可见,通过加强企业自我预防腐败犯罪,实现内部对腐败犯罪的零容忍,可以为企业获得更多交易机会,创造生产力,最终促进和实现企业的可持续性发展。这于国家而言,则在客观上达到了节约投入成本,提高反腐效益的效果。同时,对于治理犯罪而言,在一个"规制了的自制"的框架内,效率的额外提高也是可能发生的:国家的规章制度可以在法律上规定和影响非国家制度的形成与强化,"可以为非国家制度施加义务从而促使其与国家制裁制度进行协作;它也能宣布企业指南具有法律约束力"②。这是从国家与企业之间的交互影响角度而言的,可以在特定情况下促使软法转变为硬法。

(四)合作预防是实现企业履行社会责任自律与他律的最佳模式

关于企业社会责任的论述长期以来没有一个明确和被广泛接受的定义,但关于企业社会责任的重要性却已达成共识。最为经典的是 Alan D. Smith 从历史的角度出发做过论述,认为只专注于提高运营效率及减少产能过剩的经济优势是短暂的,企业社会责任的长期优势确保了可持续的经济优势,应该是任何企业的长期目标。③ 还有日本学者将企业社会责任界定为"企业在保证产品品质安全性、

---

① 《林志梅代表:反腐败同样也出生产力》,http://news. jcrb. com/jxsw/201503/t20150309_
1484744. html.

② [德]乌尔里希·齐白:《全球风险社会与信息社会中的刑法》,周遵友、江溯等译,中国法制出版社 2012 年版,第 264 页。

③ Alan D. Smith, "Making the Case for the Competitive Advantage of Corporate Social. Responsibility", Business Strategy Series, 3(2013), pp. 186－195.

防止事故、保证公平交易和竞争、保护个人信息以及内部举报人等方面所承担的确立守法体制、保护环境等责任。这一责任包含但不限于经济责任与法律责任"①。对于企业社会责任的定义,笔者从企业社会责任内涵的演变过程来看,结合我国民营企业的发展历程及与国家和社会的关系考察,赞同戴维斯从理论上对企业承担社会责任的合理性和必要性分析的"权力—责任模型"这一观点,即"公司的社会责任来自它所拥有的社会权力,责任就是权力的对等物"②。基于此,笔者认为企业社会责任一般分三个层次,首先是基本的社会责任即法律责任,其次是第二层级的社会责任即经济责任,最后是最高层次的社会责任即慈善责任。

按照社会学的观点,研究某一社会现象有三种视角,分别是功能主义视角、冲突主义视角、符号互动主义视角,前两种是宏观研究社会系统和社会变动机制的理论视角,符号互动主义则是研究个体行为方式的微观视角。③ 功能主义视角研究社会稳定时有用,但不适应飞速变迁的社会发展;冲突注意视角是社会发展的规律而不是例外;互动论则关注的仅仅是微观层面个体行为方式,不能解释个体无法控制的力量对其行为的塑造,忽视了社会结构对我们的影响。企业社会责任的自律可以从互动论加以解释,但这只呈现出了企业与员工、企业与企业之间在微观层面上的相互作用,不能解释外部压力对其行为的影响和作用。但是社会责任的他律则可以从冲突视角在宏观层面上对企业社会责任基于外部压力的情况下进行履行加以解释。将企业社会责任的自律与他律结合起来就能更好地解释企业社会责任的履行对整个社会以及企业中每个员工发生作用的机理。

毋庸置疑,企业实施反腐败以及加入反腐败阵营是履行企业社会责任的一个重要体现,但是如何实现企业履行社会责任的自律与他律呢? 有观点认为,企业更高层次社会责任引导的模式应当为社会规制模式,更高层次社会责任促进性法律的类型表现为法规范的软法化。基于此,促进性法律对更高层次社会责任的引导路径包括国家的激励诱导制度、企业界自律性行动计划、企业社会责任信息揭

---

① [日]铃木幸毅、百田义治:《企业社会责任研究》,中央经济社 2008 年版,第 13 页。

② Davis, Keith, "Understanding the social Responsibility Puzzle: What Does the Businessman Owe to Society?" Business Horizon, Winter, 1967, pp. 45–50, 48. 之后德鲁克的观点也与之吻合: "谁想要得到权力就意味着谁需要承担责任,而谁愿意承担责任就意味着谁可以获得权力。"参见[美]彼得·德鲁克:《组织的管理》,王伯言、沈国华译,上海财经大学出版社 2003 年版,第 140 页。

③ 参见[美]戴维·博普诺:《社会学》,李强等译,中国人民大学出版社 2007 年版,第 21—23 页。

露制度、企业环境责任报告。① 从广义而言,社会规制模式就是他律的一种,但是其实现路径中除了国家的激励诱导制度属于他律形式,企业界自律行动计划、企业社会责任信息揭露制度等都是属于自律形式的。所以,从实现路径反推其模式应该是国家层面的他律与企业层面的自律的结合,而不是单纯的社会规制模式,更确切地说应该是我们前文中倡导的合作预防模式。

我国法律和政府性文件中对企业社会责任明确提及按时间顺序来看主要表现为:2013 年 12 月 28 日第十届全国人民代表大会常务委员会第十八次会议修正的《公司法》第五条规定:"公司从事经营活动,必须遵守法律、行政法规,遵守社会公德、商业道德,诚实守信,接受政府和社会公众的监督,承担社会责任。"2017 年 3 月 15 日第十二届全国人民代表大会第五次会议通过的《民法总则》第 86 条规定:"营利法人从事经营活动,应当遵守商业道德,维护交易安全,接受政府和社会的监督,承担社会责任。"我国企业履行基本社会责任即法律责任的基本途径主要通过法律规范、企业自律和行业协会约束等,呈现出实现方式多样、标准依据多元化等特征。目前企业社会责任系列国家标准主要为《社会责任指南》,其中对于公平运行实践涵盖了四个议题:反腐败、公平竞争、在产业链中促进社会责任、尊重产权。在国家标准的前提和基础要求下,可以指定高于国家标准的行业标准和地方标准,这是依靠社会或是企业自律实现的。

从社会契约理论解释企业自律是有根据并能自洽的。社会契约论认为企业主动对社会经济秩序负责的基础源自将企业与社会连接起来的"社会契约",具体表现为社会应该在企业发展所需的硬件(如基础设施)和软件(如高素质人才、安定的政治环境等)条件上给予提供和帮助,而企业则应该据此对社会做出回应,承担一部分社会责任。例如,企业需要在某个国家或地区依照当地法律法规成立,并在得到许可的情况下接受其相应制度的规定,在行业和市场中守法经营,做到遵守纪律、商业伦理道德和行业规则等,这就是一个企业承担社会责任的表现。从这一角度而言,企业通过实施合规计划、加强自我监管来预防企业腐败犯罪就是增强企业社会责任感的一种方式,这是符合社会契约论的,也是符合企业与国家之间契约关系的分内之义务的。

另外,国家通过立法或是其他国家力量预防企业腐败犯罪,这对于企业履行社会责任是一种广义上的他律形式。在法律规范内设置努力义务的规定可以视

----

① 谷亚晴、汪永福、郑和园:《企业社会责任他律——法律的介入与治理》,中国政法大学出版社 2017 年版,第 23 页。

为软法的一种,并分类为训示抽象型的努力义务与具体的努力义务。训示抽象型的努力义务是指,法律规范明确表示立法的基本理念与目的,并促使当事人朝该方向做出努力的抽象性规定,但本质上,该规定并未有强制拘束力要求当事人具体实践,诸如我国《公司法》第五条关于企业履行社会责任的宣示;具体的努力义务则为,虽该努力的内容有具体性及特定性,或借由强行义务或禁止的方式来加以规定,但由于该方式未能获得立法的合意,或认为进行强行规范的时期尚早,以逐步渐近的方式达成目的较为妥当时,故退而求其次,先以此等努力义务做出规范。因此,努力义务的功能若须确保其发挥功能,则须着眼于行政机关和国家力量的外部促进。换言之,以该规定作为行政上各种措施的法源,以确保该努力义务的执行,除实体法规制的软法化之外,也存在通过自律规范的方式实现。因为,规制企业社会责任的软法虽然不以强制力来对企业的行为形成外在约束力,但以社会的价值、期望为号召力唤醒企业内在的自发与自律,同样对企业的行为产生制约和影响。① 从这层意义上来讲,在他律过程中,也需强调国家与企业之间的合作关系,强调国家的规制与企业的自制的合作。

国家层面需要更多地运用引导与激励的运作模式促进企业社会责任的履行。一方面,促进性法律规范从法律上宣示更高层次的社会责任,促进和引导企业自我履责。另一方面,因为促进性法律规范多是以赋予权利、减免义务和责任等方式进行正面、倡导型的激励措施来鼓励企业履行更高层次的社会责任,对企业履行社会责任并不当作强制性的义务,表达的只是一种法律上的期待和要求。其中,这种法律上的要求不具有强制实施性,其实是一种软约束,其实际执行效力难尽如人意,如《公司法》第五条中关于公司承担社会责任的总则性规定便属此类。所以,除了引导与激励之外,还需要施与外部的强制力,赋予相应的惩罚机制。倘若是将努力义务上升为刑事法律义务,则基于刑法是最后保障法的性质,努力义务就会上升为强制性硬法义务,这是他律的终极形式。回归到社会契约论的解释路径,国家层面此时为企业实施合规计划等主动履行企业社会责任的自律形式提供了保障性制度,企业自然是更有义务和动力履行监管自身预防腐败犯罪以实现企业社会责任了。基于此,国家与企业之间的合作预防模式旨在实现国家规制下的企业自制,这是实现企业履行社会责任的自律与他律的最佳模式,也最能够实现国家与企业的共制和共赢。

---

① 顾爱萍:《论企业社会责任的三种维度及其引导与规范》,载《政治与法律》2010年第3期。

二、腐败犯罪合作预防有较充分的实践依据

民营企业腐败犯罪的合作预防模式不仅具有前述正当化的理论依据,也具有广泛的实践基础。其实践基础也是从国家层面和企业层面两个不同主体体现出来的,具体表现为国家层面对合作预防展开了立法等方面的实践性推动,企业层面展开了自我预防的实践性探索。

(一)国家层面对合作预防展开了立法等方面的实践性推动

为了有效应对国际范围内私营部门的腐败犯罪,域外国家和国际组织的立法和司法实践很早就做出了回应。

一方面,国际组织(主要包括政府间国际组织 IGO 和非政府间国际组织 INGO)出台了相关的反腐败立法,并细化到私营部门以及企业中的反腐败尤其是反商业贿赂行为,促进私营部门、企业参与到反腐败中。通过考察国际组织强调企业合规管理的历程,发现其历经了以下两个阶段,为推动国家与企业之间预防企业腐败犯罪的合作关系做出了贡献。

第一阶段表现为:以联合国全球契约为代表,倡议企业合规管理,具体时间段为 2000 年前后。即在开展国际业务时,企业自愿遵守并履行包括企业社会责任、环境责任以及反对商业腐败等合规承诺。其中,政府间国际组织通过并颁布的代表性文件如 1994 年,OECD 在《国际交易活动中反行贿的建议案》明确将企业贿赂外国官员归为犯罪行为,并在审计、内部控制等细节问题上提出指导意见。1997 年,OECD 出台《关于打击国际商业交易中行贿外国公职人员行为的公约》。欧洲国家发布的"反腐败公约"性质的文件分别有刑法和民法两个。1998 年 11 月,欧盟理事会部长会议通过了《欧盟反腐败刑法公约》。这项公约是目前为止内容最为全面的反腐败公约之一,包含了公有和非公共领域的腐败和其他一系列罪刑,如国内外的贿赂、洗钱等。公约规定要求签约国对定义范围内的腐败进行起诉,特别是在引渡和交换信息方面增加国家合作,迄今已有 30 个国家签署,1 个国家批准。该公约规定,法人也应当为公约规定的为了自身利益行使贿赂、影响贸易和洗钱犯罪承担责任,这类罪行是在法人内部担任领导职务的自然人个别或作为法人组织的一部分犯下的,或该自然人作为教唆犯参与了上述罪行(第 18 条第 1 款)。此外,各缔约国应采取必要措施,确保法人对下列行为承担责任:由于对自然人缺乏监督或控制,使法人管辖的自然人有可能为法人的利益实施上述犯罪(第 18 条第 2 款),法人将受到有效、适度和劝阻性的刑事或非刑事制裁,包括金钱制裁(第19条第2款)。1999年11月通过的《欧洲理事会反腐败民法公约》，其管辖范围包括公有部门和非公共领域的腐败行为，即索取、提供、给予或接受贿赂或其他任何不正当的利益，或这些将来可能产生的利益。公约要求签约国保证本国企业会计账簿的记录完整和准确，并制定对受害者、对贿赂造成的损失进行赔偿和对举报者进行保护的法律等。① 在国际贸易中，以非官方形式出现的国际通用商业规范也同相关国家法律、法规一样对经济主体具有约束力，如2000年OECD修订《跨国公司指南》包含了对反腐败的内部制度建设的建议。1996年联合国第51届大会A/RES/51/191号决议通过了《联合国反对国际商业交易中的腐败贿赂行为宣言》，呼吁从事国际商业交易的公私营公司，包括跨国公司和个人负起社会责任并遵守适当的道德标准，特别是遵守在其境内经商的国家的法律和条例。宣言着重提及公私营公司的犯罪问题，其中第3(a)条规定，贿赂包括一个国家的任何公私营公司，包括跨国公司或个人直接或间接向另一个国家的任何公职官员或民选代表提出、允诺或给予任何款项、礼物或其他好处，作为该官员或代表在国际商业交易中履行或不履行其职责的不正当报酬。将公私营公司纳入行贿主体，并要求成员国采取对抗措施。宣言呼吁各国采取有效的具体行动取缔国际商业交易中一切形式的贪污、贿赂及有关违法作风，特别是致力于有效地执行禁止在国际商业交易中行贿的现行法律，鼓励没有这种法律的国家为此目的通过法律，并呼吁在管辖范围内从事国际商业交易的公司，包括跨国公司和个人，推动执行本宣言的目标。2004年，联合国全球契约组织在企业社会责任九个原则之后增加"反商业腐败"。2005年12月14日正式生效的《联合国反腐败公约》中均有涉及私营部门腐败犯罪条款，并进一步要求缔约国加强"商业贿赂治理"，敲定了世界性商业反腐的基本方向。第一阶段中的非政府间国际组织通过并颁布的代表性文件如1977年国际商业协会(International Chamber of Commerce，以下简称ICC)发表了《国际商业交易勒索和贿赂的报告》和《商事交易中打击勒索和贿赂行为准则》，第一次明确提出打击商业贿赂是政府、国际政府组织的联合行为。后来，ICC先后三次更新反索贿和贿赂的行为准则。社会问责组织与透明国际共同制定了《商业反贿赂守则》，对企业在防控商业贿赂、加强内控方面的经验加以总结，从如何在企业内部构造反贿赂制度方面，为企业提供了具体而系统的方案。强调在对外贸易中，由于对具体国际社会环境及行为规范的不了解，不重视企业

---

① 透明国际编：《拒绝商业贿赂》，清华大学公共管理学院廉政与治理研究中心译，中国方正出版社2008年版，第15—16页。

的合规性,很可能就丧失最有利的自我控制和管理,为短期利润走上弯路,甚至导致商业腐败。这一阶段国际组织的立法主要是强调企业合规管理在预防企业腐败犯罪中的重要性,尤其是私营部门的商业交易中腐败问题的治理与加强国家与国家、国家与企业之间的合作治理非常重要,还属于观念上的倡导阶段。

　　第二阶段体现为:国际组织不仅倡导并开始出台更严格的合规监管规定,以促进企业在实践中遵循合规管理。这一阶段发生于 2008 年西门子因"行贿门"被严厉处罚之后,国际组织对此主要以软法治理为重点。其中,政府间国际组织通过并颁布的代表性文件如 2003 年 7 月,非洲联盟国家和政府首脑通过了《非洲联盟预防和打击腐败公约》,该公约对发生在私营领域的行贿犯罪做出了规定,重视私营部门贿赂危害,建构了公私部门贿赂犯罪主体同一标准。① 2009 年,OECD 又通过《关于进一步打击国际商业交往中贿赂外国公职人员的建议》;之后,更是连续出台《内控、道德与合规最佳行为指南》,以及对《跨国公司行为准则》加以修订,比较完整地从国际司法协作和公司合规两个视角引导了商业反腐的结构性治理。2010 年 OECD 通过《内控、道德与合规的良好做法指引》建立起保护公司正当商业行为,防范贿赂风险的合规管理体系。在这一体系下的合规计划的主要特点是:在公司章程或公司商业行为准则中明确禁止商业贿赂;从采购、销售到金融财务体系都要确保相关业务和记录的公正性和准确性;实施合规培训;建立合规的交流通道和举报违规行为的体制;强化供应链合规管理等。亚太经合组织(Asia - Pacific Economic Cooperation,以下简称 APEC)则在其发布的《预防贿赂和反贿赂执行准则》中就"商业商贿"问题指出,行贿和索贿"会加重中小企业的市场壁垒和成本负担";该组织又进一步发布《反腐败商业行为准则》、《私营部门商业诚信与透明度准则》和《高效率公司合规项目基本要素》,在更多细节上发掘出关键议题,并提供了商业反腐的更多责任规则,让国际商业反腐开始走向深水区。显而易见,相较于国家内部的商业反腐,国际组织更加全面地关注于政府商业反腐的结构性治理和模式俘获指数、权力的透明度、企业内部合规性、企业影响力、压缩求助官僚的空间、企业所有权等维度。这一阶段中非政府间国际组织通过并颁布的代表性文件主要表现为:2014 年,以国际标准化组织(International Organization for Standardization,以下简称 ISO)为代表,发布了《ISO19600 合规管理体系指南》这一国际标准,推动企业建立合规管理体系。这一阶段从国家组织的相关立法可以看出,针对私营部门的腐败犯罪预防不仅强调国家与企业之间的合作预

---

① 陈雷:《惩治与预防国际腐败犯罪理论与实务》,中国检察出版社 2005 年版,第 43—44 页。

防,而且对企业如何构建合规管理体系开展自我预防工作已经出台了相应细化的准则和指南,将国家与企业之间的合作预防更加细化并向前推进了,更有实践操作性。

另外,从域外发达国家不断创新企业监管思路,以及在推动企业强化合规管理实践的努力方面来看,表明其在不断地强调企业实施合规管理的主动性。从过去关注事后处罚到注重事前预防,这事实上也是在不断促进国家与企业之间加强合作预防私营部门腐败犯罪。而且,从域外国家层面的立法来看,越往后其国内反腐败立法越与国际法趋向一致。比如,1977 年制定的美国《反海外腐败法》(FCPA),重点是对企业违规行为进行打击。到了 2004 年,修订后的《针对机构实体的联邦量刑指南》(*Federal Sentencing Guidelines for Organization*,以下简称 FS-GO)明确了企业建立有效合规体系可以减轻处罚的原则。英国 2010 年颁布的《2010 反贿赂法》第 7、8、9 条规定了"商业组织预防贿赂失职罪",规定了企业具有预防腐败犯罪的义务,如果企业因为没有履行预防义务,而导致其员工、代理人和附属人员实施了腐败犯罪,则该企业会受到刑事制裁。① 但是,企业可以通过采取诸如建立有效的合规管理体系等措施来抗辩,以减免责任。从而主动改变了传统消极治理模式下的责任原理,实现了刑法立法防卫基点由行为环节向监管环节的迁移,加强了对腐败犯罪的预防性治理。还有意大利 2001 年 6 月 8 日颁布的第 231 号法令中也明确规定"由于公司高管未能有效监控且公司没有有效的合规计划致使下属员工为公司利益或好处而实施贿赂犯罪的,公司构成犯罪"。2016 年 12 月,法国宪法委员会批准通过了《关于提高透明度、反腐败以及促进经济生活现代化的 2016—1691 号法案》(《Spain Ⅱ法案》),该法案明确要求企业建立合规制度,没有建立合规管理体系的企业可能面临承担处罚的风险与责任。俄罗斯于 2014 年 4 月 8 日经反腐委员会主席办公会审议通过的《俄罗斯企业反腐败指南》和《组织制定和采取反腐败措施指南》两份文件以软法形式为各企业尤其是中小企业实施反腐败程序以减少腐败风险提供了指导。2014 年 4 月 11 日俄罗斯总统发布的第 226 号法令证实,主要行动是在 2014—2015 年国家反腐计划中发布的。《俄罗斯反腐败计划》载有一份反腐败行动的详细清单,将由各级政府、治理和公共协会从俄罗斯联邦议会、俄罗斯联邦最高法院和俄罗斯政府以及企业界、

---

① 王君祥编译:《英国反贿赂法》,中国方正出版社 2014 年版,第 33—34 页。

教育和研究机构着手处理,并指派商业社区监督公司执行反腐败规定的情况。①这是很明确地强调合作反腐,并从国家层面为企业反腐提供了细致的实施指南。总体而言,越来越多的国家立法强调私营企业在全面反腐斗争中的积极参与,不同程度地促成国家与企业之间的合作。初步统计,全球有类似规定的国家 30 余个。与此同时,国外很多立法例和司法判例也对此进行了积极探索。如美国 1991年颁布的《联邦组织量刑指南》明确将合规计划规定为对企业量刑时的重要参考因素。根据该规定,如果企业因其代理人违法被起诉定罪,企业可以因实施了有效的合规计划而被减轻罚金②。又如 1999 年美国司法部发布了《联邦公司起诉规则》(又称为"霍尔德备忘录"),确定实践中有效的合规计划极大可能在企业犯罪调查阶段,影响检察官决定对其是否进行起诉。再如英国在着手进行预防性立法,增设商业组织预防贿赂失职罪,从外部给企业预防腐败施加压力的同时,又在立法中将企业有效的合规计划作为该罪的否定性构成要件,并在司法中依据立法及企业自身预防腐败的情况给予了量刑优惠。英国的 SG 案量刑过程表明,"法官可以结合企业预防腐败行为即合规计划的有效性进行判断,不仅看重其在预防腐败行为发生前的作用,而且重视其在犯罪行为发生后、权力机关调查过程中的表现,从而据此决定罚金数额以及是否适用缓刑"③。这实际上是对企业事前、事中、事后有效的预防腐败行为都给予了刑法上的奖励,非常有利于激发出企业基于可持续性发展的内在需要,进而主动预防腐败的意愿。

　　受域外国际社会先进立法和实践经验的影响,我国在国家层面上也为构建合作预防模式做出了很多实践性的努力。首先,在经济法立法中对美国、英国反腐败法确立的企业严格责任的立法理念进行了借鉴。具体表现为 2017 年 11 月 4 日第十二届全国人民代表大会常务委员会第三十次会议审议通过的新修订的《中华人民共和国反不正当竞争法》中借鉴了严格责任原则。在新的《反不正当竞争法》第七条的反商业贿赂条款中明确规定:"经营者的工作人员进行贿赂的,应当认定为经营者的行为;但是,经营者有证据证明该工作人员的行为与为经营者谋取交易机会或者竞争优势无关的除外。"根据该规定,经营者的工作人员进行贿赂,在无反证的情况下将被认定为经营者自身的行为。这里反证的例外是指:"经营者

---

① Gregory Crouse, Chaldaeva, Kilyachkov Anatoly A. , " Criteria for Assessment of Anticorruption Compliance Programs at Small and Medium Enterprises". 2014. econpapers. repec. org.

② 参见 U. S. Sentence Guidelines Manual § 8C2. 5(f)(2010)。

③ 参见周振杰、赖祎婧:《合规计划有效性的具体判断:以英国 SG 案为例》,载《法律适用》2018 年第 14 期。

已制定合法、合规、合理的措施,采取有效的措施进行监管,不应放纵或变相放纵工作人员实行贿赂行为。"①据此可知,我国《反不正当竞争法》反商业贿赂条款为企业经营者设定了严格责任,如不能证明工作人员的行为与为经营者谋取交易机会或者竞争优势无关的,企业经营者便构成了商业贿赂,进而有可能构成行贿罪。其次,在刑法中尝试做出了主动化的立法反应,探索刑法的预防功能,尝试从应激型到预防型的转变。具体表现为2015年《中华人民共和国刑法修正案(九)》中新增拒不履行信息网络安全管理义务罪。根据第二百八十六条之一的规定,对于相关网络犯罪的发生,作为服务平台的中间商互联网企业如果对危害结果具有预见可能性和回避可能性的情况下,没有或者没有完全履行监督和安全管理义务,使处于监督支配之下的被监督者的行为直接引起危害后果的话,作为网络服务提供者的互联网企业就构成犯罪,应承担相应的刑事责任。将网络服务提供者不履行信息网络安全管理义务的行为犯罪化,通过立法规定赋予了互联网企业预防犯罪的注意义务,这一规定有助于实现对网络犯罪的事前预防。我国刑法首次将预防互联网企业实施犯罪的预防义务从自然人中分离出来,转移给网络服务提供者互联网企业,尝试通过互联网企业来预防犯罪,体现的就是合作预防的思维模式,为企业如何进一步履行监督和安全管理的预防义务提供了规范指引基础。主动更新以后果为导向的刑事惩治的传统刑法理论,构建以深化腐败的根源性治理需要为目的,以优化刑法预防功能为导向的刑事规范体系,这体现的是一种积极治理腐败的态度。再次,在司法实践中,将主动为预防企业腐败犯罪做出有效努力作为考量要素之一,给予司法上的奖励和优待。例如"雀巢前员工非法获取个人信息、贿赂医生,8位涉案人员被判刑"一案中,兰州市中级人民法院在二审判决中指出,雀巢政策、员工行为规范、《雀巢宪章》、《雀巢指示》(附于雀巢公司员工培训材料)、《关于与保健系统关系的图文指引》等文件中明确规定,对医务专业人员不得进行金钱、物质引诱,禁止向医务人员提供金钱或物质的奖励、禁止员工以非法方式收集消费者个人信息,说明雀巢公司禁止员工从事侵犯公民个人信息的违法犯罪行为,并为之做出了明确规定和努力。各嫌疑人违反公司管理规定,为提

---

① 国家工商总局反垄断与反不正当执法局局长杨红灿就新《反不正当竞争法》中备受关注的商业贿赂行为经营者责任认定的条款做出了解读。具体参见 http://www.saic.gov.cn/zw/zcfg/jd/201711/t20171109_270236.html。

升个人业绩而实施犯罪为个人行为。故而做出"驳回上诉,维持原判"的终审裁定。① 该案中,法院在认定犯罪行为属于员工个人犯罪还是单位犯罪时,充分考量了雀巢公司的相关制度和政策以及公司为之所做的预防工作,最终认定犯罪行为属于员工个人行为,雀巢公司无须承担责任。具体而言,法院是因为雀巢公司履行了监督管理义务,拥有完备的内控预防机制,并对公司员工加以有效培训和沟通,所以最终判定该公司无须担责。因而在我国司法实践中,存在着将企业为预防犯罪所做出的努力作为认定经营者(单位责任)或个人责任的考量因素的判决。将企业实施有效的预防行为作为企业构成犯罪刑事责任的抗辩事由,这也是国家层面对企业预防犯罪做出有效努力的奖励。最后,在观念层面,国家鼓励和要求企业主动预防腐败犯罪。2012 年 5 月,商务部等七部委联合发布了《中国境外企业文化建设若干意见》,明确提出中国企业在境外应坚持合法合规运营,包括坚决抵制商业贿赂,严格禁止向当地公职人员、国际组织官员和关联企业的相关人员行贿,不得借助围标、串标等违法手段谋取商业利益等内容。2017 年 5 月 23日,习近平总书记主持召开中央全面深化改革领导小组第三十五次会议时指出:"规范企业海外经营行为,要围绕体制机制建设,突出问题导向,落实企业责任,严格依法执纪,补足制度短板,加强企业海外经营行为合规制度建设……"这次会议是党和国家最高领导人首次明确要求企业强化合规管理,建立合规制度,合规就蕴含着预防理念,意味着合作。此次会议精神使得中国企业面临的问题核心发生了转变,即已经不是在企业内部要不要构建合规以实现预防企业犯罪,而是要进一步关注如何构建有效的企业合规从而实现对企业犯罪的有效预防。

(二)企业层面已展开腐败犯罪自我预防实践探索

国外企业在多部立法的外部推动下,率先开始在内部制定相应的预防措施,加强企业自身的内部控制与企业员工的自我约束,以这种自我监管的方式实现从企业内部预防企业腐败犯罪发生的目的。由美国作为母国而推动的"企业合规计划"(Corporate Compliance Programs),就是企业主动预防犯罪的一种路径。这一计划开始就受到很多国家、国际组织的认可与肯定,亦有很多企业践行。而企业

---

① 2011 年至 2013 年 9 月,多名雀巢(中国)西安分公司和兰州分公司的员工为推销配方奶粉,通过支付好处费等手段,从兰州市多家医院的医务人员处获取公民个人信息(包括孕产妇姓名、新生儿出生年月、家长联系电话等)。2016 年 10 月 31 日,兰州市城关区人民法院一审宣判,以侵犯公民个人信息罪分别判处雀巢公司涉案员工拘役 4 个月至有期徒刑 1 年 6 个月不等的刑罚。之后,多名被告以涉案行为属于单位犯罪等理由提出上诉。参见搜狐快闻:《雀巢前员工非法获取个人信息、贿赂医生,8 位涉案人员被判刑!》。

腐败犯罪预防只是企业合规计划中向反腐败合规方向精细化发展的一个方面,很多国内外企业已展开自我预防的实践探索,其中有的是在司法实践中进一步推动向前发展的。如前文所述西门子公司在 2006 年贿赂案后在一年内花费了近 8.5 亿欧元的合规顾问咨询费支持彻查了所有历史问题,并重建了美国司法部称之为"超一流"的合规体系。再如 2013 年的"西门子—鲁伯格案"中,西门子公司起诉其首席财务官鲁伯格,请求其承担赔偿责任。慕尼黑第一地方法院在该案中详细阐述了股份公司董事的合规义务,对企业合规体系提出很多的要求。① 依据该判决,公司守法和构建有效的合规管理体系是董事的共同责任,董事应当依法管理和监督公司的经营活动,制止对外国官员或私人行贿的行为。在产生损害的情况下,董事只有在构建了预防损害和控制风险的合规组织的情况下,才算履行了管理公司的义务。这一判例对之后企业董事履行合规管理义务的范围大小和具体构建合规管理组织提供了借鉴意义。另如,以总部在日本东京的富士胶片公司为例,该公司以涵盖组织架构、公司章程和合规教育三方面的合规手册为载体,在公司内部通过培训等方式展开合规管理和企业文化的培育。② 这些企业都是在如何具体构建合规管理体系以及如何确定合规管理义务的范围上做了实践性的尝试和拓展,为企业自我预防腐败犯罪做了有益的探索。

在我国,不少企业也曾自发而又卓有成效地开展腐败犯罪的自我预防。这方面,仅仅通过检索近年来的媒体报道,就可以获得大量丰富的信息,尤其在网络企业方面表现得十分普遍和突出。一些民营企业为营造廉洁守法环境,不仅在企业内部积极开展腐败预防,还自发地在行业和企业间发起成立反腐败联盟,共同推动企业腐败犯罪治理,如 2017 年 2 月由京东倡议并联合腾讯、百度等 13 家企业和学术机构,共同发起设立"阳光诚信联盟",截至目前,阳光诚信联盟已有 173 家成员单位③。这些都可以视为民营企业在自我预防的具体实践方式上的探索,构成了企业层面在合作预防上的实践性依据。

三、腐败犯罪合作预防已具备现实可行性

合作预防模式不仅具有理论和实践双层次的必要性依据,而且具体到我国的

① 参见慕尼黑第一地方法院西门子案判决(LG München I, Urteil v. 10.12.2013, Az:5 HKO 1387/10),2013 年 12 月 10 日。

② 富士胶片投资有限公司经营管理部:"谈富士胶片的合规管理",载王志乐:《合规:企业的首要责任》,中国经济出版社 2010 年版,第 165 页。

③ 其中发起单位和顾问单位自成立起没有发生变化,但成员单位随着相关企业不断加入会不断增加,具体联盟成员名单参见 https://www.ctiea.com/member。

现实环境,国家与企业建立稳定的合作模式的条件业已成熟,腐败犯罪合作预防模式已具有本土化推行的主观条件和客观条件。

(一)主观方面:国家与民营企业均具有合作预防的内生性需要

行为由动机决定,而动机来自需要。国家与民营企业预防民营企业腐败犯罪而展开的一系列合作行为都是由双方的强烈合作动机决定的,而这一动机是在双方各自具有合作预防的内生性需要的基础上产生的。而且双方这种内生性需要达到了非常强烈的程度,下文将具体分别从国家出台的相关政策文件、民营企业强力的实践性推动两个方面对双方的内生性需要进行阐释。

1. 国家层面已显示出积极推动合作预防的政策性需求

首先,国家层面出台相关政策文件表明了反腐决心,为治理反腐败奠定了坚定的反腐败政治意愿与强有力的推动力。反腐败的艰巨性不言而喻,如果政治高层没有坚定的反腐败意志,没有整合各种资源推动反腐败的行动力,反腐败就难以真正展开。在党的十八大之后,党和国家将“全面推进惩治和预防腐败体系建设”确立为党和国家的重大政治任务和全社会的共同责任。2014年10月,党的十八届四中全会《中共中央关于全面推进依法治国若干重大问题的决定》中正式提出“加快推进反腐败国家立法,完善惩治和预防腐败体系,形成不敢腐、不能腐、不想腐的有效机制,坚决遏制和预防腐败现象”。2017年10月,党的十九大报告在讲到要夺取反腐败斗争压倒性胜利时明确指出,反腐败“要坚持无禁区、全覆盖、零容忍,坚持重遏制、强高压、长震慑,坚持受贿行贿一起查,坚决防止党内形成利益集团”。从党的十九大报告来看,关于坚持反腐败需要坚持受贿行贿一起查,既打击和惩治受贿,同时又遏制行贿,基本奠定了当前我国腐败犯罪治理的治理取向和政策导向。客观而言,腐败已不再独立存在于某一固定或特定领域,它已经超越了固有的公与私的制度界限,并嵌入政府、社会和市场的交叉领域之中。因而在党和国家“全面推进惩治和预防腐败体系建设”重要目标和“坚持行贿受贿一起查”政策指引下,只有坚持全面反腐的治理观念,将民营企业腐败犯罪纳入全面反腐败战略体系之中,才能对当前高发频发的民营企业腐败犯罪进行有效回应,进而克服反腐败斗争中民营企业腐败犯罪与公共领域腐败犯罪“相伴共生”,相互交错的问题。

其次,国家层面出台了相关政策文件表明对民营企业平等保护的态度,在执法司法过程中维护企业正常发展,避免民营企业因非理性刑事干预活动而遭受不必要的损失,为民营企业的发展创新营造良好的法治环境。这说明了国家有良性的反腐败顶层制度设计意愿,非公领域纳入反腐败范围必须走法治途径,其目的和宗旨是促进民营经济的发展,是为了保护民营企业的良性发展。作为非公经济中的典型代表,民营企业在我国经济发展过程中经历了与非公有制经济地位相同的受重视过程,即从重视到相对重视再到较为重视。特别值得注意的是五个标志性的时间段,即 2017 年 9 月 25 日,中共中央、国务院下发了《关于营造企业家健康成长环境弘扬优秀企业家精神更好发挥企业家作用的意见》(以下简称《意见》),首次出台政策文件聚焦维护企业(家)健康发展,营造保护企业(家)合法权益法治环境的纲领性文件,对保护企业(家)发展具有重要指导意义。2017 年,党的十九大报告提出要支持民营企业发展。2017 年 12 月 12 日,最高人民检察院下发《关于充分发挥职能作用营造保护企业家合法权益的法治环境支持企业家创新创业的通知》,对检察机关立足检察职能,努力营造企业家创业发展法治环境提出具体要求。2017 年 12 月 19 日,最高人民检察院和公安部联合修订印发了《最高人民检察院公安部关于公安机关办理经济犯罪案件的若干规定》(公通字〔2017〕25 号),明确提出,公安机关办理经济犯罪案件,应当坚持平等保护公有制经济与非公有制经济。2018 年 1 月 2 日,最高人民法院为贯彻十九大精神和《意见》要求,发布了《关于充分发挥审判职能作用为企业家创新创业营造良好法治环境的通知》,要求各级人民法院要加强组织领导,制订工作方案,切实将依法保障企业家合法权益的工作落到实处。

最后,国家层面出台了一系列的政策文件对企业预防腐败和加强合规管理提供了若干指引和意见,表明了国家层面主观上具有合作预防的强烈内生性需要。针对查处的商业贿赂案件中,有相当一批案件涉及民营企业等非公有制经济领域这一情况,2012 年中央纪委第十七届第七次全会报告明确提出:"加强社会领域防治腐败工作,扎实开展行业协会、市场中介组织和非公有制经济组织等防治腐败工作""加强对非公有制经济组织和新社会组织的监管,完善行业自律机制,防止和纠正违法违规行为",并明确国家预防腐败局负责此项工作,非公有制经济组织防治腐败工作已经正式提上日程。2012 年 5 月,商务部等七部委就联合发布了《中国境外企业文化建设若干意见》,明确提出中国企业在境外应坚持合法合规运营,包括坚决抵制商业贿赂,严格禁止向当地公职人员、国际组织官员和关联企业的相关人员行贿,不得借助围标、串标等违法手段谋取商业利益等内容。为了与全面推进依法治国的新形势相适应,在 2015 年年底,国资委专门印发了《关于全面推进法治央企建设的意见》,提出企业法治建设要实现"三个转变":一是从主要依靠法律顾问推动,向企业主要负责人切实履行第一责任人职责转变;二是法治工作从法律部门单兵作战,向企业各部门共同参与转变;三是法律管理从以风险防范为主,向风险防范、合规管理和法律监督一体化推进转变,以此实现法律管理的服务保障、规范管理与价值创造作用,增强企业的软实力。2016 年,国资委开始在中国石油等五家中央企业开展合规管理体系的建设试点工作。2017 年 5 月 23 日,习近平总书记主持召开中央全面深化改革领导小组第三十五次会议审议通过《关于规范企业海外经营行为的若干意见》,明确要求企业强化合规管理,建立合规制度。2018 年 8 月 30 日,国务院国有资产监督管理委员会主任办公会议审议通过《中央企业违规经营投资责任追究实施办法(试行)》(以下简称《办法》),《办法》认真贯彻落实"三个区分开来"重要要求、党的十九大关于建立容错纠错机制的要求和《中共中央国务院关于营造企业家健康成长环境弘扬优秀企业家精神更好发挥企业家作用的意见》精神,把违规经营投资和正常生产经营区分开来。除了前述政策要求,企业合规管理的国家标准也已于 2018 年 7 月 1 日起施行,即《GB/T 35770—2017 合规管理体系指南》经国家质监总局、国家标准化管理委员会正式批准发布。可以说,注重合规风险防控,对企业而言已成山雨欲来之势。虽然从 2015 年年底开始国家强调的是对央企的合规管理体系建设和试点,但结合之前发布的一系列文件可以看出是通过对央企的试点更好地全面铺开对所有企业(包括民营企业)的合规管理建设,加强企业自身对腐败行为的自我预防。我国对于企业的内部监管和控制的要求逐渐趋于严厉,对于企业的内部监管和控制、企业的合规经营的要求越发紧迫,从侧面反映了国家对国家与企业合作预防企业腐败犯罪的强烈内生性需要。

2. 民营企业自主预防实践探索表达了注重可持续发展的愿望

民营企业自身已经逐步认识到:未来企业竞争,将不再仅仅是产品和服务质量的竞争,更有守法能力与法律风险尤其是腐败风险防控能力的竞争。基于此,民营企业层面逐渐展开自主预防的实践性探索,体现了其注重可持续发展的内生性需要。

一方面是有企业家代表的强烈呼吁和做派显示出了这一点,如复兴国际执行董事郭广昌曾表示,反腐败有利于建立透明和规范的市场,而对民企而言,最期待的就是公平透明的投资环境。他说,中央大力反腐败,会让民企对发展前途拥有更好的信心。再如万达集团不断探索出有针对性的反腐措施,其归纳出的内部反腐经验,即三条腿走路:高薪养廉、避免近亲繁殖、把牢审计关。同时,还在集团内部的工作细节上进一步突出廉洁严明。

另一方面,民营企业的诸多丰富实践,已经表现出企业通过重视企业内部控制、主动预防腐败犯罪促进企业与市场健康发展的内生性需求,其还是为了自身企业的可持续性发展。在这一点上,很多网络企业表现尤为突出。2014 年成为互联网企业反腐的一个关键节点,民营企业的创始人开始重视公司内部的反腐败,并模仿公共领域中的一些反腐经验,在互联网企业内部设置专门的风控部门。目前很多互联网公司都在内部设有反舞弊的专门团队和部门,比如,阿里巴巴的廉政合规部、京东集团的内控合规部、百度的职业道德委员会等,它们往往独立于各个业务部门,向公司创始人或者联合创始人直接汇报。不仅如此,各网络企业还开始构建主动防腐风险的方式,比如,阿里在聚划算事件以来,努力降低人工参与程度,积极引入数据化处理方式对后台业务数据做到可追踪可审计,通过压缩腐败空间的方式进行腐败风险防控;2015 年开始,公司开始探索对重要业务场景和操作行为进行风险节点的模型控制监测,逐步形成基于业务模式和业务系统的违规预警分析机制。① 民营企业加大了反腐内部查处力度,并探索合作治理腐败路径。如 2016 年 9 月 18 日,百度公司内部对 17 起严重违纪案进行了全员通报,总计通报共开除 30 名员工;2016 年 10 月 17 日、2017 年 4 月 13 日,乐视分别对外通报包括涉嫌诈骗、招标采购违规、围标,以及非法控制计算机信息系统等多种案件类型的共计 8 起员工舞弊违规案例;2016 年 10 月 24 日,京东集团首次通过发布的《反腐内部公告》,实名对外公开了公司过去一段时间里查处的 10 起内部腐败案件;2017 年 4 月 7 日,阿里巴巴集团廉正合规部发布处罚公告,宣布永久关闭平台上 36 家以不正当手段谋取利益的商家店铺,这 36 家店铺都是自 2016 年 2 月至2017 年年初因采取不正当手段谋求“店小二”“照顾”被永久关店的,这也是阿里巴巴该部门连续第三年发布此类封杀令,通过定期清退违规店铺,重申持续透明反腐决心;2017 年,滴滴对外发布了《滴滴出行合作伙伴廉正合规奖励试行方案》,对外部合作方举报滴滴内部违规人员的行为进行现金奖励,奖金最高达到人民币 50 万元。2018 年年初,滴滴出行在公司内部发布了《廉正行为奖励方案》,对于内部举报或者拒收贿赂的员工进行奖励,给予荣誉激励并可给予现金奖励,最高将可达到 10 万元。2018 年,滴滴在内部查处违规人员 83 人,查处各类腐败、舞弊等违规事件 60 余起。② 2018 年 12 月 3 日,美团点评公司发布生态反腐处罚公告,原外卖渠道高级总监因触犯公司高压线被公司解除劳动合同,而包括内部员

---

① 管艺雯:《互联网行业反腐史:拍蝇打虎猎狐迎战下半场》,http://www. cnhuadong. net/system/89163a98ef58f73b_AHG66iwPxvSZ5s2qC9KJhjQCdCDCdCD. html。

② 《滴滴发布反腐公告:83 人因严重违规被解聘,8 人被移送司法》,https://news. sina. cn/2019 – 01 – 09/detail – ihqfskcn5409655. d. html? vt =4&cid =57929。

工、生态合作伙伴人员以及共犯社会人员等共计 89 人将受到刑事查处。根据公告披露,公司从本年度 2 月开始,内部设置的调查机构在业务、HR、风控、技术、IT、内控、内审等团队的支持与配合下,调查 29 起违纪类刑事案件,移送 89 人至公安机关查处。其中,共有 11 起属于内部员工涉贪腐及其他违纪刑案,16 名内部员工涉案。据介绍,除了自身不断增加查处贪腐案件的力度以及加强正直诚信的文化宣教,美团也通过联手全行业共治腐败。① 同时多家民营企业为营造廉洁守法的环境,已经自发地在行业和企业间发起成立反腐败联盟,共同推动企业腐败犯罪治理,取得了较好的成效。具体如 2017 年 2 月由京东倡议并联合腾讯、百度等 13 家企业和中国人民大学刑事法律科学研究中心作为特邀顾问单位,共同发起设立"阳光诚信联盟"。2017 年 8 月 31 日,京东、腾讯、百度、沃尔玛中国、美团点评、唯品会、360、新浪微博、今日头条等 37 家知名企业组成的"阳光诚信联盟"举行第一届反腐败峰会。峰会发表联合宣言,承诺合力加强企业内部腐败治理,拒绝录用违背职业道德的失信人员,共同打造诚信阳光的商业和社会环境,为社会治理贡献力量②。这种企业合作预防的思路不仅存在于企业内部之间,也存在于企业与其他社会主体之间。互联网行业集中反腐败浪潮背后,是企业战略和组织制度的变迁,而这些企业组织制度变迁共同指向了合规部门在公司治理结构中的功能与作用。突出合规部门在公司治理结构中的功能与作用的最终则是为了加强企业自身的合规管理。注重企业对腐败犯罪的自我预防,最终保证并促进企业自身的可持续性发展,这正反映出民营企业层面自身参与合作预防的强大内生性需要和动力。

（二）客观方面:理论与实践以刑事合规为抓手促进合作预防落地

这方面,最为突出的就是在全球兴起的刑事合规运动。刑事合规即在刑事法层面"将企业是否有效预防犯罪"与企业刑事责任直接联系起来,以此促使企业主动预防、发现犯罪行为。刑事合规的实质是企业通过健全组织结构与完善内控机制,主动预防和及时发现违规事件,从而消除刑事风险隐患的过程。可以说,注重合规的过程,就是有效防控刑事风险的过程。防控刑事风险,绝不是在风险发生后再去想办法,而是想办法通过观念提升、制度完善、机制健全三个维度,提高有

---

① 《美团发反腐公告:89 人受刑事查处　外卖渠道高级总监涉案》,https://www.zuinow.com/n10372264.html。
② 《京东、腾讯等 37 家企业发布反腐宣言:拒绝录用失信人员》,http://tech.qq.com/a/20170831/192104.htm。

效控制或及时发现企业内部可能引发刑事风险的违规行为,把刑事风险消灭在萌芽状态。古人云"防为上,救次之,戒为下",所反映的也正是这种思想。所谓防,就是先其未然;救,就是发而止之;戒,就是使行而责之,这是不得已的下下之策。这是先辈们的智慧,更是防控刑事合规风险所要达到的目标:先其未然,或者发而止之,最大限度避免行而责之。同时需要注意,刑事合规风险本质上是一种系统性风险,因而传统的头痛医头、脚痛医脚方式解决不了问题,必须进行体系性的防控。在这方面,刑事合规为系统性的合作预防了典型、良好的制度基础。

刑事合规是现代风险刑法的一个结果,不仅意味着合规与犯罪有关,更意味着合规是一个用来降低现代社会中潜在风险的工具。① 刑事合规在避免集合责任上的作用被赋予了重要的意义,从逻辑层面上说,对于越早、越严厉地打击特定损害法益的犯罪,则需要针对这些潜在的犯罪对象,更早地采取预防性的自我保护措施。换言之,受制裁的可能性随着风险的提高而增加,依靠降低风险来减少受制裁可能性的迫切性程度就会上升。正是基于此,刑事合规反映的是一种刑法领域中由外部规制向内部自我管理转移的趋势,将专属于国家主权的管理责任转移给了私人领域。② 这样一来,企业就需要在经营中规避刑事合规风险,即企业在经营活动中因未能主动预防致使犯罪发生而遭受刑事制裁的风险。从企业治理角度看,刑事合规风险是企业内部组织结构存在缺陷或内部监管松弛的极端表现形式。刑事合规风险的前置风险是合规风险,合规风险的实质是企业为了利益最大化实施了违德、违规、违法的行为而招致的风险或损失。具体而言就是因公司组织结构缺陷或内部监管松弛,导致经营活动未能遵从法律、规则和准则,从而面临或遭受重大财务损失、监管处罚、法律制裁,以及商业声誉损失的现实风险。企业合规的实质,是企业为预防、发现违法犯罪行为而主动实施的合乎法律规范、行业准则、伦理规范的措施体系与运行机制。这里的企业合规就是在逐步履行自己的社会责任,包括外部之规、内部之规以及伦理之规。具体而言,外部之规,包括法律(合同法、反洗钱法、票据法、会计法等)、行政法规(国务院的行政法规、部门规章,如国资委发布 2018 年 8 月开始施行的《中央企业违规经营投资责任追究实施办法》)、行业规则(从业人员职业操守、行业自律公约),这是履行法律责任。内部之规,包括规章制度、行为准则,履行企业规则是为了更好地运营企业,创造

---

① 参见: Kuhlen/Kudlich/Ortiz de Urbina (Hrsg.), *Compliance und Strafrecht*, 2013, S. 15.

② [德]托马斯·罗什:《合规与刑法:问题、内涵与展望——对所谓的"刑事合规"理论的介绍》,李本灿译,载《刑法论丛》2016 年第 4 卷,总第 48 卷。

经济价值和效益,这是履行经济责任。伦理之规,包括企业的德行以及对社会的回馈,主要是慈善责任,这是更高层面的。总而言之,合规风险总是与企业在经营观念偏离社会期待,以及内部治理缺陷息息相关的。而刑事合规则是通过将企业有效预防犯罪与刑事责任联系起来,倒逼企业主动预防企业违法犯罪行为,加强企业合规管理,规避企业合规风险。但是另一方面,企业在有效预防犯罪方面的作为又需要借助国家外部力量的推动,并通过国家力量将这些制度固定下来,如此企业方面才能获得相应的安全感,这样相互作用的合作预防模式才得以持续坚持下去。正如学者所言:"一个国家仅仅针对公司规定了很多严格的作为义务,其强制力依然较弱。事实上,这种情况很大程度上有赖于国家刑法的规制,也即公司致力于合规计划需要纳入刑事责任考量,这一点对于公司合规计划而言十分重要。"[1]因此,合规落实的三大要点就是成为法律机制、成为企业常态化软法机制,并由国家外部力量予以推动。而将这三大点落实下来就需要做到最关键的三大点,即单位犯罪的责任组织化、合规的刑事化、不合规处罚的司法化,这在本文的下一章会展开论述。归结为一点,就是文中所说的刑事合规,体现的是一种预防性思维,其离不开刑法但又不局限于刑法,这为合作预防民营企业腐败犯罪具体落地施行提供了理论上的依据和抓手。

从实践角度而言,纵观企业合规在全球的实践性发展,其经历了从最初的伦理合规到法律合规再到刑事合规的升级发展。相应地,合规风险从低到高表现为三种基本形态:初级的伦理合规风险(如违反商业诚信)、中级的法律合规风险(如合同风险、知识产权风险等)以及高级的刑事合规风险(犯罪风险,包括腐败犯罪风险)。刑事合规就是要从过去的重打击轻预防,切实升级到打防并举,预防为主的科学路径上来。要实现这种转变,就要改变思维,即由国家在犯罪治理上的单打独斗,转变为国家与社会(企业)合作共治。这也正是国际社会近十年来形成大力推进企业刑事合规浪潮的观念基础与政策来源。具体联系到我国现阶段民营企业自身刑事风险的高发频发的一系列特点,就是对前述观点的充分印证:如果不推动企业自身重视主动预防犯罪,只有国家方面的事后查处是远远不足以减少企业内部犯罪的。另外,从我国立法的实践层面,我国刑法修正案(九)中新增的拒不履行信息网络安全管理义务罪中具备了刑事合规理念的影子,一是前置性法规中规定了对网络服务商的内控要求,二是这一罪名的增设就是对网络服务商内

---

① Stefano Manacorda, Francesco Centonze, Gabrio Forti, Editors, *Preventing Corporate Corruption: The Anti-Bribery Compliance Model*. Springer, 2014, p. 267.

控义务的进一步确认。反腐败合规计划作为刑事合规的精细化发展方向之一,在我国司法实践中,从刑事方面推动企业实施反腐败合规计划也已经有了一定的司法基础。最高人民法院、最高人民检察院于 2009 年 3 月 12 日联合发布的《关于办理职务犯罪案件认定自首、立功等量刑情节若干问题的意见》(法发〔2009〕13号)中对单位自首做了规定,可以视作反腐败合规计划的雏形。这一意见的出台虽然与严格意义上的反腐败合规计划还有相当距离,但可以视作蕴含科学性的反腐败合规计划的一种本土性的呼应。

综上所述,我国在理论和实践方面都有刑事合规作为抓手促进民营企业腐败犯罪合作预防落地施行。刑事合规的本质是一种预防性思维,通过将企业是否有效预防犯罪与刑事责任联系起来,促使企业主动实施合规计划并能起到预防、发现犯罪行为作用的措施体系与运行机制。这对于国家与企业而言就是促成一种合作关系,在预防企业腐败犯罪领域这种合作预防思维同样有效。从客观上而言,刑事合规理念的出现为构建民营企业腐败犯罪合作预防模式提供了现实可行性依据。

四、腐败犯罪合作预防模式之宏观构建

在推动我国民营企业腐败犯罪合作预防已具有正当化依据和现实可行性的情况下,如何具体将合作预防模式结合我国民营企业腐败犯罪的现状以及国家政策、立法等外部环境,进行本土化构建,需要从宏观、中观、微观三个层面进行系统布局。在此,主要围绕腐败犯罪合作预防模式之宏观构建,对参与合作预防模式的国家、企业及其他社会组织三大主体的功能定位进行探讨,以此为合作预防机制的具体构建奠定基础。

(一)国家应着力进行合作预防的观念、制度与立法规范引导

在合作预防模式中,国家负有通过拟定同民营企业腐败犯罪做斗争的基本方针和制定相关法律的义务,需要从整体上规划、组织和指导全社会预防民营企业腐败犯罪。这就需要从宏观层面确立国家在观念、制度、立法规范上的引领和指导,层层递进和深入。

首先,宏观层次上的观念和理论确立至关重要。预防民营企业腐败犯罪,单纯依靠企业内部监督机制防范企业负责人腐败,与单纯依靠国家单打独斗依靠刑罚力量进行外部性的强制监管一样,具有一定的局限性。在民营企业中,内部管理也是分层级的,上命下从,在有些情况下企业内部审计和监督也很容易被顶层

高管所操控。在审计和监督由企业原始创始人所担任的高管时,其现实难度会因其个人在企业中所具有的威望而增加。从这个角度讲,公司治理也需借助一定程度的外部公权力的介入和有效监管,通过内外结合贯通,加强合作预防,这样才能真正达成民营企业反腐防腐的目标。

其次,实践中的有效预防制度都是在观念的引领下不断摸索和总结得来,需要借助国家的力量进行推广。一个先例仅仅是一个起点,只有当这一先例为后人所遵循并且必须遵循时才成为制度。在任何时候,社会都不可能只依赖某一个制度,而是需要依赖一套相互制约和补充的制度。这些制度包括正式的和非正式的,前者是指由成文宪法和法律明确规定的,后者是指在社会中不断形成、发展、变化的惯例、习惯、道德和风俗等,两相比较,可能后者更为重要。① 正式的制度本身就是由国家力量推广并由国家强制力保证实施,而非正式制度需要被认可或者成为某一领域或行业的通用规则,至少不为法律所禁止,这就意味着同样离不开国家的认可和推广。另外,制度的发生、形成和确立都不是共时性的,而是在无数人的历史活动中形成,并在时间流逝中完成的,它更多是历时性的。所以,制度可以革新,后来者可以根据观念的更新和进步而对传统的制度进行重新构建甚至创新。同时,制度也需要具有适应性,讲究本土化。整齐划一的制度设计不仅无效,而且危险。正如孟德斯鸠所言"如果一个国家的法律竟能适合另外一个国家的话,那只是一个巧合""为某一国人民制定的法律,应该是非常适合于该国人民的"②。可见,制度需要具有创新性和可适用性,这体现出了制度的德性。在制度无法实施或者难以实施,以及实施过程中会产生多方利益的冲突,需要考虑制度本身是否存在问题。

最后,观念的引领也体现在立法规范的确立上,制度的施行也通过立法规范得以确立。合作预防模式中的预防与合作理念需要在立法尤其是刑事立法中得以贯穿,刑事合规理念才能落实,反腐败合规计划中将"企业是否实施有效预防企业腐败犯罪行为"与企业刑事责任联系起来,对于民营企业腐败风险的防控虽然不局限于刑法但是也离不开刑法的助力。在刑事立法中需要严格遵守"入罪合法、出罪合理"的惯例,同时也要结合鼓励和激励企业构建反腐败合规计划的目的,从宏观层次上确立预防性刑法观和以安全为导向的刑法文化。

---

① 朱苏力:《制度是如何形成的》(增订版),北京大学出版社 2007 年版,第 55 页。
② 孟德斯鸠:《论法的精神》(上册),张雁深译,商务印书馆 1961 年版,第 6 页。

（二）加强企业在制度、机制、文化体系上的合规建设

合作预防模式中，国家从宏观上引导民营企业预防腐败犯罪行为，促进企业自我预防，必须具体转化为加强民营企业内部在制度、机制、文化体系上的合规建设。对于企业而言，这种体系上的合规建设包括属于利益集团中观层次层面的企业行为，以及微观层次上企业员工的个体行为。企业通过对自身业务所面临的可能性或潜在的腐败刑事风险，有针对性地预先制定合规方案和规则并实施，使企业避免承担可预见的腐败犯罪刑事责任的目的得以实现，从而获得长久的竞争优势。

首先，企业在制定反腐败合规制度和规则时，需要对企业内各岗位的职责内容、相互关系、责任范围、行为边界乃至被企业的议事程序和决策程序进行条文化、制度化。如此，在企业发现违规行为启动企业内部的调查和监督程序时，为了实现规则、制度的制裁功能，就需要收集和固定相应的证据，这种内部监督机制为刑事追诉活动提供了收集证据上的便利。例如，在 2015 年刘春宁领导的腾讯视频团队的腐败案中，最初发案也是来自腾讯公司的内部审计，腾讯公司在内部审计中发现了视频团队的问题，随后牵出刘春宁在担任腾讯在线视频部总经理期间涉嫌贪腐，从中受贿 143 万元。① 让公司参与腐败犯罪预防，让公司去管理公司，体现的正是管理学上"用专业的人去处理专业的事"这一原则。公司的内部审计部门、高级管理人员是最了解公司的内部情况和运行实际的，而公权力机关由于受到商业秘密，公司自治等要求约束，其对于公司腐败犯罪的预防管理远不及公司自身的内部治理。如果把公司比作一个具有独立人格的人，腐败犯罪是会使公司感染恶疾的病毒，公司内部的刑事风险预防机制则是公司的免疫系统，能够及时有效地作用于关键部位，帮助抵御腐败犯罪风险。所以，民营企业自身内部建立起相应的预防制度，能够利用企业自身去预防、发现、报告以及处理风险，于企业而言风险最小，于国家而言成本最低。

其次，通过加强企业合规制度建设，结合流程建设促成企业合规管理机制的整合。合规首先要有规，即制定规则和制度，然后要按照规则和制度行事，即"合规"。反腐败合规首先是合规管理，然后还要上升到反腐合规治理。反腐败合规管理包括对产品质量、生产安全、环境标准、社会责任标准等方面，涉及企业经营业务的所有方面和业务流程的全部环节。企业需要从反腐合规的角度梳理业务

---

① 《腾讯:刘春宁系窝案但仅仅是个案,不念旧情绝不姑息》,https://www.huxiu.com/article/119954/1.html。

和业务流程的所有环节,考察相关制度规定是否健全和完善,以及这些制度规定是否合理以及是否能够得到执行。这些不同流程和环节的制度最后汇总能够成为体系化机制,这种由制度到体系化机制整合的过程,事实上就是完成了对企业合规管理体系的提升。促成合规执行机制、监督机制等完善和整合,也是为了民营企业在预防、发现、报告、处理企业腐败行为中更能做到符合国家立法上对于有效性的认定,从而获得相应的奖励性优待。

最后,通过强化合规制度和机制上的管理建设,有助于重构企业合规文化,尤其是企业的廉洁守法文化。这里所说的企业文化并不是一般的企业文化活动,而是指企业经过长年培育和积淀形成的一种对企业全体员工适用的外化于行,内化于心的行为规范、准则和观念。以合规制度来说,任何制度都不可能十全十美。制度因其具有历时性特点,故即使当时制度是完善的,但随着企业经营环境的变化和时间的推移,原先的制度可能会出现新的问题而变得不完善,这也为制度的创新和革新提供了机会和可能性。这样,制度并不具有绝对的稳定性,制度也不是绝对无懈可击,可能也会存在一些制度上的漏洞。但是,企业一旦拥有良好的合规文化,制度上的漏洞就不会被钻营,相反企业员工会帮助堵塞漏洞。这样又会因为合规文化而促进制度的完善和升级,最终形成制度—机制—文化的良性循环,有助于企业抵御严峻的合规风险。因此,持续不断地强化企业反腐败合规体系的建设,必将使企业的廉洁守法文化得到重构,形成良好的合规文化。

(三)促进第三方社会主体在监督、互律等方面的合作

合作预防模式中,除了民营企业之外的其他第三方社会主体,如企业行业协会、律师事务所、会计师事务所、消费者保护协会等社会组织,主要是在监督举报等他律以及与企业和国家之间的互律中发挥预防作用。他律和互律本身体现的就是一种合作关系。首先,社会组织是连接政府与企业的重要纽带,在预防企业腐败犯罪过程中发挥着重要作用。社会组织尤其是行业组织是企业、企业员工群体在相互交往中所形成的特定行为关系的集合,在组织内部已经形成了约定俗成的规则或者潜规则。违反行业规范,虽然并不一定意味着违反了法律,但行为规范已经是社会制度的一部分,其所具有的犯罪预防效果是其他前置性法律规范所不具备的。同时,行业商业协会组织可以促进民营企业与国家之间关系的良性化,有助于构建新型政商关系,有助于通过向国家反馈民营企业的诉求,对国家层面不合理的制度、机制和立法规范进行完善。同时,行业标准制定和合作执行,虽不是内部合规结构,却包含着自我监管机制。其次,充分发挥社会监督特别是舆

论监督的作用,形成多层次、多渠道的监督体系,保障权力的正确行使,形成不易腐的制约机制,从而防止腐败的发生。相应地,对于这些外部监督力量需要给予保护和奖励。最后,企业合作者交易第三方、竞争者、消费者与企业、国家之间都是一种合作关系,消费者是企业经营的试金石,交易第三方与竞争者和企业如能维持一种良性的关系,则会对整个市场竞争环境起到很好的示范作用。还有就是企业中的非经营或控制公司的股东也可能不是公司员工,其也可以作为第三方社会主体对企业进行监督或是主张权利。如企业里中小股东利益保护不利的局面,有学者就主张为了"限制控股股东滥用资本多数表决和强化公司章程自治以保护特定股东利益",应当引入英国《2006 年公司法》中的防御性条款,以督促股东必须严守章程之规定,防止股东为个人利益肆意篡改公司章程。① 这种防御性条款的设置其实也是从外部对企业进行监督,这种监督于中小股东而言可以实现自己的权益,故也可以称得上是一种他律形式。

---

① 参见王建文:《论我国引入公司章程防御性条款的制度构造》,载《中国法学》2017 年第 5 期。

第二章

企业家腐败犯罪报告（2014—2018）

张远煌①

一、前言

（一）报告的宗旨

本报告为国家重点研发计划项目"职务犯罪职能评估、预防关键技术研究"（项目编号:2017YFC0804004）结项研究报告之一,旨在揭示我国企业家腐败犯罪的现状与特征,剖析其主要成因,以此为推动公共部门与私营部门反腐败协调发展,促进新型政商关系构建,营造利于企业和企业家健康成长的制度环境,建立并完善企业腐败犯罪预防机制建设提供事实依据和对策参考。

（二）报告术语说明

本报告的"企业家",是统计学意义上的中性词,是指企业内部具有决策权和重要执行权的高级管理人员。综合各类企业的实际情况,依据在企业中的职务和实际作用,本报告所统计的企业家范围包括以下八类人员:1. 董事长、总经理或法定代表人;2. 实际控制人、股东;3. 党群负责人;4. 董事;5. 监事;6. 财务负责人;7. 技术负责人;8. 销售及其他核心部门负责人。

本报告的"企业家犯罪",是指企业家在经营管理过程中,其行为被认定为触犯刑法规定的各种情形。被认定为犯罪的行为,如果与企业经营管理活动无关,则不在本报告统计之列。

本报告的"腐败犯罪",涉及我国现行刑法规定的如下 13 个罪名:非国家工作

---

① 报告主持人,张远煌,北京师范大学刑事法律科学研究院教授,项目负责人。案例检索、数据统计与写作人员:北京师范大学刑科院教授赵军,博士后黄石,博士研究生龚红卫、刘思、刘昊、秦开炎,硕士研究生王鲁玥、李炜炜、叶志伟、张凯媛、孙梦远、赵炜佳、徐楚奇、梅华、朱羽丰、李雨婷。2019 年 4 月。

人员受贿罪,对非国家工作人员行贿罪,对外国公职人员、国际组织官员行贿罪,挪用资金罪,职务侵占罪,贪污罪,挪用公款罪,受贿罪,单位受贿罪,介绍贿赂罪,单位行贿罪,巨额财产来源不明罪,私分国有资产罪。

本报告的"企业",不包括个体工商户和微型企业,主要为中大型企业。

(三)样本收集与数据处理

本报告的数据来源于对"中国裁判文书网"2014 至 2018 统计年度上传的所有刑事案件判决书、裁定书的检索,按照设定的 60 余个统计变量,从中筛选出符合企业家腐败犯罪定义的判决案例,再依据设定的 60 余个统计变量,对五年间涉及企业家腐败犯罪的案例进行逐案解析,并通过 SPSS 统计软件将所有案例数据进行汇总,建立"企业家腐败犯罪案件数据库",作为本报告统计分析的依据。

二、腐败犯罪企业家的规模与身份特征

(一)规模

1. 2018 年

在 2017 年 12 月 1 日至 2018 年 11 月 30 日统计年度中,上传至裁判文书网的企业家腐败犯罪案例整体数据情况如表 2 - 2 - 1 所示。

表 2 - 2 - 1　涉案企业家性质分布

国有企业家腐败犯罪次数		民营企业家腐败犯罪次数		合计	国有企业家腐败犯罪人数		民营企业家腐败犯罪人数		合计
数量	比例	数量	比例	991 次	数量	比例	数量	比例	948 人
289	29.16%	702	70.84%		258	27.22%	690	72.78%	

2. 2014—2018 年

在 2014 年 12 月 1 日至 2018 年 11 月 30 日五个统计年度中,上传至裁判文书网的企业家腐败犯罪案例整体数据情况如表 2 - 2 - 2 所示。

表 2 - 2 - 2　涉案企业家性质分布

国有企业家腐败犯罪次数		民营企业家腐败犯罪次数		合计	国有企业家腐败犯罪人数		民营企业家腐败犯罪人数		合计
数量	比例	数量	比例	3635 次	数量	比例	数量	比例	3362 人
1215	33.43%	2420	66.57%		1056	31.41%	2306	68.59%	

（二）性别

1. 2018 年

在 948 名腐败犯罪企业家中,性别明确的有 914 人。

表 2 - 2 - 3　腐败犯罪企业家性别分布

企业性质 性别	国企		民企		合计	
	数量	占比	数量	占比	数量	占比
男性	221	87.70%	596	90.03%	817	89.39%
女性	31	12.30%	66	9.97%	97	10.61%
合计	252	100.00%	662	100.00%	914	100.00%

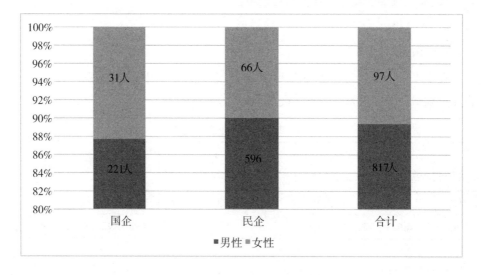

图 2 - 2 - 1　腐败犯罪企业家性别分布

从以上图表可以看出,不论国有企业还是民营企业,男性犯罪企业家所占比例均远高于女性企业家,整体男女比例接近于 9∶1。其中,国企中男女企业家比例接近于 8.8∶1.2,民企中男女企业家比例接近于 9∶1,民企中的男性企业家较国企中男性企业家所占的比重更大。

2. 2014—2018 年

在 3362 名腐败犯罪企业家中,性别明确的有 2753 人。

表2-2-4　腐败犯罪企业家性别分布

性别＼企业性质	国企		民企		合计	
	数量	占比	数量	占比	数量	占比
男性	782	89.58%	1668	88.72%	2450	88.99%
女性	91	10.42%	212	11.28%	303	11.01%
合计	873	100.00%	1880	100.00%	2753	100.00%

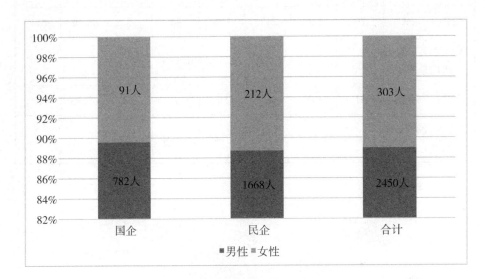

图2-2-2　腐败犯罪企业家性别分布

从以上图表可以看出,不论国有企业还是民营企业,男性犯罪企业家所占比例均远高于女性企业家,整体男女比例接近于9∶1。其中,国企中男女企业家比例接近于8.9∶1.1,民企中男女企业家比例接近于8.8∶1.2,国企中的男性企业家较民企中男性企业家所占的比重更大。

（三）年龄

1. 2018年

在948名犯罪企业家中,年龄明确的有851人。其中,最小年龄为21岁,最大年龄为75岁,平均年龄为45.98岁。

在258名犯罪的国有企业家中,有240人的年龄明确。其中,最小年龄为29岁,最大年龄为71岁,平均年龄为45.95岁。

在690名犯罪的民营企业家中,有611人的年龄明确。其中,最小年龄为21岁,最大年龄为75岁,平均年龄为45.98岁。

表 2－2－5　腐败犯罪企业家年龄分布

	总数	20～29	30～39	40～49	50～59	60～69	70～79	平均	明确
国企	258	2	31	93	92	20	2	45.95	240
该年龄段人数/明确总数		0.83%	12.92%	38.75%	38.33%	8.33%	0.83%	/	/
民企	690	29	166	217	156	40	3	45.98	611
该年龄段人数/明确总数		4.75%	27.17%	35.52%	25.53%	6.55%	0.49%	/	/
合计	948	31	197	310	248	60	5	45.98	851
该年龄段人数/明确总数		3.64%	23.15%	36.43%	29.14%	7.05%	0.59%	/	/

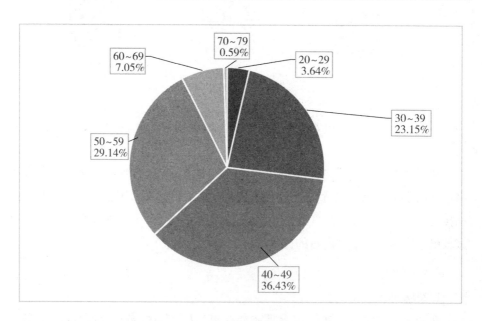

图 2－2－3　腐败犯罪企业家年龄分布

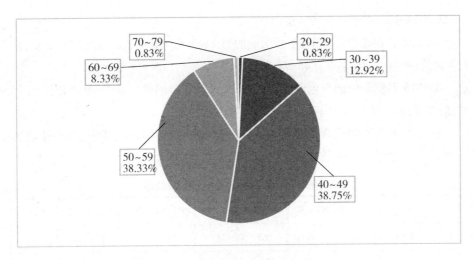

图 2 - 2 - 4　国有腐败犯罪企业家年龄分布

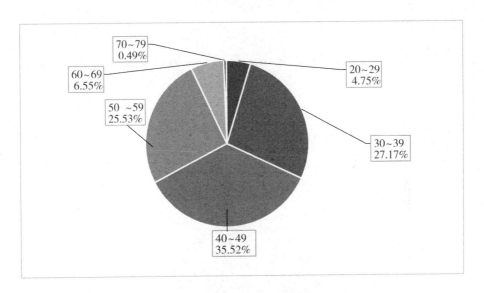

图 2 - 2 - 5　民营腐败犯罪企业家年龄分布

　　从以上图表可以看出,涉罪企业家的年龄的极值分布在民营企业家中,而涉罪民营企业家的平均年龄(45.98 岁)高于涉罪国有企业家的平均年龄(45.95 岁)。国有企业家和民营企业家腐败犯罪的最高发年龄段均为 40 ~ 49 岁,国有企业家腐败犯罪的次高发年龄段为 50 ~ 59 岁,民营企业家腐败犯罪的次高发年龄段为 30 ~ 39 岁和 50 ~ 59 岁。

2. 2014—2018 年

在 3362 名犯罪企业家中,年龄明确的有 2343 人。其中,最小年龄为 21 岁,最大年龄为 76 岁,平均年龄为 45. 98 岁。

在 1056 名犯罪的国有企业家中,有 753 人的年龄明确。其中,最小年龄为 25 岁,最大年龄为 71 岁,平均年龄为 45. 99 岁。

在 2306 名犯罪的民营企业家中,有 1590 人的年龄明确。其中,最小年龄为 21 岁,最大年龄为 76 岁,平均年龄为 45. 98 岁。

表 2 - 2 - 6　腐败犯罪企业家年龄分布

	总数	20~29	30~39	40~49	50~59	60~69	70~79	平均	明确
国企	1056	11	85	267	315	73	2	45. 99	753
该年龄段人数/明确总数		1.46%	11.29%	35.46%	41.83%	9.69%	0.27%	/	/
民企	2306	91	419	558	428	89	5	45. 98	1590
该年龄段人数/明确总数		5.72%	26.35%	35.09%	26.92%	5.60%	0.31%	/	/
合计	3362	102	504	825	743	162	7	45. 98	2343
该年龄段人数/明确总数		4.35%	21.51%	35.21%	31.71%	6.91%	0.30%	/	/

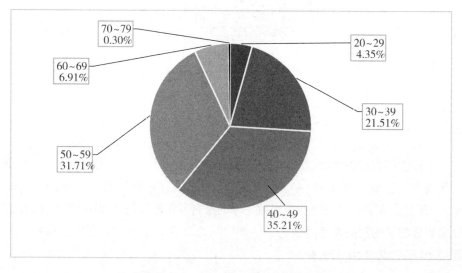

图 2 - 2 - 6　腐败犯罪企业家年龄分布

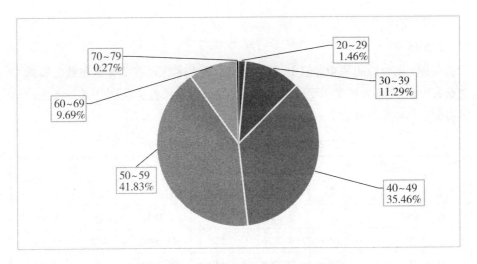

图 2 - 2 - 7 国有腐败犯罪企业家年龄分布

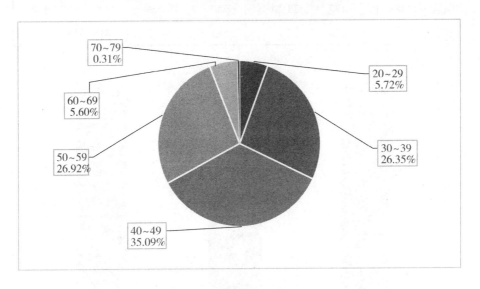

图 2 - 2 - 8 民营腐败犯罪企业家年龄分布

从以上的图表可以看出,涉罪企业家的年龄的极值都分布在民营企业家中,而涉罪民营企业家的平均年龄(45.98 岁)低于涉罪国有企业家的平均年龄(45.99 岁)。国有企业家腐败犯罪的最高发年龄段为 50 ~ 59 岁,民营企业家腐败犯罪的最高发年龄段为 40 ~ 49 岁,国有企业家腐败犯罪的次高发年龄段为 40 ~ 49 岁,民营企业家腐败犯罪的次高发年龄段为 30 ~ 39 岁和 50 ~ 59 岁。

（四）学历

1. 2018 年

在 948 名腐败犯罪企业家中,学历明确的有 818 人。在 258 名腐败犯罪国有企业家中,有 233 人的学历明确。在 690 名腐败犯罪民营企业家中,有 585 人的学历明确。具体情况如表 2 - 2 - 7 所示。

表 2 - 2 - 7　腐败犯罪企业家学历分布

企业性质　　　　受教育程度	国企		民企		合计	
	频数	百分比	频数	百分比	频数	百分比
小学及以下	3	1.29%	42	7.18%	45	5.50%
初中	10	4.29%	138	23.59%	148	18.09%
高中(中专)	37	15.88%	149	25.47%	186	22.74%
大学(大专)及以上	183	78.54%	256	43.76%	439	53.67%
合计	233	/	585	/	818	/

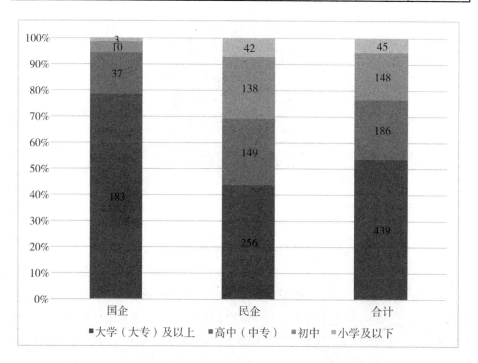

图 2 - 2 - 9　腐败犯罪企业家学历分布

从以上图表的数据对比中可以看出,国企腐败犯罪企业家绝大部分是大学

(大专)及以上学历,约为八成,而民企腐败犯罪企业家学历分布较为均匀,以大学(大专)及以上学历、高中(中专)学历以及初中学历为主。总体来说,国有企业腐败犯罪企业家的学历水平高于民营企业腐败犯罪企业家。

2. 2014—2018 年

在 3362 名腐败犯罪企业家中,学历明确的有 2076 人。在 1056 名腐败犯罪国有企业家中,有 641 人的学历明确。在 2306 名腐败犯罪民营企业家中,有 1435 人的学历明确。具体情况如表 2-2-8 所示。

表 2-2-8　腐败犯罪企业家学历分布

企业性质 受教育程度	国企		民企		合计	
	频数	百分比	频数	百分比	频数	百分比
小学及以下	6	0.94%	85	5.92%	91	4.38%
初中	29	4.52%	324	22.58%	353	17.00%
高中(中专)	101	15.76%	377	26.27%	478	23.03%
大学(大专)及以上	505	78.78%	649	45.23%	1154	55.59%
合计	641	/	1435	/	2076	/

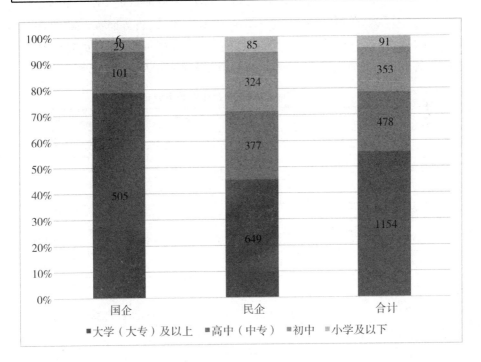

图 2-2-10　腐败犯罪企业家学历分布

从以上图表的数据对比中可以看出,国企腐败犯罪企业家绝大部分是大学(大专)及以上学历,约为八成,而民企腐败犯罪企业家学历分布较为均匀,以大学(大专)及以上学历、高中(中专)学历以及初中学历为主。总体来说,国有企业腐败犯罪企业家的学历水平高于民营企业腐败犯罪企业家。

(五)职务

1.2018年

在948名腐败犯罪企业家中,企业内部职务明确的有948人。其中,企业主要负责人(包括法定代表人、董事长、经理、厂长、矿长等正职和副职,下同)共594人,占62.66%;实际控制人、股东共58人,占6.12%;党群负责人共27人,占2.85%;董事共8人,占0.84%;监事共3人,占0.32%;财务负责人、技术负责人、销售(采购)负责人以及其他核心部门负责人共258人,占27.22%。

在258名腐败犯罪国有企业家中,有258人的企业内部职务明确。其中,企业主要负责人共167人,占64.73%;实际控制人、股东共4人,占1.55%;党群负责人共11人,占4.26%;董事共4人,占1.55%;监事共0人,占0.00%;财务负责人、技术负责人、销售(采购)负责人以及其他核心部门负责人共72人,占27.91%。

在690名腐败犯罪民营企业家中,有690人的企业内部职务明确。其中,企业主要负责人共427人,占61.88%;实际控制人、股东共54人,占7.83%;党群负责人共16人,占2.32%;董事共4人,占0.58%;监事共3人,占0.43%;财务负责人、技术负责人、销售(采购)负责人以及其他核心部门负责人共186人,占26.96%。

表2-2-9　腐败犯罪企业家职务分布

企业性质 职务	国企		民企		合计	
	频数	百分比	频数	百分比	频数	百分比
企业主要负责人	167	64.73%	427	61.88%	594	62.66%
实际控制人、股东	4	1.55%	54	7.83%	58	6.12%
党群负责人	11	4.26%	16	2.32%	27	2.85%
董事	4	1.55%	4	0.58%	8	0.84%
监事	0	0.00%	3	0.43%	3	0.32%
财务负责人、技术负责人、销售(采购)负责人以及其他核心部门负责人	72	27.91%	186	26.96%	258	27.22%
合计	258	/	690	/	948	/

从以上表格的数据对比可以看出,不论国企还是民企,腐败犯罪企业家的职务中企业主要负责人所占比例均最高,达到半数以上。财务负责人、技术负责人、销售(采购)负责人以及其他核心部门负责人居于次位,比重约占三成。职务的整体分布和企业性质的关系并不十分显著,主要区别是国企中的涉罪党群负责人的比重较民企大,而实际控制人、股东的比重较民企小。

2. 2014—2018 年

在 3362 名腐败犯罪企业家中,企业内部职务明确的有 3362 人。其中,企业主要负责人(包括法定代表人、董事长、经理、厂长、矿长等正职和副职,下同)共1962 人,占 58.36%;实际控制人、股东共 168 人,占 5.00%;党群负责人共 67 人,占 1.99%;董事共 12 人,占 0.36%;监事共 19 人,占 0.57%;财务负责人、技术负责人、销售(采购)负责人以及其他核心部门负责人共 1134 人,占 33.73%。

在 1056 名腐败犯罪国有企业家中,有 1056 人的企业内部职务明确。其中,企业主要负责人共 629 人,占 59.96%;实际控制人、股东共 27 人,占 2.56%;党群负责人共 40 人,占 3.79%;董事共 5 人,占 0.47%;监事共 10 人,占 0.95%;财务负责人、技术负责人、销售(采购)负责人以及其他核心部门负责人共 345 人,占 32.67%。

在 2306 名腐败犯罪民营企业家中,有 2306 人的企业内部职务明确。其中,企业主要负责人共 1333 人,占 57.81%;实际控制人、股东共 141 人,占 6.11%;党群负责人共 27 人,占 1.17%;董事共 7 人,占 0.30%;监事共 9 人,占 0.39%;财务负责人、技术负责人、销售(采购)负责人以及其他核心部门负责人共 789 人,占 34.22%。

表 2 - 2 - 10 腐败犯罪企业家职务分布

企业性质 职务	国企		民企		合计	
	频数	百分比	频数	百分比	频数	百分比
企业主要负责人	629	59.96%	1333	57.81%	1962	58.36%
实际控制人、股东	27	2.56%	141	6.11%	168	5.00%
党群负责人	40	3.79%	27	1.17%	67	1.99%
董事	5	0.47%	7	0.30%	12	0.36%
监事	10	0.95%	9	0.39%	19	0.57%
财务负责人、技术负责人、销售(采购)负责人以及其他核心部门负责人	345	32.67%	789	34.22%	1134	33.73%
合计	1056	/	2306	/	3362	/

从以上表格的数据对比可以看出,不论国企还是民企,腐败犯罪企业家的职务中企业主要负责人所占比例均最高,达到半数以上。财务负责人、技术负责人、销售(采购)负责人以及其他核心部门负责人居于次位,比重约占三成。职务的整体分布和企业性质的关系并不十分显著,主要区别是国企中的涉罪党群负责人的比重较民企大,而实际控制人、股东的比重较民企小。

(六)基本结论

1. 2018 年

一方面,民营企业家腐败犯罪不论是犯罪人数还是犯罪次数都远超国有企业家,在全部腐败犯罪中占比约为七成;另一方面,较于 2014—2018 年企业家犯罪统计报告数据而言,民营企业家犯罪占据犯罪总频次近九成,在腐败领域占据约七成,一定程度说明国有企业腐败风险较民营企业更大。进而从正反两面可以说明,企业家腐败因企业的逐利特性与缺少制度约束带来的自体性腐败需要重视。

在性别方面,男性腐败犯罪企业家所占比例始终远远高于女性企业家。整体男女比例接近于 9∶1。其中,国企中男女企业家比例接近于 8.8∶1.2,民企中男女企业家比例接近于 9∶1,民企中的男性企业家较国企中男性企业家所占的比重更大。

在年龄方面,从总体上看,30~59 岁是企业家腐败犯罪的高发年龄段。涉罪民营企业家的平均年龄(45.98 岁)略高于涉罪国有企业家的平均年龄(45.95 岁)。民营犯罪企业家的年龄跨度更大,涉罪企业家的年龄的极值都分布在民营企业家中。其中,国有企业家和民营企业家腐败犯罪的最高发年龄段均为 40~49 岁,国有企业家腐败犯罪的次高发年龄段为 50~59 岁,民营企业家腐败犯罪的次高发年龄段为 30~39 岁和 50~59 岁。就年龄段的大小分布而言,若 69 岁以后年龄段因退休与占比较少等因素而不考虑,那么,国有企业与民营企业 20~39 岁年龄段占比分别为 21.75% 和 31.92%,50~69 岁占比分别为 46.66% 和 32.08%。同时,涉腐败犯罪的民营企业家最小年龄 21 岁,而国有企业家则为 29 岁。可以看出,民营企业家的腐败犯罪年龄分布偏向年轻化。

在学历方面,国企腐败犯罪企业家绝大部分是大学(大专)及以上学历,约为八成,而民企腐败犯罪企业家学历分布较为均匀,以大学(大专)及以上学历、高中(中专)学历以及初中学历为主。总体来说,国有企业犯罪企业家的学历水平高于民营企业犯罪企业家。这可能是国企招聘和任命体制的原因造成的,一般而言,相较于民营企业的创业门槛和准入制度,国有企业家的准入门槛均对文化程度和专业技术等级要求具有刚性规定。

在涉罪企业家的职务方面,不论国企还是民企,腐败犯罪企业家的职务中企业主要负责人所占比例均最高,达到半数以上。财务负责人、技术负责人、销售(采购)负责人以及其他核心部门负责人居于次位,比重约占三成。在其他职位上的犯罪分布情况差异,则与企业性质、企业的人员成分和公司的组织权力结构有关。主要体现在国企中的涉罪党群负责人的比重较民企大,而涉罪的实际控制人、股东所占比重较民企更小。

2. 2014—2018 年

总体呈现以下特征:

其一,民营企业家腐败犯罪不论是犯罪人数还是犯罪次数都远超国有企业家,在全部腐败犯罪中占比约为 67%。

其二,涉案人数逐渐增加(五年间分别为 406、456、622、853、948 人)。其中,国有企业涉案人数于近两年趋于平缓(约为 165、150、176、277、258 人),而民营企业家涉腐败人数持续增加(约 241、306、446、575、690 人)。

其三,在性别方面,整体趋势较为平稳。不论国有企业还是民营企业,男性腐败犯罪企业家所占比例均远高于女性企业家,整体男女比例接近于 9∶1。其中,国企中的男女腐败犯罪企业家比例接近于 8.9∶1.1,民企中的男女腐败犯罪企业家比例接近于 8.8∶1.2,国企中的男性腐败犯罪企业家较民企中男性腐败犯罪企业家所占的比重更大。

其四,在年龄方面,整体数据进一步说明了四点:一是 30~59 岁是企业家腐败犯罪的高发年龄段,国有企业家腐败犯罪和民营企业家腐败犯罪 30~59 岁年龄段占比分别为 88.58% 和 88.36%。二是涉罪企业家的年龄的极值都分布在民营企业家中,且涉罪民营企业家的平均年龄(45.98 岁)略低于涉罪国有企业家的平均年龄(45.99 岁)。三是民营企业家腐败犯罪的年龄更能呈现年轻化特征,国有企业与民营企业 20~39 岁年龄段占比分别为 12.75% 和 32.07%,50~69 岁占比分别为 51.52% 和 32.52%。同时,涉腐败犯罪的民营企业家最小年龄为 21 岁,而国有企业家则为 25 岁。四是年龄分布均呈现"橄榄球型"特点,与企业家犯罪整体年龄分布趋于一致。

国有企业家腐败犯罪的最高发年龄段为 50~59 岁,民营企业家腐败犯罪的最高发年龄段为 40~49 岁,国有企业家腐败犯罪的次高发年龄段为 40~49 岁,民营企业家腐败犯罪的次高发年龄段为 30~39 岁和 50~59 岁。

其五,在学历方面,总体而言,2014—2018 年整体数据与 2018 年单年的数据分布基本一致。即国企腐败犯罪企业家绝大部分是大学(大专)及以上学历,约为八成,而民企腐败犯罪企业家学历分布较为均匀,以大学(大专)及以上学历、高中

(中专)学历以及初中学历为主。总体来说,国有企业腐败犯罪企业家的学历水平高于民营企业腐败犯罪企业家。同时,一方面,国有企业大学以上学历者涉腐败的高比重与频次(505 次),高于民营企业家初中及以下学历者的比重和频次(409 次);另一方面,民营企业家内部的大学以上(含本数)学历者与以下(不含本数)学历者比例接近一致,综合能够说明腐败犯罪发生与学历高低不具有直接因果关系。进而,也能很大程度地说明,导致这种分布的本质原因没有发生变化,而这种本质原因即是企业的准入体制。通过学历来判定企业家的道德与腐败风险,不具有说服力,据此仅以现有的国家刑法威慑和企业家的觉悟并不能进一步预防企业家犯罪,而需要转向企业内部的刚性制度来约束企业家犯罪。

其六,在涉罪企业家的职务方面,通过与 2018 年数据比较,2014—2018 年数据整体特征趋于稳定,表现为国有企业家和民营企业家的职务分布均以企业负责人为主,比例约为 60%,财务负责人、技术负责人、销售(采购)负责人以及其他核心部门负责人居于次位,比例约为 30%。具体的轻微变动体现在实际控制人、股东和党群负责人的不同分布,这与企业性质、企业的人员成分和公司的组织权力结构有关,主要体现在国企中的涉罪党群负责人的比重较民企大,而涉罪的实际控制人、股东所占比重较民企更小。

三、企业家腐败犯罪的罪种与罪名结构特征

(一)腐败犯罪企业家触犯的罪种与罪名结构

本报告对于腐败犯罪的界定限于非国家工作人员受贿罪,对非国家工作人员行贿罪,对外国公职人员、国际公共组织官员行贿罪,挪用资金罪,职务侵占罪,贪污罪,挪用公款罪,受贿罪,单位受贿罪,利用影响力受贿罪,行贿罪,对有影响力的人行贿罪,对单位行贿罪,介绍贿赂罪,单位行贿罪,巨额财产来源不明罪,私分国有资产罪 17 种罪名。

1. 2018 年

在 2018 年,企业家腐败犯罪频次总计 991 次,其中国有企业家腐败犯罪频次共计 289 次,民营企业家腐败犯罪频次共计 702 次。2018 年企业家腐败犯罪共涉及 15 个具体罪名,其中国有企业家共涉及 11 个具体罪名,民营企业家共涉及 12 个具体罪名。企业家涉及的 15 个具体罪名分别属于《刑法》分则的第三章、第五章和第八章,一共涉及《刑法》分则中三章。

2018 年企业家腐败犯罪的罪种和罪名结构分布、触犯频次及其比例见表2-2-11。

表 2 – 2 – 11　2018 年企业家腐败犯罪的罪种和罪名结构分布

章	节	具体罪名
第三章　破坏社会主义市场经济秩序罪(2 个罪名,13.33%;49 次,4.94%)	第三节　妨害对公司、企业的管理秩序罪(2 个罪名,13.33%;49 次,4.94%)	非国家工作人员受贿罪(39 次,3.94%) 对非国家工作人员行贿罪(10 次,1.01%)
第五章　侵犯财产罪(2 个罪名,13.33%;329 次,33.20%)	/	职务侵占罪(179 次,18.06%) 挪用资金罪(150 次,15.14%)
第八章　贪污贿赂罪(11 个罪名,73.33%;613 次,61.86%)	/	贪污罪(102 次,10.29%) 挪用公款罪(43 次,4.34%) 受贿罪(94 次,9.49%) 单位受贿罪(2 次,0.20%) 利用影响力受贿罪(4 次,0.40%) 行贿罪(178 次,17.96%) 对有影响力的人行贿罪(2 次,0.20%) 对单位行贿罪(6 次,0.61%) 单位行贿罪(163 次,16.45%) 巨额财产来源不明罪(1 次,0.10%) 私分国有资产罪(18 次,1.82%)

2018 年企业家腐败犯罪总次数为 991 次,进一步分析企业家腐败犯罪各罪名触犯频次和占比,在 2018 年中,职务侵占罪、行贿罪、单位行贿罪、挪用资金罪、贪污罪排在前五位且占比均在 10% 以上,共占当年腐败犯罪总数的 77.90% ,这五类

犯罪成为企业家腐败犯罪的高发区。

2. 2014—2018 年

在 2014—2018 年,企业家腐败犯罪频次总计 3635 次,其中国有企业家腐败犯罪频次共计 1215 次,民营企业家腐败犯罪频次共计 2420 次。2014—2018 年企业家腐败犯罪共涉及 16 个具体罪名,其中国有企业家共涉及 13 个具体罪名,民营企业家共涉及 14 个具体罪名。企业家涉及的 16 个具体罪名分别属于《刑法》分则的第三章、第五章和第八章,一共涉及《刑法》分则中三章。

2014—2018 年企业家腐败犯罪的罪种和罪名结构分布、触犯频次及其比例见表 2 - 2 - 12。

表 2 - 2 - 12　2014—2018 年企业家腐败犯罪的罪种和罪名结构分布

章	节	具体罪名
第三章　破坏社会主义市场经济秩序罪 (2 个罪名,12.50%;292 次,8.03%)	第三节　妨害对公司、企业的管理秩序罪 (2 个罪名,12.50%;292 次,8.03%)	非国家工作人员受贿罪 (256 次,7.04%) 对非国家工作人员行贿罪 (36 次,0.99%)
第五章　侵犯财产罪 (2 个罪名,12.50%;1232 次,33.89%)	/	职务侵占罪 (792 次,21.79%) 挪用资金罪 (440 次,12.10%)
第八章　贪污贿赂罪 (12 个罪名,75.00%;2111 次,58.07%)	/	贪污罪 (382 次,10.51%) 挪用公款罪 (178 次,4.90%) 受贿罪 (530 次,14.58%) 单位受贿罪 (10 次,0.28%) 利用影响力受贿罪 (5 次,0.14%) 行贿罪 (394 次,10.84%)

续表

章	节	具体罪名
第八章 贪污贿赂罪（12 个罪名,75.00% ;2111 次,58.07%）	/	对有影响力的人行贿罪（3 次,0.08%） 对单位行贿罪（16 次,0.44%） 介绍贿赂罪（7 次,0.19%） 单位行贿罪（508 次,13.98%） 巨额财产来源不明罪（8 次,0.22%） 私分国有资产罪（70 次,1.93%）

2014—2018 年企业家腐败犯罪总次数 3635 次,进一步分析企业家腐败犯罪各罪名触犯频次和占比,在 2014—2018 年五年中,职务侵占罪、受贿罪、单位行贿罪、挪用资金罪、行贿罪、贪污罪排在前六位且占比均达到 10% 以上,这六类犯罪成为企业家腐败犯罪的高发区。

表 2 - 2 - 13　2018 年企业家腐败犯罪各罪名触犯频次和占比

罪名	频次	占比
职务侵占罪	179	18.06%
行贿罪	178	17.96%
单位行贿罪	163	16.45%
挪用资金罪	150	15.14%
贪污罪	102	10.29%
受贿罪	94	9.49%
挪用公款罪	43	4.34%
非国家工作人员受贿罪	39	3.94%
私分国有资产罪	18	1.82%
对非国家工作人员行贿罪	10	1.01%
对单位行贿罪	6	0.61%
利用影响力受贿罪	4	0.40%

罪名	频次	占比
单位受贿罪	2	0.20%
对有影响力的人行贿罪	2	0.20%
巨额资产来源不明罪	1	0.10%
总计	991	100.00%

表 2-2-14　2014—2018 年企业家腐败犯罪各罪名触犯频次和占比

罪名	频次	占比
职务侵占罪	792	21.79%
受贿罪	530	14.58%
单位行贿罪	508	13.98%
挪用资金罪	440	12.10%
行贿罪	394	10.84%
贪污罪	382	10.51%
非国家工作人员受贿罪	256	7.04%
挪用公款罪	178	4.90%
私分国有资产罪	70	1.93%
对非国家工作人员行贿罪	36	0.99%
对单位行贿罪	16	0.44%
单位受贿罪	10	0.28%
巨额财产来源不明罪	8	0.22%
介绍贿赂罪	7	0.19%
利用影响力受贿罪	5	0.14%
对有影响力的人行贿罪	3	0.08%
总计	3635	100.00%

统计发现,不论在 2018 年一年中还是 2014—2018 年五年中,职务侵占罪、行贿罪、单位行贿罪、挪用资金罪、贪污罪、受贿罪始终排在前六位,而且所占比重均较大,这六类犯罪已经成为企业家腐败犯罪的高发区。

此外,各个罪名不论在 2018 年一年中还是 2014—2018 年五年中排名大体相似。

（二）国有企业家腐败犯罪的罪种和罪名结构分布

国企方面涉及的腐败犯罪包括13个罪名:贪污罪、挪用公款罪、受贿罪、挪用资金罪、单位受贿罪、行贿罪、单位行贿罪、对单位行贿罪、非国家工作人员受贿罪、介绍贿赂罪、巨额财产来源不明罪、私分国有资产罪、职务侵占罪。

1. 2018 年

国有企业家腐败犯罪的频次总计289次,共涉及11个具体罪名,分属于《刑法》分则第三章、第五章和第八章,共三章。

国有企业家腐败犯罪的罪种和罪名结构分布、触犯频次及其比例见表2 - 2 - 15。

表 2 - 2 - 15　国有企业家腐败犯罪的罪种和罪名结构分布

章	节	具体罪名
第三章　破坏社会主义市场经济秩序罪 （1 个罪名,9.09%；7 次,2.42%）	第三节　妨害对公司、企业的管理秩序罪 （1 个罪名,7 次,2.42%）	非国家工作人员受贿罪 （7 次,2.42%）
第五章　侵犯财产罪 （2 个罪名,18.18%；25 次,8.65%）	/	职务侵占罪 （10 次,3.46%） 挪用资金罪 （15 次,5.19%）
第八章　贪污贿赂罪 （8 个罪名,72.72%；257 次,88.93%）	/	贪污罪 （92 次,31.83%） 挪用公款罪 （41 次,14.19%） 受贿罪 （87 次,30.10%） 单位受贿罪 （2 次,0.69%） 行贿罪 （12 次,4.15%） 单位行贿罪 （4 次,1.38%） 巨额财产来源不明罪 （1 次,0.35%） 私分国有资产罪 （18 次,6.23%）

2018 年国有企业家腐败犯罪总次数为 289 次,进一步分析国有企业家腐败犯罪各罪名触犯频次和占比,在 2018 年中,贪污罪、受贿罪、挪用公款罪排在前三位且占比均在 10% 以上,共占当年国有企业家腐败犯罪总数的 76.12% ,这三类犯罪成为国有企业家腐败犯罪的高发区。

2. 2014—2018 年

国有企业家腐败犯罪的频次总计 1215 次,共涉及 13 个具体罪名,分属于《刑法》分则第三章、第五章和第八章,共三章。

国有企业家腐败犯罪的罪种和罪名结构分布、触犯频次及其比例见表 2 - 2 - 16。

表 2 - 2 - 16　国有企业家腐败犯罪的罪种和罪名结构分布

章	节	具体罪名
第三章　破坏社会主义市场经济秩序罪 (1 个罪名, 7.69%; 20 次,1.65%)	第三节　妨害对公司、企业的管理秩序罪 (1个罪名,20 次,1.65%)	非国家工作人员受贿罪 (20 次,1.65%)
第五章　侵犯财产罪 (2 个罪名, 15.38%; 85 次,7.00%)	/	职务侵占罪 (48 次,3.95%) 挪用资金罪 (37 次,3.05%)
第八章　贪污贿赂罪 (10 个罪名,76.92%;1110 次,91.36%)	/	贪污罪 (338 次,27.82%) 挪用公款罪 (146 次,12.02%) 受贿罪 (481 次,39.59%) 单位受贿罪 (10 次,0.82%) 行贿罪 (37 次,3.05%) 对单位行贿罪 (1 次,0.08%) 介绍贿赂罪 (2 次,0.16%)

章	节	具体罪名
第八章 贪污贿赂罪 （10个罪名,76.92%;1110 次,91.36%）	/	单位行贿罪 （20次,1.64%） 巨额财产来源不明罪 （8次,0.66%） 私分国有资产罪 （67次,5.51%）

2014—2018年国有企业家腐败犯罪总次数1215次,进一步分析国有企业家腐败犯罪各罪名触犯频次和占比,在2014—2018年五年中,受贿罪、贪污罪、挪用公款罪排在前三位且占比均达到10%以上,共占当年国有企业家腐败犯罪总数的79.43%,这三类犯罪成为国有企业家腐败犯罪的高发区。

表2-2-17 2018年国有企业家腐败犯罪各罪名触犯频次和占比

罪名	频次	占比
贪污罪	92	31.83%
受贿罪	87	30.10%
挪用公款罪	41	14.19%
私分国有资产罪	18	6.23%
挪用资金罪	15	5.19%
行贿罪	12	4.15%
职务侵占罪	10	3.46%
非国家工作人员受贿罪	7	2.42%
单位行贿罪	4	1.38%
单位受贿罪	2	0.69%
巨额财产来源不明罪	1	0.35%
总计	289	100.00%

表2-2-18 2014—2018年国有企业家腐败犯罪各罪名触犯频次和占比

罪名	频次	占比
受贿罪	481	39.59%
贪污罪	338	27.82%

罪名	频次	占比
挪用公款罪	146	12.02%
私分国有资产罪	67	5.51%
职务侵占罪	48	3.95%
挪用资金罪	37	3.05%
行贿罪	37	3.05%
非国家工作人员受贿罪	20	1.65%
单位行贿罪	20	1.65%
单位受贿罪	10	0.82%
巨额财产来源不明罪	8	0.66%
介绍贿赂罪	2	0.16%
对单位行贿罪	1	0.08%
总计	1215	100.00%

统计发现,不论在 2018 年一年中还是 2014—2018 年五年中,贪污罪、受贿罪、挪用公款罪始终排在前三位,而且所占比重均较大,这三类犯罪已经成为国有企业家腐败犯罪的高发区。此外各个罪名不论在 2018 年一年中还是 2014—2018 年五年中排名基本相似。

(三)民营企业家腐败犯罪的罪种和罪名结构分布

民企方面涉及的腐败犯罪包括 15 个罪名:行贿罪、单位行贿罪、挪用公款罪、对单位行贿罪、贪污罪、介绍贿赂罪、挪用资金罪、单位受贿罪、非国家工作人员受贿罪、对非国家工作人员行贿罪、受贿罪、职务侵占罪、利用影响力受贿罪、对有影响力的人行贿罪、私分国有资产罪。

1. 2018 年

2018 年,民营企业家腐败犯罪的频次总计 702 次,共涉及 12 个具体罪名,分属于《刑法》分则第三章、第五章和第八章,共三章。

民营企业家腐败犯罪的罪种和罪名结构分布、触犯频次及其比例见表 2 - 2 - 19。

表2-2-19 民营企业家腐败犯罪的罪种和罪名结构分布

章	节	具体罪名
第三章 破坏社会主义市场经济秩序罪（2个罪名，16.67%；42次，5.98%）	第三节 妨害对公司、企业的管理秩序罪（1个罪名，42次，5.98%）	非国家工作人员受贿罪（32次，4.56%） 对非国家工作人员行贿罪（10次，1.42%）
第五章 侵犯财产罪（2个罪名，16.67%；304次，43.30%）	/	职务侵占罪（169次，24.07%） 挪用资金罪（135次，19.23%）
第八章 贪污贿赂罪（8个罪名，66.67%；356次，50.71%）	/	贪污罪（10次，1.42%） 挪用公款罪（2次，0.28%） 受贿罪（7次，1.00%） 行贿罪（166次，23.65%） 对单位行贿罪（6次，0.85%） 单位行贿罪（159次，22.65%） 对有影响力的人行贿罪（2次，0.28%） 利用影响力受贿罪（4次，0.57%）

2018年民营企业家腐败犯罪总次数为702次，进一步分析民营企业家腐败犯罪各罪名触犯频次和占比，在2018年中，职务侵占罪、行贿罪、单位行贿罪、挪用资金罪排在前四位且占比均在10%以上，共占当年民营企业家腐败犯罪总数的89.60%，这四类犯罪成为民营企业家腐败犯罪的高发区。

2. 2014—2018年

2014—2018年，民营企业家腐败犯罪的频次计2420次，共涉及14个具体罪名，分属于《刑法》分则第三章、第五章和第八章，共三章。

民营企业家腐败犯罪的罪种和罪名结构分布、触犯频次及其比例见表2-

2－20。

表 2－2－20　民营企业家腐败犯罪的罪种和罪名结构分布

章	节	具体罪名
第三章　破坏社会主义市场经济秩序罪（2 个罪名，14.29%；272 次，11.24%）	第三节　妨害对公司、企业的管理秩序罪（2 个罪名，272 次，11.24%）	非国家工作人员受贿罪（236 次，9.75%）对非国家工作人员行贿罪（36 次，1.49%）
第五章　侵犯财产罪（2 个罪名，14.29%；1147 次，47.40%）	/	职务侵占罪（744 次，30.74%）挪用资金罪（403 次，16.65%）
第八章　贪污贿赂罪（10 个罪名，71.42%；1001 次，41.36%）	/	贪污罪（44 次，1.81%）挪用公款罪（32 次，1.32%）受贿罪（49 次，2.02%）行贿罪（357 次，14.75%）对单位行贿罪（15 次，0.62%）介绍贿赂罪（5 次，0.21%）单位行贿罪（488 次，20.17%）私分国有资产罪（3 次，0.12%）对有影响力的人行贿罪（3 次，0.12%）利用影响力受贿罪（5 次，0.21%）

　　2014—2018 年民营企业家腐败犯罪总次数为 2420 次，进一步分析民营企业家腐败犯罪各罪名触犯频次和占比，在 2014—2018 五年中，职务侵占罪、单位行贿罪、挪用资金罪、行贿罪、非国家工作人员受贿罪排在前五位且犯罪频次均在 200 次以上，共占当年民营企业家腐败犯罪总数的 92.06%，这五类犯罪成为民营

企业家腐败犯罪的高发区。

表 2 - 2 - 21　2018 年民营企业家腐败犯罪各罪名触犯频次和占比

罪名	频次	占比
职务侵占罪	169	24.07%
行贿罪	166	23.65%
单位行贿罪	159	22.65%
挪用资金罪	135	19.23%
非国家工作人员受贿罪	32	4.56%
对非国家工作人员行贿罪	10	1.42%
贪污罪	10	1.42%
受贿罪	7	1.00%
对单位行贿罪	6	0.85%
利用影响力受贿罪	4	0.57%
挪用公款罪	2	0.28%
对有影响力的人行贿罪	2	0.28%
总计	702	100.00%

表 2 - 2 - 22　2014—2018 年民营企业家腐败犯罪各罪名触犯频次和占比

罪名	频次	占比
职务侵占罪	744	30.74%
单位行贿罪	488	20.17%
挪用资金罪	403	16.65%
行贿罪	357	14.75%
非国家工作人员受贿罪	236	9.75%
受贿罪	49	2.02%
贪污罪	44	1.81%
对非国家工作人员行贿罪	36	1.49%
挪用公款罪	32	1.32%
对单位行贿罪	15	0.62%
介绍贿赂罪	5	0.21%
利用影响力受贿罪	5	0.21%

续表

罪名	频次	占比
私分国有资产罪	3	0.12%
对有影响力的人行贿罪	3	0.12%
总计	2420	100.00%

通过上面表格可以发现,不论在2018年一年中还是2014—2018年五年中,职务侵占罪、单位行贿罪、挪用资金罪、行贿罪、非国家工作人员受贿罪始终排在前五位,而且所占比重较大、犯罪频次较高,这五类犯罪已经成为民营企业家腐败犯罪的高发区。

(四)腐败犯罪中的单位犯罪罪名结构分布

表2-2-23 腐败犯罪中单位犯罪各罪名触犯频次和占比

	2018年			2014—2018年		
	总体	国企	民企	总体	国企	民企
单位行贿罪	163,16.45%	4,0.40%	159,16.04%	508,13.98%	20,0.55%	488,13.43%
单位受贿罪	2,0.20%	2,0.20%	/	10,0.28%	10,0.28%	/
挪用资金罪	2,0.20%	/	2,0.20%	7,0.19%	/	7,0.19%
挪用公款罪	3,0.30%	3,0.30%	/	3,0.08%	3,0.08%	/
行贿罪	6,0.61%	/	6,0.61%	22,0.61%	1,0.03%	21,0.58%
贪污罪	4,0.40%	3,0.30%	1,0.10%	7,0.19%	6,0.17%	1,0.03%
对单位行贿罪	3,0.30%	/	3,0.30%	9,0.25%	1,0.03%	8,0.22%
对非国家工作人员行贿罪	1,0.10%	/	1,0.10%	16,0.44%	/	16,0.44%
对有影响力的人行贿罪	/	/	/	1,0.03%	/	1,0.03%
非国家工作人员受贿罪	/	/	/	3,0.08%	/	3,0.08%

	2018 年			2014—2018 年		
	总体	国企	民企	总体	国企	民企
职务侵占罪	2,0.20%	/	2,0.20%	7,0.19%	/	7,0.19%
受贿罪	6,0.61%	6,0.61%	/	11,0.30%	9,0.25%	2,0.06%
私分国有资产罪	18,1.82%	18,1.82%	/	41,1.13%	39,1.07%	2,0.06%
合计	210,21.19%	36,3.63%	174,17.56%	645,17.74%	89,2.45%	556,15.30%

注:总体比例为:本年度腐败犯罪中单位犯罪/本年度腐败犯罪总数;国企比例为:本年度国企腐败犯罪中单位犯罪/本年度腐败犯罪总数;民企比例为:本年度民企腐败犯罪中单位犯罪/本年度腐败犯罪总数。

从上图中可以看出,2018 年企业家腐败犯罪中的单位犯罪主要分布于单位行贿罪和私分国有资产罪。2014—2018 年企业家腐败犯罪中的单位犯罪主要分布于单位行贿罪、行贿罪、对非国家工作人员行贿罪、受贿罪和私分国有资产罪。

表 2-2-24　腐败犯罪中单位犯罪数量及腐败犯罪总量占比

	2018 年	2014—2018 年
总体	210,21.19%	645,17.74%
国企	36,3.63%	89,2.45%
民企	174,17.56%	556,15.30%

注:总体比例:本年度腐败犯罪中单位犯罪/本年度腐败犯罪总数;国企比例:本年度国企腐败犯罪中单位犯罪/本年度国企腐败犯罪总数;民企比例:本年度民企腐败犯罪中单位犯罪/本年度民企腐败犯罪总数。

统计表明,不论是 2018 年一年中还是 2014—2018 年五年中,民营企业家腐败犯罪的单位犯罪均大于国有企业家腐败犯罪的单位犯罪,民营企业家更倾向于单位犯罪。

(五)基本结论

1. 就企业家腐败犯罪总体情况来看,不论在 2018 年一年中还是 2014—2018 年(以下简称五年)五年中,职务侵占罪、行贿罪、单位行贿罪、挪用资金罪、贪污罪、受贿罪始终排在前六位,总计占比接近80%,成为企业家腐败犯罪应当特别重视防控的罪名。就六个罪名的排序分布,职务侵占罪等罪名排名较为稳定,不同的是行贿罪和受贿罪的排序变化较大。

行贿罪的比例增加,可以通过多方面数据得到印证。与五年统计数据相比,2018年民营企业家行贿罪频次为166次,与第一名职务侵占罪仅相差3例。同时根据五年企业家犯罪报告显示,2018年查处的行贿罪占据了五年查处总和的46.50%(166/357)。这与2018年最高人民检察院工作报告的数据释放了相同的信号,过去五年,严肃查办行贿犯罪37277人,较前五年上升87%①。行贿查处力度的增加,与国家对于腐败的零容忍的态度有关。2015年11月1日起正式实施的《刑法修正案(九)》加大了对行贿犯罪的处罚力度,严格了行贿犯罪从宽处罚的条件,明确行贿人在被追诉前主动交代行贿行为,只有在"犯罪较轻的,对侦破重大案件起关键作用的,或者有重大立功表现的",才可以减轻或者免除处罚。同样,党的十九大报告强调反腐败"坚持无禁区、全覆盖、零容忍,坚持重遏制、强高压、长震慑",明确提出"坚持受贿行贿一起查"。在十九届中央纪委二次全会上,习近平总书记再次强调要"坚持受贿行贿一起查"。与此同时,各地也相应释放信号,行贿受贿一起严查。② 综上,民营企业家的行贿风险将是需要重视的风险防控领域。

与之构成共同犯罪的受贿罪的比例下降,理应随着行贿罪的严厉查处而逐渐增加,但却呈现比例下降的趋势。其中的原因之一,在于受贿罪在2014—2018年犯罪总频次分别为92次、90次、99次、148次和94次,2018年的94次与往年相比只是回复了均值,其比例下降很大程度是因为犯罪的总基数增加。

2. 就国有企业家腐败犯罪罪名及其分布而言,其一,不论在2018年一年中还是五年中,贪污罪、受贿罪、挪用公款罪始终排在前三位,而且所占比重均较大,共计占比约为77%。若加上同样以权力为犯罪基础的私分国有资产罪,则可以达约82%。说明国有企业的腐败犯罪防控仍应当继续以对权力的制约为主。其二,除2018年贪污罪首次超越受贿罪频次和占比之外,其余各个罪名不论在2018年一年中还是五年中排名基本相似。其三,就排在前四位罪名的触犯频次和占比方

---

① 《最高人民检察院工作报告》,http://www.spp.gov.cn/spp/zdgz/201803/t20180325_372170.shtml,2018-3-25。

② 《各地放出明确信号:严厉打击行贿行为!》,https://baijiahao.baidu.com/s?id=1606654228484823519&wfr=spider&for=pc。

面,与历年数据相比,除受贿罪的频次和占比下降,其余各罪均保持轻微增加。同时,因受贿罪频次的下降导致2018年的腐败犯罪总频次低于2017年的数据,但仍高于其余各年数据。这在很大程度上说明,我国反腐态势依旧严峻,科学反腐正处于由"重事后打击向重事前预防"升级转型的瓶颈期。

3. 就民营企业家腐败犯罪罪名及其分布而言,其一,不论在2018年一年中还是五年中,职务侵占罪、单位行贿罪、挪用资金罪、行贿罪、非国家工作人员受贿罪始终排在前五位,共计占比约92%,这为民营企业家防控腐败犯罪划定了明确的范围;其二,2014—2018年,直接侵犯企业利益的职务侵占罪和挪用资金罪总计占比47.93%,2018年占比43.30%,历年最高占比63%(2014年),说明企业的内控机制存在明显缺陷;其三,2014—2018年,行贿罪和单位行贿罪基本成为民营企业家所涉罪名。统计表明,行贿类罪(行贿罪、单位行贿罪、对非国家工作人员行贿罪)总计占比36.41%,而国有企业行贿类罪占比不足2%,这从2018年民营企业家的行贿罪次数(166次,占据2014—2018年行贿罪总数的近50%)也可以看出。同时,单位行贿罪始终属于民营企业家所涉高频罪名。结合统计数据,2014—2018年单位行贿罪分别占腐败犯罪总数比例为4.3%、10.2%、12.6%、20.7%、16.45%。

4. 就腐败犯罪中的单位犯罪分布而言,其一,2018年和五年总数据均显示,单位犯罪主要分布于单位行贿罪和私分国有资产罪;其二,分别就2018年和五年总数据分析,民营企业的单位犯罪比值(单位犯罪频次/民营企业犯罪总频次)远大于国有企业。其中2018年和五年民营企业单位犯罪率约为24.78%(174/702)和23.00%(556/2420),国有企业单位犯罪率为12.45%(36/289)和7.32%(89/1215)。单位行贿犯罪的爆发说明企业的部分高层发生了集体腐败,内控机制整体性失灵,且这个现象在民营企业中更为严重。

说明:本报告的数据统计口径与规范刑法之间存在差异:本报告以企业主要成分确定其所有权性质,即国有资本比例小于50%的混合所有制企业定性为民营企业,反之则为国有企业,因此国有企业家与刑法规定的国家工作人员不存在绝对的对应关系。之所以以此为据,有如下原因:

其一,统计表明,民营企业家腐败犯罪实际适用罪名15个,有6个罪名(挪用公款罪、贪污罪、单位受贿罪、受贿罪、利用影响力受贿罪、私分国有资产罪)存在共同犯罪的情况,腐败犯罪呈现公私交错的特征。

其二,民营企业在国家和社会治理当中的重要性日益凸显,在稳定增长、增加就业、推动创新、出口创汇、改善民生等方面发挥着越来越重要的作用。① 自党的十八大提出推进国家治理体系和治理现代化的总目标和总部署之后,十八届三中全会提出创新社会治理体制,十九大报告进一步提出"加强社会治理制度建设,完善党委领导、政府负责、社会协同、公众参与、法制保障的社会管理体制",再到习近平总书记多次发表重视民营企业在市场经济发展当中的作用的讲话,企业已经成为参与社会治理、化解社会矛盾的关键部分。民营企业要承担起相应的社会责任,首先应当避免自身的腐败风险。

其三,混合所有制经济的发展促使公私交错。发展混合所有制经济,是深化国有企业改革的重要举措。《国务院关于国有企业发展混合所有制经济的意见》明确提出,鼓励非公有制经济参与到国有企业的混改当中,实现各种所有制资本取长补短、相互促进、共同发展,稳步分层、分类地推进国有企业改革。

综上说明,民营企业、非公有制经济中正日益包含着"公"的因素,传统的"私有"概念已经不能正确评价当今民营企业、非公有制经济的实际地位与属性,在观念、政策、制度等方面应当强化不同市场主体的平等保护,重公轻私的观念与做法应当逐步摒除;同时也说明,腐败犯罪具有公私交错的属性,全面反腐和纵深反腐同样需要重视民营企业或非公领域腐败现象的治理,坚持公共领域和非公领域反腐协调推进的路径与原则。

四、企业家腐败犯罪的刑罚适用

(一)企业家腐败犯罪刑罚适用总述

1. 2018 年企业家腐败犯罪的刑罚适用

2018 年,948 名(国有企业家 258 人,民营企业家 690 人)触犯腐败犯罪的企业家的刑事处遇总体情况如下:100 人被判决免予刑事处罚(国有企业家 25 人,民营企业家 75 人),占触犯腐败犯罪企业家总人数的 10.55%,2 人被判单处罚金刑(均为国有企业家),占 0.21%;1 人被判处管制(民营企业家),占 0.11%;59 人被判处拘役(国有企业家 8 人,民营企业家 51 人),占 6.22%;786 人被判处有期徒刑(国有企业家 223 人,民营企业家 563 人),占 82.91%。(详见表 2 - 2 - 25 和表 2 - 2 - 26)

---

① 缴纳 50% 以上的税收,创造 60% 以上的 GDP,贡献 70% 以上的技术创新和新产品开发,提供 80% 以上的就业岗位,拥有 90% 以上的企业数量。《贡献力超"半壁江山"的民营经济要退场? 听听这些人怎么说》,http://www.chinanews.com/cj/2018/10 - 01/8641067.shtml,2018 - 10 - 1。

表 2 - 2 - 25　2018 年腐败犯罪企业家免予刑事处罚和主刑适用特征对比表

刑罚种类	国企		民企		总计	
	数量	占比	数量	占比	数量	占比
免予刑事处罚	25	9.69%	75	10.87%	100	10.55%
单处罚金刑	2	0.78%	0	0.00%	2	0.21%
管制	0	0.00%	1	0.14%	1	0.11%
拘役	8	3.10%	51	7.39%	59	6.22%
有期徒刑	223	86.43%	563	81.59%	786	82.91%
合计	258	100.00%	690	100.00%	948	100.00%

表 2 - 2 - 26　2018 年腐败犯罪企业家缓刑适用情况

	拘役人数	拘役缓刑数	拘役缓刑比例	有期(≤3年)人数	有期(≤3年)缓刑数	有期(≤3年)缓刑比	合计缓刑比例
国企	8	6	75.00%	144	97	67.36%	67.76%
民企	51	35	68.63%	477	308	64.57%	64.96%
总计	59	41	69.49%	621	405	65.22%	65.59%

在 786 名被判处有期徒刑的犯罪企业家中,681 人被判处五年以下①有期徒刑(国有企业家 173 人,民营企业家 508 人),占腐败犯罪企业家总数的 71.84%;72 人被判处五年以上十年以下有期徒刑(国有企业家 30 人,民营企业家 42 人),占 7.59%;26 人被判处十年以上十五年以下有期徒刑(国有企业家 15 人,民营企业家 11 人),占 2.74%;7 人被判处十五年以上二十年以下有期徒刑(国有企业家 5 人,民营企业家 2 人),占犯罪企业家总数的 0.74%。(详见表 2 - 2 - 27)

表 2 - 2 - 27　2018 年腐败犯罪企业家有期徒刑刑期分布

企业性质　刑期	国企		民企		总计	
	人数	占比	人数	占比	人数	占比
5 年以下	173	67.05%	508	73.62%	681	71.84%

---

① 对本报告中"以上""以下"的解释:本报告中的"以上"包含本数,"以下"不包含本数,但缓刑部分除外。

续表

企业性质 刑期	国企		民企		总计	
	人数	占比	人数	占比	人数	占比
5 年以上 10 年以下	30	11.63%	42	6.09%	72	7.59%
10 年以上 15 年以下	15	5.81%	11	1.59%	26	2.74%
15 年以上 20 年以下	5	1.94%	2	0.29%	7	0.74%
合计	223	86.43%	563	81.59%	786	82.91%

341 名犯罪企业家被判处罚金刑(国有企业家 172 人,民营企业家 169 人),占腐败犯罪企业家总数的 35.97%,罚金数额最低为 5000 元,最高为 400 万元,其中 2 人被单处罚金刑(均为国有企业家),占 0.21%;17 名犯罪企业家被判处没收财产(国有企业家 4 人,民营企业家 13 人),占腐败犯罪企业家总数的 1.79%,无人被判处没收全部财产;2 名犯罪企业家被判处剥夺政治权利(国有企业家 1 人,民营企业家 1 人),占腐败犯罪企业家总数的 0.21%,无人被判处剥夺政治权利终身。(详见表 2 - 2 - 28)

表 2 - 2 - 28　2018 年腐败犯罪企业家附加刑适用特征

刑罚 性质	罚金刑				没收财产		剥夺政治权利	
	单处 罚金	最低 (元)	最高 (元)	单处 + 并处	没收 全部 财产	总计	剥夺 政治 权利 终身	总计
国企(人)	2	10000	4000000	172	0	4	0	1
民企(人)	0	5000	2200000	169	0	13	0	1
合计(人)	2	5000	4000000	341	0	17	0	2
占比(%)	0.21	/	/	35.97	0.00	1.79	0.00	0.21

2. 2014—2018 年企业家腐败犯罪的刑罚适用

3362 名腐败犯罪企业家(国有企业家 1056 人,民营企业家 2306 人)刑事处罚的总体情况如下：

301 名犯罪企业家被免予刑事处罚(国有企业家 92 人,民营企业家 209 人),占腐败犯罪企业家总数的 8.95%;11 名犯罪企业家被单处罚金刑(国有企业家 8 人,民营企业家 3 人),占 0.33%;1 名犯罪企业家(民营企业家)被判处管制,占 0.03%;151 名犯罪企业家被判处拘役(国有企业家 23 人,民营企业家 128 人),占腐败犯罪企业家总数的 4.49%,其中 115 人适用缓刑(国有企业家 21 人,民营企业家 94 人);2887 名犯罪企业家被判处有期徒刑(国有企业家 927 人,民营企业家 1960 人),占腐败犯罪企业家总数的 85.87%,其中 1265 人适用缓刑(国有企业家 306 人,民营企业家 959 人);9 名犯罪企业家被判处无期徒刑(国有企业家 4 人,民营企业家 5 人)占腐败犯罪企业家总数的 0.27%;2 名犯罪企业家被判处死刑(缓期二年执行),均为国有企业家,占犯罪企业家总人数的 0.06%。(详见表 2 - 2 - 29 和表 2 - 2 - 30)

表 2 - 2 - 29 2014—2018 年腐败犯罪企业家免予刑事处罚和主刑适用特征对比表

刑罚种类	国企		民企		总计	
	数量	占比	数量	占比	数量	占比
免予刑事处罚	92	8.71%	209	9.06%	301	8.95%
管制	0	0.00%	1	0.04%	1	0.03%
拘役	23	2.18%	128	5.55%	151	4.49%
有期徒刑	927	87.78%	1960	85.00%	2887	85.87%
无期徒刑	4	0.38%	5	0.22%	9	0.27%
死刑	2	0.19%	0	0.00%	2	0.06%
合计	1056	100.00%	2306	100.00%	3362	100.00%

表 2 - 2 - 30 2014—2018 年腐败犯罪企业家缓刑适用情况

	拘役人数	拘役缓刑数	拘役缓刑比例	有期徒刑人数	有期缓刑数	有期缓刑比例	合计缓刑比例
国企	23	21	91.30%	478	306	64.02%	65.27%
民企	128	94	73.44%	1463	959	65.55%	66.18%
总计	151	115	76.16%	1941	1265	65.17%	65.97%

在 2887 名被判处有期徒刑的犯罪企业家中,2160 人被判处 5 年以下①有期徒刑(国有企业家 573 人,民营企业家 1587 人),占犯罪企业家总数的 64.25%;462 人被判处 5 年以上 10 年以下有期徒刑(国有企业家 187 人,民营企业家 275 人),占犯罪企业家总数的 13.74%;223 人被判处 10 年以上 15 年以下有期徒刑(国有企业家 138 人,民营企业家 85 人),占犯罪企业家总数的 6.63%;36 人被判处 15 年以上 20 年以下有期徒刑(国有企业家 24 人,民营企业家 12 人),占犯罪企业家总数的 1.07%;6 人被判处 20 年以上 25 年以下有期徒刑(国有企业家 5 人,民营企业家 1 人),占犯罪企业家总数的 0.18%。(见表 2 - 2 - 31)

表 2 - 2 - 31　2014—2018 年腐败犯罪企业家有期徒刑刑期分布

企业性质 刑期	国企		民企		总计	
	人数	占比	人数	占比	人数	占比
5 年以下	573	54.26%	1587	68.82%	2160	64.25%
5 年以上 10 年以下	187	17.71%	275	11.93%	462	13.74%
10 年以上 15 年以下	138	13.07%	85	3.69%	223	6.63%
15 年以上 20 年以下	24	2.27%	12	0.52%	36	1.07%
20 年以上 25 年以下	5	0.47%	1	0.04%	6	0.18%
合计	927	87.78%	1960	85.00%	2887	85.87%

892 名犯罪企业家被判处罚金刑(国有企业家 491 人,民营企业家 401 人),占腐败犯罪企业家总数的 26.53%,罚金数额最低为 1000 元,最高为 1000 万元,其中 11 人被单处罚金刑(国有企业家 8 人,民营企业家 3 人),占腐败犯罪企业家总数的 0.33%;230 名犯罪企业家被判处没收财产(国有企业家 124 人,民营企业家 106 人),占腐败犯罪企业家总数的 6.84%,其中 8 人被判处没收全部财产(国有企业家 6 人,民营企业家 2 人),占腐败犯罪企业家总数的 0.24%;33 名犯罪企业家被判处剥夺政治权利(国有企业家 19 人,民营企业家 14 人),占腐败犯罪企业

---

① 对本报告中"以上""以下"的解释:本报告中的"以上"包含本数,"以下"不包含本数,但缓刑部分除外。

家总数的 0.98%,其中 9 人被判处剥夺政治权利终身(国有企业家 5 人,民营企业家 4 人),占腐败犯罪企业家总数的 0.27%。(见表 2 - 2 - 32)

表 2 - 2 - 32　2014—2018 年腐败犯罪企业家附加刑适用特征

刑罚性质	罚金刑				没收财产		剥夺政治权利	
	单处罚金	最低(元)	最高(元)	单处＋并处	没收全部财产	总计	剥夺政治权利终身	总计
国企(人)	8	5000	10000000	491	6	124	5	19
民企(人)	3	1000	6300000	401	2	106	4	14
合计(人)	11	1000	10000000	892	8	230	9	33
占比(%)	0.33	/	/	26.53	0.24	6.84	0.27	0.98

（二）国有企业家腐败犯罪的刑事处遇总述

1. 2018 年国有企业家腐败犯罪的刑事处遇

258 名腐败犯罪国有企业家的刑事处遇总体情况如下:

25 名犯罪国有企业家被免予刑事处罚,占腐败犯罪国有企业家总数的 9.69%;2 名犯罪国有企业家被单处罚金刑,占 0.78%;8 名犯罪国有企业家被判处拘役,占 3.10%,其中 6 人被判处缓刑;223 名犯罪国有企业家被判处有期徒刑,占 86.43%,其中 97 人适用缓刑。

在 223 名被判处有期徒刑的国有企业家中,最终刑期 5 年以下的共有 173 人,占腐败犯罪国有企业家总人数的 67.05%;最终刑期为 5 年以上 10 年以下的共有 30 人,占腐败犯罪国有企业家总人数的 11.63%;最终刑期为 10 年以上 15 年以下的共有 15 人,占腐败犯罪国有企业家总数的 5.81%;最终刑期为 15 年以上 20 年以下的共有 5 人,占腐败犯罪国有企业家总数的 1.94%。

有 172 名犯罪国有企业家被判处罚金刑,占腐败犯罪国有企业家总数的 66.67%,其中罚金数额最低为 10000 元,最高为 400 万元,其中有 2 人被单处罚金刑,占腐败犯罪国有企业家总数的 0.78%;4 名国有企业家被判处没收财产,占腐败犯罪国有企业家总数的 1.55%,无人被没收全部财产;1 名犯罪国有企业家被判处剥夺政治权利,占腐败犯罪国有企业家总数的 0.39%,无人被剥夺政治权利终身。

2. 2014—2018 年国有企业家腐败犯罪的刑罚适用

1056 名腐败犯罪国有企业家的刑事处遇总体情况如下：

92 名犯罪国有企业家被免予刑事处罚，占腐败犯罪国有企业家总数的 8.71%；8 名犯罪国有企业家被单处罚金刑，占 0.76%；23 名犯罪国有企业家被判处拘役，占 2.18%，其中 21 人被判处缓刑；927 名犯罪国有企业家被判处有期徒刑，占 87.78%，其中 306 人适用缓刑；4 人被判处无期徒刑，占 0.38%；2 人被判处死刑(缓期二年执行)，占 0.19%。

在 927 名被判处有期徒刑的国有企业家中，最终刑期 5 年以下的共有 573 人，占腐败犯罪国有企业家总人数的 54.26%；最终刑期为 5 年以上 10 年以下的共有 187 人，占腐败犯罪国有企业家总人数的 17.71%；最终刑期为 10 年以上 15 年以下的共有 138 人，占腐败犯罪国有企业家总数的 13.07%；最终刑期为 15 年以上 20 年以下的共有 24 人，占腐败犯罪国有企业家总数的 2.27%；最终刑期在 20 年以上 25 年以下的共有 5 人，占腐败犯罪国有企业家总数的 0.47%。

有 491 名犯罪国有企业家被判处罚金刑，占腐败犯罪国有企业家总数的 46.50%，其中罚金数额最低为 5000 元，最高为 1000 万元，其中有 8 人被单处罚金刑，占腐败犯罪国有企业家总数的 0.76%；124 名国有企业家被判处没收财产，占腐败犯罪国有企业家总数的 11.74%，6 人被没收全部财产，占 0.57%；19 名犯罪国有企业家被判处剥夺政治权利，占腐败犯罪国有企业家总数的 1.80%，5 人被剥夺政治权利终身，占 0.47%。

(三)民营企业家腐败犯罪的刑罚适用总述

1. 2018 年民营企业家腐败犯罪的刑罚适用

690 名腐败犯罪的民营企业家的刑事处遇总体情况如下：

75 名犯罪民营企业家被免予刑事处罚，占腐败犯罪民营企业家总数的 10.87%；1 名犯罪民营企业家被判处管制，占腐败犯罪民营企业家总数的 0.14%；51 名腐败犯罪民营企业家被判处拘役，占腐败犯罪民营企业家总数的 7.39%，其中 35 人适用缓刑；563 名犯罪民营企业家被判处有期徒刑，占腐败犯罪民营企业家总数的 81.59%，其中被判缓刑的共有 308 人。

在被判处有期徒刑的 927 名腐败犯罪企业家中，最终刑期为 5 年以下的共有 508 人，占腐败犯罪民营企业家总数的 73.62%，最终刑期为 5 年以上 10 年以下的共有 42 人，占腐败犯罪民营企业家总数的 6.09%，最终刑期为 10 年以上 15 年以下的共有 11 人，占腐败犯罪民营企业家总数的 1.59%；最终刑期为 15 年以上 20 年以下的共有 2 人，占腐败犯罪民营企业家总数的 0.29%。

169 名犯罪民营企业家被判处罚金刑,占腐败犯罪民营企业家总数的 24.49%,罚金最低数额为 5000 元,最高数额为 220 万元,无人被单处罚金刑;13 名犯罪的民营企业家被判处没收财产,占腐败犯罪民营企业家总数的 1.88%,无人被判处没收全部财产;1 名犯罪民营企业家被判处剥夺政治权利,占腐败犯罪民营企业家总数的 0.14%,无人被剥夺政治权利终身。

国有和民营企业家腐败犯罪刑罚适用特征对比见表 2 - 2 - 33 和表 2 - 2 - 34。

表 2 - 2 - 33　2018 年国有与民营企业家腐败犯罪免予刑事处罚和主刑适用特征对比

刑罚性质	免予刑事处罚	管制	拘役	有期徒刑						无期徒刑
				5 年以下	5 年以上 10 年以下	10 年以上 15 年以下	15 年以上 20 年以下	20 年以上 25 年以下	总计	
国企(人)	25	0	8	173	30	15	5	0	223	0
国企(%)	9.69	0.00	3.10	67.05	11.63	5.81	1.94	0.00	86.43	0
民企(人)	75	1	51	508	42	11	2	0	563	0
民企(%)	10.87	0.14	7.39	73.62	6.09	1.59	0.29	0.00	81.59	0

表 2 - 2 - 34　2018 年国有与民营企业家腐败犯罪附加刑适用特征对比

刑罚性质	罚金刑				没收财产		剥夺政治权利	
	单处罚金	最低(元)	最高(元)	单处 + 并处	没收全部财产	总比例	剥夺政治权利终身	总比例
国企(人)	2	10000	4000000	172	0	4	0	1
国企(%)	0.78	/	/	66.67	0.00	1.55	0.00	0.39
民企(人)	0	5000	2200000	169	0	13	0	1
民企(%)	0.00	/	/	24.49	0.00	1.88	0.00	0.14

2. 2014—2018 年民营企业家腐败犯罪的刑罚适用

2306 名腐败犯罪的民营企业家的刑事处遇总体情况如下：

209 名犯罪民营企业家被免予刑事处罚，占腐败犯罪民营企业家总数的 9.06%；3 名犯罪民营企业家被单处罚金刑，占 0.13%；1 名犯罪民营企业家被判处管制，占 0.04%；128 名腐败犯罪民营企业家被判处拘役，占腐败犯罪民营企业家总数的 5.55%，其中 94 人适用缓刑；1960 名犯罪民营企业家被判处有期徒刑，占腐败犯罪民营企业家总数的 85.00%，其中被判缓刑的共有 959 人；5 人被判处无期徒刑，占 0.22%。

在被判处有期徒刑的 1960 名腐败犯罪企业家中，最终刑期为 5 年以下的共有 1587 人，占腐败犯罪民营企业家总数的 68.82%；最终刑期为 5 年以上 10 年以下的共有 275 人，占腐败犯罪民营企业家总数的 11.93%；最终刑期为 10 年以上 15 年以下的共有 85 人，占腐败犯罪的民营企业家总数的 3.69%；最终刑期为 15 年以上 20 年以下的共有 12 人，占腐败犯罪民营企业家总数的 0.52%；1 人刑期为 20 年以上 25 年以下，占腐败犯罪民营企业家总数的 0.04%。

401 名犯罪民营企业家被判处罚金刑，占腐败犯罪民营企业家总数的 17.39%，罚金最低数额为 1000 元，最高数额为 630 万元，3 人被单处罚金刑，占 0.13%；106 名犯罪的民营企业家被判处没收财产，占腐败犯罪民营企业家总数的 4.60%，2 人被判处没收全部财产，占 0.09%；14 名犯罪民营企业家被判处剥夺政治权利，占腐败犯罪民营企业家总数的 0.61%，4 人被剥夺政治权利终身，占 0.17%。

国有和民营企业家腐败犯罪刑罚适用特征对比见表 2 - 2 - 35 和表 2 - 2 - 36。

表 2 - 2 - 35　2014—2018 年国有与民营企业家腐败犯罪免予刑事处罚和主刑适用特征对比

| 刑罚
性质 | 免予
刑事
处罚 | 管制 | 拘役 | 有期徒刑 | | | | | | 无期
徒刑 | 死缓 |
				5 年 以下	5 年 以上 10 年 以下	10 年 以上 15 年 以下	15 年 以上 20 年 以下	20 年 以上 25 年 以下	总计		
国企 （人）	92	0	23	573	187	138	24	5	927	4	2
国企 （%）	8.71	0.00	2.18	54.26	17.71	13.07	2.27%	0.47	87.78	0.38	0.19

续表

刑罚性质	免予刑事处罚	管制	拘役	有期徒刑						无期徒刑	死缓
				5年以下	5年以上10年以下	10年以上15年以下	15年以上20年以下	20年以上25年以下	总计		
民企（人）	209	1	128	1587	275	85	12	1	1960	5	0
民企（%）	9.06	0.04	5.55	68.82	11.93	3.69	0.52	0.04	85.00	0.22	0.00

表 2 - 2 - 36 2014—2018 年国有与民营企业家腐败犯罪附加刑适用特征对比

刑罚性质	罚金刑				没收财产		剥夺政治权利	
	单处罚金	最低（元）	最高（元）	单处+并处	没收全部财产	总比例	剥夺政治权利终身	总比例
国企（人）	8	5000	10000000	491	6	124	5	19
国企（%）	0.76	/	/	46.50	0.57	11.74	0.47	1.80
民企（人）	3	1000	6300000	401	2	106	4	14
民企（%）	0.13	/	/	17.39	0.09	4.60	0.17	0.61

（四）基本结论

1. 比较 2018 年数据与历年数据，可以发现刑罚适用的一些基本规律

其一，企业家腐败犯罪以有期徒刑为主，每年占比均超 80%，最高比例达 94.3%（2014 年）；其二，有期徒刑中，以 5 年以下为主，占比逐年上涨，为 52% ~ 67%；其三，刑罚适用整体特征，国有企业的刑罚较民营企业更重。表现为民营企业家免予刑事处罚、拘役、5 年以下有期徒刑比重基本超过国有企业家，而 5 年以上有期徒刑及其他更重的主刑比重一般低于国有企业家。对此，原因有二：一方面，囿于公有制经济和非公有制经济保护的不平等现象体现的"重公轻私"理念，刑事立法为保护国有资产对国有企业家所涉罪名规定的刑罚更重；另一方面，传统观点认为，国有企业家犯罪侵犯的法益（公权力的廉洁性）与社会危害（与企业经营的产业和体量相关）一般较民营企业家更为多元与更大。

针对上述不平等保护现象,一项针对400名民营企业家有关产权保护观点的抽样调查显示,目前我国私有产权保护的社会环境有待优化。其中"51.7%的受访企业家认为产权保护程度一般,43.3%认为保护基本到位,5%认为保护很不到位。总体而言,企业家认为我国产权保护的力度一般;69.4%的受访企业家认为应修订相关法律,清理法律中对不同所有制经济产权不平等保护的条款……"①平等保护的提倡在政策方面逐步得到支持。党的十九大再次重申"两个毫不动摇";首次在《十九大报告》中使用"民营经济"的提法,并提出要"支持民营企业发展";"完善产权制度"以及"激发和保护企业家精神"。2014年,最高人民法院发布了《关于依法平等保护非公有制经济促进非公有制经济健康发展的意见》;2016年,最高人民检察院制定了《关于充分发挥检察职能 依法保障和促进非公经济健康发展的意见》;而在法律方面,无论是国际公约的要求还是国内其他部门法的实践,都为刑法平等保护非公经济提供了坚实的基础。

2. 2018年的刑罚适用特征

与历年和五年总数据相比,涉案企业家刑罚适用力度普遍较轻,表现在其一,免予刑事处罚的人数和比重增加;其二,本年度没有涉案企业家被判处无期徒刑或是死刑,有期徒刑仍然是腐败犯罪企业家所适用的最主要的刑罚;其三,有期徒刑中五年以下的比例,不论是民营企业还是国有企业,均呈现上升的趋势,与之形成对比的是5年以上至15年以下刑期段的比例。

3. 罚金刑适用比例逐年增加,且国企罚金最高额年均高于民企罚金最高额

腐败犯罪作为贪利性犯罪,获得经济利益是该类罪名的最大动机,各国普遍对贪利性犯罪适用罚金刑,增加涉罪者的经济成本,同时通过罚金刑剥夺其再犯的物质基础。应当注意的是,近年来,行贿人行贿的数额在"水涨船高",实践中对行贿类犯罪分子仅适用几十万或上百万的罚金,远远不能够与其行贿的数额尤其是非法获利相提并论。对于有能力输送巨额利益的犯罪分了而言,"蜻蜓点水"式的罚金刑只具有象征意义,难以起到遏制犯罪的效果。

4. 罚金刑在国有企业中适用比例高于民营企业

其比例自2016年起,就约为民营企业的3倍。结合上述1、3的结论,从中可以看出,企业家腐败犯罪的罚金适用比例过低主要是因为涉案民营企业家罚金刑适用比例过低,且数额整体远低于国有企业家。

---

① 刘现伟:《企业家亟盼进一步加强产权保护》,载《产权导刊》2017年第12期。

五、企业家腐败犯罪涉案企业特征

（一）企业家腐败犯罪涉案企业地域分布

在 2014—2018 年共 3362 人的企业家腐败犯罪中，有 3343 家企业所在地可以确定，共涉及全国 31 个省（直辖市、自治区或特别行政区）。各省份企业家犯罪数量从多到少依次为：广东 259，河南 244，浙江 225，山东 220，安徽 190，江苏 184，北京 161，河北 161，福建 160，湖北 155，上海 132，湖南 118，黑龙江 113，四川 108，吉林 106，云南 96，山西 69，辽宁 81，江西 72，重庆 71，广西 65，内蒙古 65，贵州 56，陕西 54，天津 43，新疆 35，甘肃 27，青海 23，海南 19，宁夏 13，西藏 4。

在 2014—2018 年共 1056 人的国有企业家腐败犯罪中，有 1047 家企业的所在省份明确。各省份国有企业家腐败犯罪数量从多到少依次为：河南 88，山东 80，安徽 67，北京 63，浙江 57，福建 53，河北 50，湖北 44，四川 43，江苏 42，广东 39，黑龙江 39，湖南 38，上海 37，山西 36，云南 36，重庆 31，内蒙古 24，江西 23，辽宁 23，贵州 22，广西 21，陕西 19，吉林 17，天津 15，新疆 12，甘肃 10，青海 9，海南 8，西藏 1。

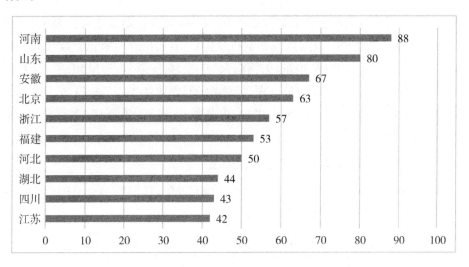

图 2-2-11　国有企业家腐败犯罪数量前十省份

在 2014—2018 年共 2306 人的民营企业家腐败犯罪中，有 2298 家企业的所在省份明确。各省份民营企业家犯罪数量从多到少依次为：广东 220，浙江 168，河南 156，江苏 142，山东 140，安徽 123，河北 111，湖北 111，福建 107，北京 98，上海 95，吉林 89，湖南 80，黑龙江 74，四川 65，云南 60，辽宁 58，江西 49，山西 49，广西 44，内蒙古41,重庆40,陕西35,贵州34,天津28,新疆23,甘肃17,青海14,宁夏13,海南11,西藏3。

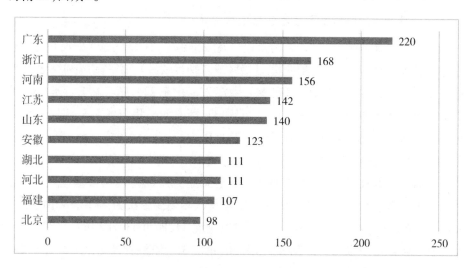

图2-2-12 民营企业家腐败犯罪数量前十省份

2018年共948人的企业家腐败犯罪中,有945家企业所在地可以确定,共涉及全国31个省(直辖市、自治区或特别行政区)。各省份企业家犯罪数量从多到少依次为:广东94,湖北62,山东59,河南56,江苏54,安徽52,四川50,河北49,湖南44,福建43,云南38,吉林35,江西32,上海32,黑龙江31,广西29,浙江26,北京24,贵州23,重庆19,山西15,天津14,内蒙古12,陕西12,新疆12,辽宁12,海南5,青海5,甘肃4,宁夏1,西藏1。

(二)企业家腐败犯罪涉案企业产业类型

在2014—2018年共3362人的企业家腐败犯罪中,有3187家企业的产业类型明确。各产业类型的分布情况见下表:

表2-2-37 2014—2018年企业家腐败犯罪产业类型分布表

产业类型	人数	比例
农、林、牧、渔业	121	3.60%
采矿业	90	2.68%
制造业	770	22.90%
电力、热力、燃气及水的生产和供应业	167	4.97%
环境和公共设施管理业	50	1.49%

续表

产业类型	人数	比例
建筑业	389	11.57%
交通运输、仓储业和邮政业	186	5.53%
信息传输、计算机服务和软件业	108	3.21%
批发和零售业	238	7.08%
住宿、餐饮业	32	0.95%
金融、保险业	176	5.23%
房地产业	212	6.31%
租赁和商务服务业	74	2.20%
科学研究、技术服务和地质勘查业	57	1.70%
水利、环境和公共设施管理业	50	1.49%
居民服务和其他服务业	81	2.41%
教育	16	0.48%
卫生、社会保障和社会服务业	51	1.52%
文化、体育、娱乐业	69	2.05%
综合(含投资类、主业不明显)	94	2.80%
其他	156	4.64%
不明	175	5.21%

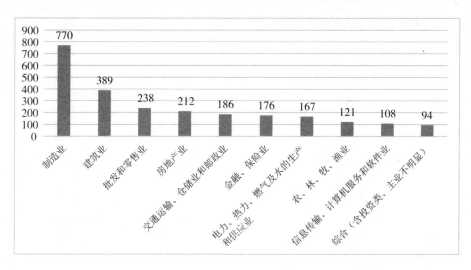

图2－2－13　2014—2018年企业家腐败犯罪产业类型前十分布图

在2014—2018年共1056人的国有企业家腐败犯罪中,有1012家企业的产业类型明确,各产业类型的分布情况见下表:

表2-2-38 2014—2018年国有企业家腐败犯罪产业类型分布表

产业类型	人数	比例
农、林、牧、渔业	52	4.92%
采矿业	40	3.79%
制造业	192	18.18%
电力、热力、燃气及水的生产和供应业	110	10.42%
环境和公共设施管理业	23	2.18%
建筑业	117	11.08%
交通运输、仓储业和邮政业	74	7.01%
信息传输、计算机服务和软件业	37	3.50%
批发和零售业	44	4.17%
住宿、餐饮业	6	0.57%
金融、保险业	85	8.05%
房地产业	37	3.50%
租赁和商务服务业	16	1.52%
科学研究、技术服务和地质勘查业	15	1.42%
水利、环境和公共设施管理业	30	2.84%
居民服务和其他服务业	19	1.80%
教育	7	0.66%
卫生、社会保障和社会服务业	14	1.33%
文化、体育、娱乐业	24	2.27%
综合(含投资类、主业不明显)	42	3.98%
其他	28	2.65%
不明	44	4.17%

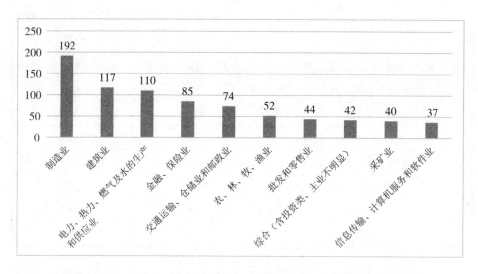

图 2 - 2 - 14 2014—2018 年国有企业家腐败犯罪产业类型前十分布图

在 2014—2018 年共 2306 人的民营企业家腐败犯罪中,有 2175 家企业的产业类型明确。各产业类型的分布情况见下表:

表 2 - 2 - 39 2014—2018 年民营企业家腐败犯罪产业类型分布表

产业类型	人数	比例
农、林、牧、渔业	69	2.99%
采矿业	50	2.17%
制造业	578	25.07%
电力、热力、燃气及水的生产和供应业	57	2.47%
环境和公共设施管理业	27	1.17%
建筑业	272	11.80%
交通运输、仓储业和邮政业	112	4.86%
信息传输、计算机服务和软件业	71	3.08%
批发和零售业	194	8.41%
住宿、餐饮业	26	1.13%
金融、保险业	91	3.95%
房地产业	175	7.59%
租赁和商务服务业	58	2.52%
科学研究、技术服务和地质勘查业	42	1.82%

续表

产业类型	人数	比例
水利、环境和公共设施管理业	20	0.87%
居民服务和其他服务业	62	2.69%
教育	9	0.39%
卫生、社会保障和社会服务业	37	1.60%
文化、体育、娱乐业	45	1.95%
综合(含投资类、主业不明显)	52	2.25%
其他	128	5.55%
不明	131	5.68%

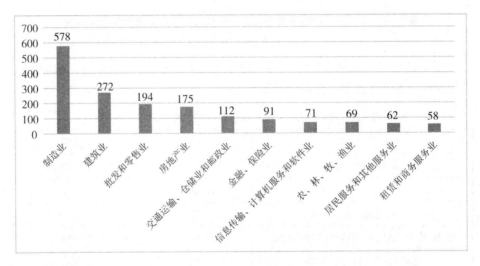

图 2 - 2 - 15　2014—2018 年民营企业家腐败犯罪产业类型前十分布图

2018 年共 948 人的企业家腐败犯罪中,有 948 家企业的产业类型明确。各产业类型的分布情况见下表:

表 2 - 2 - 40　2018 年企业家腐败犯罪产业类型分布表

产业类型	人数	比例
制造业	190	20.04%
建筑业	153	16.14%
批发和零售业	111	11.71%

产业类型	人数	比例
房地产业	64	6.75%
金融、保险业	50	5.27%
农、林、牧、渔业	40	4.22%
交通运输、仓储业和邮政业	39	4.11%
电力、热力、燃气及水的生产和供应业	38	4.01%
采矿业	30	3.16%
综合(含投资类、主业不明显)	29	3.06%
信息传输、计算机服务和软件业	28	2.95%
水利、环境和公共设施管理业	28	2.95%
卫生、社会保障和社会服务业	20	2.11%
环境和公共设施管理业	17	1.79%
租赁和商务服务业	17	1.79%
居民服务和其他服务业	15	1.58%
文化、体育、娱乐业	15	1.58%
科学研究、技术服务和地质勘查业	11	1.16%
住宿、餐饮业	9	0.95%
教育	8	0.84%
其他	16	1.69%
不明	20	2.11%

(三)涉案企业规模与罪名的对比分析

在2014—2018年共3362人的企业家腐败犯罪中,其中大型企业共1021人,中小型企业共2341人。涉案企业规模与罪名的具体分布如下:

表2－2－41　大型企业涉案罪名分布情况

罪名	人次	百分比
受贿罪	311	15.39%
贪污罪	176	8.71%

罪名	人次	百分比
职务侵占罪	172	8.51%
挪用资金罪	110	5.44%
挪用公款罪	67	3.32%
单位行贿罪	60	2.97%
非国家工作人员受贿罪	43	2.13%
私分国有资产罪	38	1.88%
行贿罪	36	1.78%
对非国家工作人员行贿罪	4	0.20%
单位受贿罪	1	0.05%
对单位行贿罪	1	0.05%
介绍贿赂罪	1	0.05%
利用影响力受贿罪	1	0.05%

表 2 - 2 - 42　中小型企业涉案罪名分布情况

罪名	人次	百分比
职务侵占罪	586	25.03%
单位行贿罪	435	18.58%
行贿罪	332	14.18%
挪用资金罪	308	13.16%
非国家工作人员受贿罪	184	7.86%
受贿罪	170	7.26%
贪污罪	164	7.01%
挪用公款罪	82	3.50%
对非国家工作人员行贿罪	28	1.20%
私分国有资产罪	25	1.07%
对单位行贿罪	9	0.38%

续表

罪名	人次	百分比
单位受贿罪	4	0.17%
介绍贿赂罪	4	0.17%
利用影响力受贿罪	4	0.17%
单位行贿罪	3	0.13%
对有影响力的人行贿罪	3	0.13%

通过对比分析可见,在大型企业中,高发罪名里排名前五的为受贿罪、贪污罪、职务侵占罪、挪用资金罪、挪用公款罪。在中小型企业中,高发罪名里排名前五的为职务侵占罪、单位行贿罪、行贿罪、挪用资金罪、非国家工作人员受贿罪。同时大型企业共涉及 14 个罪名分布,中小型企业涉及 16 个罪名分布。

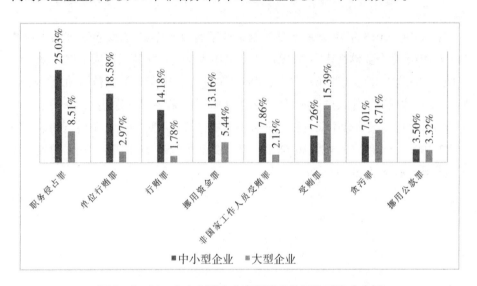

图 2 - 2 - 16 大中小型企业高发罪名前五位对比分布图

在 2014—2018 年共 1056 人的国有企业家腐败犯罪中,共有 1012 人案件企业规模明确,其中大型企业涉案人员共 652 人,中小型企业涉案人员共 404 人。其中大型企业涉案的高频罪名中前五位是受贿罪(291 人,44.63%)、贪污罪(172 人,26.38%)、挪用公款罪(60 人,9.20%)、私分国有资产罪(38 人,5.83%)、职务侵占罪(33 人,5.06%)。中小型企业涉案的高频罪名中前五位是受贿罪(143 人,35.40%)、贪污罪(128 人,31.68%)、挪用公款罪(63 人,15.59%)、私分国有资产罪(23 人,5.69%)、挪用资金罪(11 人,2.72%)。

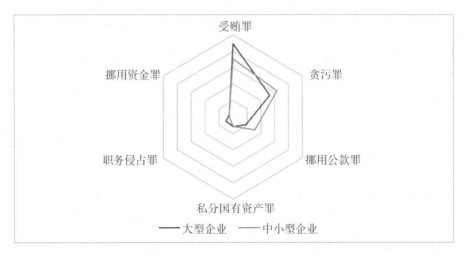

图2-2-17 国有企业中大中小型企业高发罪名前五位对比分布图

在2014—2018年共2306人的民营企业家腐败犯罪中,大型企业涉案人员共369人,中小型企业涉案人员共1937人。其中大型企业涉案的高频罪名前五位是职务侵占罪(139人,37.67%)、挪用资金罪(92人,24.93%)、单位行贿罪(48人,13.01%)、非国家工作人员受贿罪(31人,8.40%)、行贿罪(23人,占6.23%)。中小型企业涉案的高频罪名前五位是职务侵占罪(577人,29.79%)、单位行贿罪(428人,22.10%)、行贿罪(323人,16.68%)、挪用资金罪(297人,15.33%)、非国家工作人员受贿罪(178人,9.19%)。

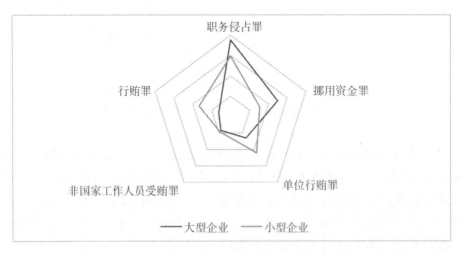

图2-2-18 民营企业中大中小型企业高发罪名前五位对比分布图

2018 年共 948 人的企业家腐败犯罪中,大型企业有 279 家,中小型企业有 669 家,其罪名分布情况如下:

表 2 - 2 - 43　2018 年大型企业涉案罪名分布情况

职务侵占罪	65	23.30%
受贿罪	60	21.51%
挪用资金罪	45	16.13%
贪污罪	37	13.26%
行贿罪	19	6.81%
挪用公款罪	16	5.73%
非国家工作人员受贿罪	15	5.38%
单位行贿罪	12	4.30%
私分国有资产罪	7	2.51%
对非国家工作人员行贿罪	2	0.72%
利用影响力受贿罪	1	0.36%

表 2 - 2 - 44　2018 年中小型企业涉案罪名分布情况

行贿罪	156	23.32%
单位行贿罪	150	22.42%
职务侵占罪	110	16.44%
挪用资金罪	102	15.25%
贪污罪	57	8.52%
受贿罪	28	4.19%
非国家工作人员受贿罪	21	3.14%
挪用公款罪	21	3.14%
私分国有资产罪	9	1.35%
对非国家工作人员行贿罪	7	1.05%
对单位行贿罪	3	0.45%
利用影响力受贿罪	3	0.45%
对有影响力的人行贿罪	2	0.30%

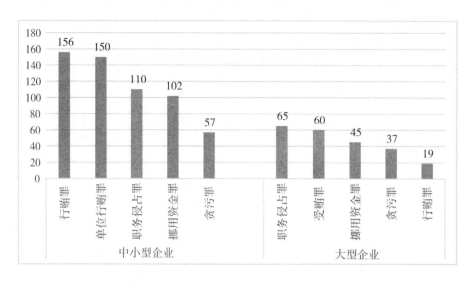

图 2 - 2 - 19　2018 年大中小型企业前五位罪名分布图

（四）基本结论

在企业家腐败犯罪高发地区方面,2014—2018 年企业家腐败犯罪高发的前十名省级行政区为:广东 259,河南 244,浙江 225,山东 220,安徽 190,江苏 184,北京 161,河北 161,福建 160,湖北 155,均为人口较多、经济较为发达的东部、中部省市。其中,腐败犯罪的贪利性,决定了腐败犯罪首先主要集中于人口密集、经济发展区域(如长三角和珠三角地区)。根据地理学家胡焕庸提出的划分人口密度的"胡焕庸线"①,基本能够涵盖所有企业家腐败犯罪的高发区域。而国有企业的腐败犯罪的高发区域,则还需要考虑国有企业在国家产业布局的分布情况,如作为老工业基地的东北存在大量的国企,国有企业家腐败犯罪就可能相对高发。

在企业产业类型分布方面,所有产业均涉及腐败犯罪,但其中以制造业、建筑业、批发和零售业、房地产业更为突出,这些行业的涉案人数均在 200 人以上。其中,与 2014—2018 年数据相比,批发零售业超过房地产业和交通运输等行业成为

① 这条线从黑龙江省瑷珲(1956 年改称爱辉,1983 年改称黑河市)到云南省腾冲,大致为倾斜 45 度基本直线。线东南方 36% 国土居住着 96% 人口(根据 2000 年第五次全国人口普查资料,利用 ArcGIS 进行的精确计算表明,按胡焕庸线计算而得的东南半壁占全国国土面积 43.8%、总人口 94.1%)。"胡焕庸线"在某种程度上也成为城镇化水平的分割线。这条线的东南各省区市,绝大多数城镇化水平高于全国平均水平;而这条线的西北各省区,绝大多数低于全国平均水平。

第三腐败风险高发产业。同时,需要关注的是:其一,腐败犯罪涉案企业的产业类型分布很大程度与企业的数量有关,例如,根据 2018 中国统计年鉴,腐败犯罪高发产业类型的批发零售业、制造业、建筑业和房地产业企业的数量排名长期位居前列。其二,产业的性质和结构亦会决定腐败犯罪的分布,如 2018 年农、林、牧、渔业企业达致 1926771 家,租赁和商务服务业 2242096 家,但与之对应的腐败犯罪率仅为 7.08% 和 2.20%。其三,企业的产权性质对腐败犯罪的产业类型影响较大。2014—2018 年民营企业腐败犯罪仅有 57 例来自电力、热力等业,主要是因为掌控该自然资源类的企业均为国有独资或国有控股企业。不过,根据《国务院关于国有企业发展混合所有制经济的意见》规划:"石油天然气主干管网、电网等,根据不同行业领域特点实行网运分开、主辅分离,除对自然垄断环节的管网实行国有独资或绝对控股外。"可以预见,未来公有制企业会接受更多的非公有制经济成分,势必会对腐败犯罪的产业类型分布产生相应影响。

企业规模与罪名关系方面存在较高的关联性。在大型企业中,高发罪名为受贿罪、职务侵占罪、贪污罪、挪用资金罪、非国家工作人用受贿罪;在中小型企业中,高发罪名为职务侵占罪、单位行贿罪、挪用资金罪、受贿罪、行贿罪。其中,大型企业共涉及 14 个罪名分布,中小型企业涉及 16 个罪名分布。同时,在国有企业或者民营企业当中,不论是大型企业还是中小型企业,腐败犯罪的高发分布情况不因企业的规模变化而变化,不论是中小型企业还是大型企业,侵占、挪用及贿赂型罪名始终居其腐败犯罪罪名的高频行列。

六、企业家腐败犯罪高频罪名分析

(一)企业家腐败犯罪高频罪名概况

1. 2018 年企业家腐败犯罪高频罪名

2018 年企业家腐败犯罪频次共计 991 次,共涉及 15 个罪名。本统计年度触犯频次最高的前五个罪名分别是:职务侵占罪 179 次,行贿罪 178 次,单位行贿罪 163 次,挪用资金罪 150 次,贪污罪 102 次。

2018 年国有企业家腐败犯罪频次共计 289 次,共涉及 11 个罪名。本统计年度触犯频率最高的五个罪名是:贪污罪 92 次,受贿罪 87 次,挪用公款罪 41 次,私分国有资产罪 18 次,挪用资金罪 15 次。

2018 年民营企业家腐败犯罪频次共计 702 次,共涉及 12 个罪名。本统计年度触犯频率最高的五个罪名是:职务侵占罪 169 次,行贿罪 166 次,单位行贿罪 159 次,挪用资金罪 135 次,非国家工作人员受贿罪 32 次。

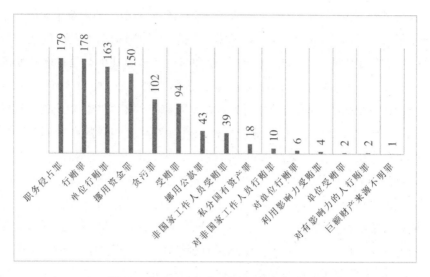

图 2 – 2 – 20 2018 年企业家腐败犯罪总况

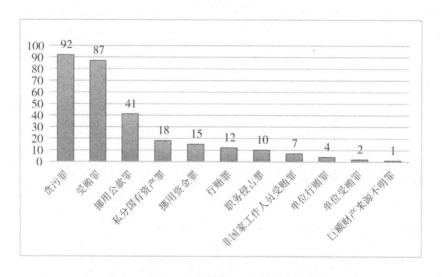

图 2 – 2 – 21 2018 年国有企业家腐败犯罪总况

2. 2014—2018 年腐败犯罪高频罪名

2014—2018 年企业家腐败犯罪频次共计 3635 次,共涉及 16 个罪名。在五个统计年度内触犯频次最高的前五个罪名分别是:职务侵占罪 792 次,受贿罪 530 次,单位行贿罪 508 次,挪用资金罪 440 次,行贿罪 394 次。

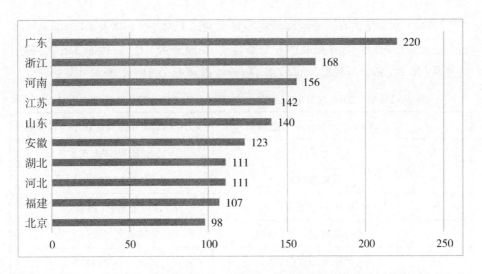

图 2-2-22　2018 年民营企业家腐败犯罪总况

表 2-2-45　2018 年与 2014—2018 年企业家腐败犯罪高频罪名对比

	2018 年高频罪名	2014—2018 年高频罪名
1	职务侵占罪（179 次）	职务侵占罪（792 次）
2	行贿罪（178 次）	受贿罪（530 次）
3	单位行贿罪（163 次）	单位行贿罪（508 次）
4	挪用资金罪（150 次）	挪用资金罪（440 次）
5	贪污罪（102 次）	行贿罪（394 次）

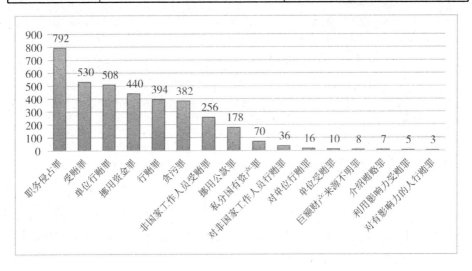

图 2-2-23　2014—2018 年企业家腐败犯罪情况

2014—2018 年国有企业家腐败犯罪频次共计 1215 次，共涉及 13 个罪名。本五个统计年度内触犯频率最高的五个罪名是：受贿罪 481 次，贪污罪 338 次，挪用公款罪 146 次，私分国有资产罪 67 次，职务侵占罪 48 次。

表 2 - 2 - 46　2018 年与 2014—2018 年国有企业家腐败犯罪高频罪名对比

	2018 年国有企业家高频罪名	2014—2018 年国有企业家高频罪名
1	贪污罪（92 次）	受贿罪（481 次）
2	受贿罪（87 次）	贪污罪（338 次）
3	挪用公款罪（41 次）	挪用公款罪（146 次）
4	私分国有资产罪（18 次）	私分国有资产罪（67 次）
5	挪用资金罪（15 次）	职务侵占罪（48 次）

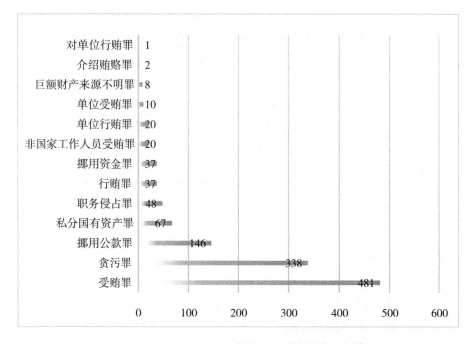

图 2 - 2 - 24　2014—2018 年国有企业家腐败犯罪情况

2014—2018 年民营企业家腐败犯罪频次共计 2420 次，共涉及 14 个罪名。在五个统计年度内触犯频率最高的五个罪名是：职务侵占罪 744 次，单位行贿罪 488 次，挪用资金罪 403 次，行贿罪 357 次，非国家工作人员受贿罪 236 次。

表2-2-47 2018年与2014—2018年民营企业家腐败犯罪高频罪名对比

	2018年民营企业家高频罪名	2014—2018年民营企业家高频罪名
1	职务侵占罪(169次)	职务侵占罪(744次)
2	行贿罪(166次)	单位行贿罪(488次)
3	单位行贿罪(159次)	挪用资金罪(403次)
4	挪用资金罪(135次)	行贿罪(357次)
5	非国家工作人员受贿罪(32次)	非国家工作人员受贿罪(236次)

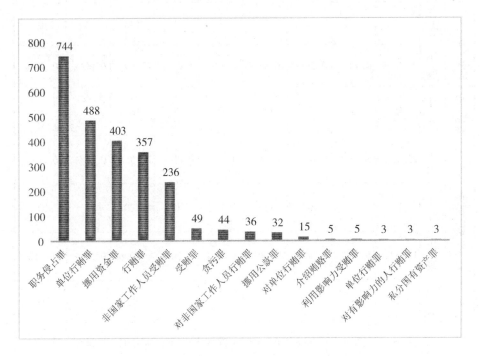

图2-2-25 2014—2018年民营企业家腐败犯罪情况

(二)企业家腐败犯罪高频罪名的刑罚适用

1. 2018年企业家腐败犯罪各高频罪名适用概况

(1)2018年高频罪名的主刑适用情况

表 2 - 2 - 48　2018 年高频罪名的主刑适用情况

刑罚 罪名		免予刑事处罚	拘役	管制	有期徒刑				无期徒刑	死刑（含死缓）
					5 年以下	5 年以上 10 年以下	10 年以上	总计		
职务侵占罪	计数	2	10	0	134	28	5	167	0	0
	比例	1.12%	5.59%	0.00%	74.86%	15.64%	2.79%	93.30%	0.00%	0.00%
行贿罪	计数	23	12	0	137	3	3	143	0	0
	比例	12.92%	6.74%	0.00%	76.97%	1.69%	1.69%	79.89%	0.00%	0.00%
单位行贿罪	计数	41	6	1	115	0	0	115	0	0
	比例	25.15%	3.68%	0.61%	70.55%	0.00%	0.00%	70.55%	0.00%	0.00%
挪用资金罪	计数	22	8	0	111	9	0	120	0	0
	比例	14.67%	5.33%	0.00%	74.00%	6.00%	0.00%	80.00%	0.00%	0.00%
贪污罪	计数	7	3	0	80	7	5	92	0	0
	比例	6.86%	2.94%	0.00%	78.43%	6.86%	4.90%	90.20%	0.00%	0.00%

（2）2018 年高频罪名的附加刑适用情况

表 2 - 2 - 49　2018 年高频罪名的附加刑适用情况

附加刑 罪名		罚金刑	没收财产	剥夺政治权利
职务侵占罪	计数	2	12	1
	比例	1.12%	6.70%	0.56%

罪名＼附加刑		罚金刑	没收财产	剥夺政治权利
行贿罪	计数	83	3	0
	比例	46.63%	1.69%	0.00%
单位行贿罪	计数	49	0	0
	比例	30.06%	0.00%	0.00%
挪用资金罪	计数	4	0	0
	比例	2.67%	0.00%	0.00%
贪污罪	计数	90	0	0
	比例	88.24%	0.00%	0.00%

表 2-2-50　2018 年高频罪名的罚金适用情况

	最高罚金（元）	最高罚金对应的最高涉案金额(元)	最低罚金（已判处罚金）（元）	最低罚金对应的最低涉案金额(元)	罚金适用率
职务侵占罪	200000	22149845	2000	66920	1.12%
行贿罪	1500000	1260000	20000	100000	46.63%
单位行贿罪	200000	10000000	20000	1150000	30.06%
挪用资金罪	600000	3000000	50000	100000	2.67%
贪污罪	2000000	8000000	10000	106558	88.24%

2. 2014—2018 年企业家腐败犯罪各高频罪名适用概况

(1)2014—2018 年高频罪名的主刑适用情况

表 2-2-51　2014—2018 年高频罪名的主刑适用情况

罪名＼刑罚		免予刑事处罚	拘役	管制	有期徒刑				无期徒刑	死刑（含死缓）
					5 年以下	5 年以上10 年以下	10 年以上	总计		
职务侵占罪	计数	5	30	0	532	182	41	756	2	0
	比例	0.63%	3.79%	0.00%	67.17%	22.98%	5.18%	95.45%	0.25%	0.00%

刑罚 罪名		免予刑事处罚	拘役	管制	有期徒刑				无期徒刑	死刑（含死缓）
					5年以下	5年以上10年以下	10年以上	总计		
受贿罪	计数	31	4	0	279	101	112	492	2	1
	比例	6.42%	0.75%	0.00%	52.64%	19.06%	21.13%	92.83%	0.38%	0.19%
单位行贿罪	计数	130	32	1	340	0	0	340	0	0
	比例	25.59%	6.30%	0.20%	66.93%	0.00%	0.00%	66.93%	0.00%	0.00%
挪用资金罪	计数	21	39	0	325	54	1	380	0	0
	比例	4.77%	8.86%	0.00%	73.86%	12.27%	0.23%	86.36%	0.00%	0.00%
行贿罪	计数	42	20	0	301	21	10	332	1	0
	比例	11.02%	5.25%	0.00%	79.00%	6.30%	2.62%	87.14%	0.26%	0.00%

（2）2014—2018年高频罪名的附加刑适用情况

表2－2－52 2014—2018年高频罪名的附加刑适用情况

罪名	附加刑	罚金刑	没收财产	剥夺政治权利
职务侵占罪	计数	23	63	5
	比例	2.90%	7.95%	0.63%
受贿罪	计数	281	92	13
	比例	53.02%	17.36%	2.45%
单位行贿罪	计数	111	3	3
	比例	21.85%	0.59%	0.59%

续表

罪名 ╲ 附加刑		罚金刑	没收财产	剥夺政治权利
挪用资金罪	计数	8	5	2
	比例	1.82%	1.14%	0.45%
行贿罪	计数	134	11	2
	比例	34.01%	2.79%	0.51%

表2-2-53　2014—2018年高频罪名的罚金适用情况

	最高罚金（元）	最高罚金对应的最高涉案金额（元）	最低罚金（已判处罚金）（元）	最低罚金对应的最低涉案金额（元）	罚金适用率
职务侵占罪	500000	10297728	2000	66920	2.90%
受贿罪	10000000	27940000	20000	130000	53.02%
单位行贿罪	2000000	10000000	20000	290000	21.85%
挪用资金罪	600000	3000000	20000	163827	1.82%
行贿罪	2000000	27185484	8000	92000	34.01%

（三）企业家腐败犯罪高频罪名的潜伏期

1. 2018年企业家腐败犯罪高频罪名的潜伏期

（1）2018年企业家腐败犯罪高频罪名潜伏期

表2-2-54　2018年腐败犯罪高频罪名潜伏期（含比例）

	职务侵占罪	行贿罪	单位行贿罪	挪用资金罪	贪污罪
5年以下	114（63.69%）	30（16.85%）	24（14.72%）	83（55.33%）	15（14.71%）
5年以上10年以下	52（29.05%）	106（59.55%）	89（54.60%）	59（39.33%）	59（57.84%）
10年以上15年以下	8（4.47%）	34（19.10%）	39（23.93%）	5（3.33%）	13（12.75%）
15年以上20年以下	3（1.68%）	7（3.93%）	11（6.75%）	1（0.67%）	5（4.90%）

续表

	职务侵占罪	行贿罪	单位行贿罪	挪用资金罪	贪污罪
20 年以上	1 （0.56%）	1 （0.56%）	0 （0.00%）	1 （0.67%）	10 （9.80%）
潜伏期不明	1 （0.56%）	0 （0.00%）	0 （0.00%）	1 （0.67%）	0 （0.00%）
总计	179 （100.00%）	178 （100.00%）	163 （100.00%）	150 （100.00%）	102 （100.00%）

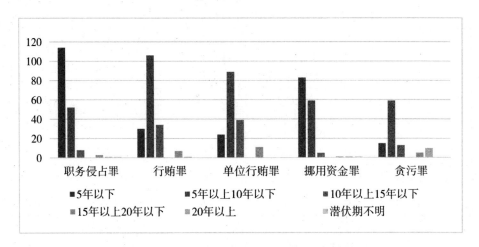

图 2 - 2 - 26　2018 年腐败犯罪高频罪名潜伏期

（2）2018 年国有企业家腐败犯罪高频罪名潜伏期

表 2 - 2 - 55　2018 年国有企业家腐败犯罪高频罪名潜伏期（含比例）

	贪污罪	受贿罪	挪用公款罪	私分国有资产罪	挪用资金罪
5 年以下	13 （14.13%）	13 （14.94%）	16 （39.02%）	1 （5.56%）	4 （26.67%）
5 年以上 10 年以下	54 （58.70%）	46 （52.87%）	17 （41.46%）	8 （44.44%）	11 （73.33%）
10 年以上 15 年以下	11 （11.96%）	16 （18.39%）	7 （17.07%）	3 （16.67%）	0 （0.00%）

续表

	贪污罪	受贿罪	挪用公款罪	私分国有资产罪	挪用资金罪
15年以上 20年以下	5 (5.43%)	10 (11.49%)	1 (2.44%)	4 (22.22%)	0 (0.00%)
20年以上	9 (9.78%)	2 (2.30%)	0 (0.00%)	2 (11.11%)	0 (0.00%)
潜伏期不明	0 (0.00%)	0 (0.00%)	0 (0.00%)	0 (0.00%)	0 (0.00%)
总计	92 (100.00%)	87 (100.00%)	41 (100.00%)	18 (100.00%)	15 (100.00%)

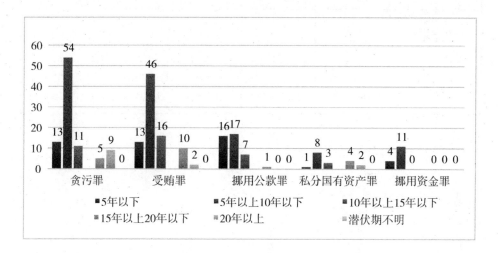

图2-2-27　2018年国有企业家腐败犯罪高频罪名潜伏期

(3)2018年民营企业家腐败犯罪高频罪名潜伏期

表2-2-56　2018年民营企业家腐败犯罪高频罪名潜伏期(含比例)

	职务侵占罪	行贿罪	单位行贿罪	挪用资金罪	非国家工作人员受贿罪
5年以下	112 (66.27%)	27 (16.27%)	24 (15.09%)	79 (58.52%)	20 (62.50%)

	职务侵占罪	行贿罪	单位行贿罪	挪用资金罪	非国家工作人员受贿罪
5 年以上 10 年以下	47 （27.81%）	98 （59.04%）	89 （55.97%）	48 （35.56%）	12 （37.50%）
10 年以上 15 年以下	6 （3.55%）	33 （19.88%）	36 （22.64%）	5 （3.70%）	0 （0.00%）
15 年以上 20 年以下	2 （1.18%）	7 （4.22%）	10 （6.29%）	1 （0.74%）	0 （0.00%）
20 年以上	1 （0.59%）	1 （0.60%）	0 （0.00%）	1 （0.74%）	0 （0.00%）
潜伏期不明	1 （0.59%）	0 （0.00%）	0 （0.00%）	1 （0.74%）	0 （0.00%）
总计	169 （100.00%）	166 （100.00%）	159 （100.00%）	135 （100.00%）	32 （100.00%）

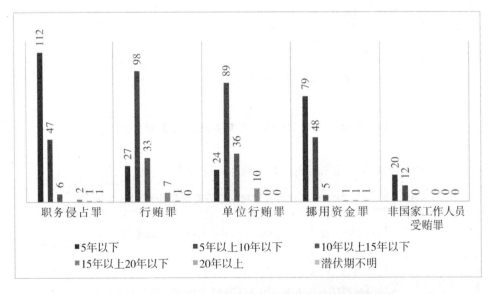

图 2－2－28　2018 年民营企业家腐败犯罪高频罪名潜伏期

2. 2014—2018 年企业家腐败犯罪高频罪名的潜伏期

(1)2014—2018 年企业家腐败犯罪高频罪名潜伏期

表 2 - 2 - 57 2014—2018 年企业家腐败犯罪高频罪名潜伏期(含比例)

	职务侵占罪	受贿罪	单位行贿罪	挪用资金罪	行贿罪
5 年以下	563 (71.09%)	156 (29.43%)	123 (24.21%)	294 (66.82%)	110 (27.92%)
5 年以上 10 年以下	141 (17.80%)	225 (42.45%)	252 (49.61%)	113 (25.58%)	182 (46.19%)
10 年以上 15 年以下	22 (2.78%)	80 (15.09%)	82 (16.14%)	15 (3.41%)	55 (13.96%)
15 年以上 20 年以下	9 (1.14%)	16 (2.86%)	9 (1.77%)	2 (0.45%)	11 (2.79%)
20 年以上	1 (0.13%)	5 (0.94%)	0 (0.00%)	1 (0.23%)	1 (0.25%)
潜伏期不明	56 (7.07%)	48 (9.06%)	42 (8.27%)	15 (3.41%)	35 (8.88%)
总计	792 (100.00%)	530 (100.00%)	508 (100.00%)	440 (100.00%)	394 (100.00%)

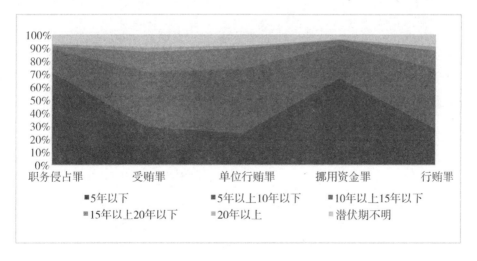

图 2 - 2 - 29 2014—2018 年企业家腐败犯罪高频罪名潜伏期

（2）2014—2018 年国有企业家腐败犯罪高频罪名潜伏期

表 2 - 2 - 58　2014—2018 年国有企业家腐败犯罪高频罪名潜伏期（含比例）

	受贿罪	贪污罪	挪用公款罪	私分国有资产罪	职务侵占罪
5 年以下	140 （29.11%）	113 （33.43%）	63 （43.15%）	25 （37.31%）	22 （45.83%）
5 年以上 10 年以下	212 （44.07%）	134 （39.64%）	51 （34.93%）	24 （35.82%）	16 （33.33%）
10 年以上 15 年以下	69 （14.35%）	41 （12.13%）	16 （10.96%）	8 （11.94%）	1 （2.08%）
15 年以上 20 年以下	15 （3.12%）	17 （5.03%）	6 （4.11%）	5 （7.46%）	2 （4.17%）
20 年以上	5 （1.04%）	4 （1.18%）	0 （0.00%）	2 （2.99%）	0 （0.00%）
潜伏期不明	40 （8.32%）	29 （8.58%）	10 （6.85%）	3 （4.48%）	7 （14.58%）
总计	481 （100.00%）	338 （100.00%）	146 （100.00%）	67 （100.00%）	48 （100.00%）

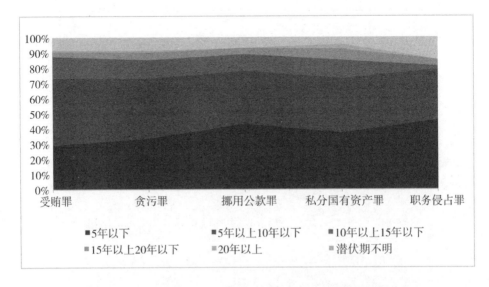

图 2 - 2 - 30　2014—2018 年国有企业家腐败犯罪高频罪名潜伏期

(3)2014—2018 年民营企业家腐败犯罪高频罪名潜伏期

表 2 - 2 - 59 2014—2018 年民营企业家腐败犯罪高频罪名潜伏期(含比例)

	职务侵占罪	单位行贿罪	挪用资金罪	行贿罪	非国家工作人员受贿罪
5 年以下	541 (72.72%)	118 (24.18%)	271 (67.25%)	103 (28.85%)	151 (63.99%)
5 年以上 10 年以下	125 (16.80%)	245 (50.20%)	101 (25.06%)	164 (45.94%)	55 (23.31%)
10 年以上 15 年以下	21 (2.82%)	80 (16.39%)	14 (3.47%)	47 (13.17%)	6 (2.54%)
15 年以上 20 年以下	7 (0.94%)	8 (1.64%)	1 (0.25%)	10 (2.80%)	4 (1.69%)
20 年以上	1 (0.13%)	0 (0.00%)	1 (0.25%)	1 (0.28%)	0 (0.00%)
潜伏期不明	49 (6.59%)	37 (7.58%)	15 (3.72%)	32 (8.96%)	20 (8.47%)
总计	744 (100.00%)	488 (100.00%)	403 (100.00%)	357 (100.00%)	236 (100.00%)

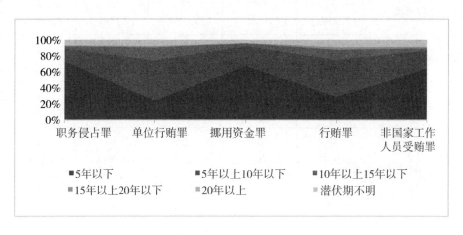

图 2 - 2 -31 2014—2018 年民营企业家腐败犯罪高频罪名潜伏期

（四）企业家腐败犯罪高频罪名的发案环节

1. 2018 年企业家腐败犯罪高频罪名的发案环节

（1）2018 年企业家腐败犯罪高频罪名的发案环节

表 2－2－60　2018 年企业家腐败犯罪高频罪名发案环节（含比例）

	职务侵占罪	行贿罪	单位行贿罪	挪用资金罪	贪污罪
日常经营	87 (48.60%)	65 (36.52%)	65 (39.88%)	62 (41.33%)	36 (35.29%)
财务管理	38 (21.23%)	21 (11.80%)	7 (4.29%)	47 (31.33%)	25 (24.51%)
产品生产	6 (3.35%)	0 (0.00%)	1 (0.61%)	4 (2.67%)	8 (7.84%)
贸易活动	15 (8.38%)	4 (2.25%)	13 (7.98%)	12 (8.00%)	3 (2.94%)
融资活动	6 (3.35%)	2 (1.12%)	1 (0.61%)	5 (3.33%)	2 (1.96%)
薪资管理	4 (2.23%)	2 (1.12%)	1 (0.61%)	8 (5.33%)	9 (8.82%)
工程承揽	4 (2.23%)	62 (34.83%)	58 (35.58%)	3 (2.00%)	3 (2.94%)
物资采购	10 (5.59%)	4 (2.25%)	1 (0.61%)	3 (2.00%)	4 (3.92%)
公司设立变更	1 (0.56%)	1 (0.56%)	1 (0.61%)	3 (2.00%)	1 (0.98%)
人事变动	0 (0.00%)	0 (0.00%)	0 (0.00%)	0 (0.00%)	1 (0.98%)
多环节	0 (0.00%)	2 (1.12%)	1 (0.61%)	0 (0.00%)	3 (2.94%)
环节不明	8 (4.47%)	15 (8.43%)	14 (8.59%)	3 (2.00%)	7 (6.86%)
总计	179 (100.00%)	178 (100.00%)	163 (100.00%)	150 (100.00%)	102 (100.00%)

（2）2018 年国有企业家腐败犯罪高频罪名的发案环节

表 2 - 2 - 61 2018 年国有企业家腐败犯罪高频罪名发案环节（含比例）

	贪污罪	受贿罪	挪用公款罪	私分国有资产罪	挪用资金罪
日常经营	33 （35.87%）	36 （41.38%）	19 （46.34%）	9 （50.00%）	1 （6.67%）
财务管理	22 （23.91%）	2 （2.30%）	10 （24.39%）	0 （0.00%）	2 （13.33%）
产品生产	7 （7.61%）	0 （0.00%）	0 （0.00%）	0 （0.00%）	1 （6.67%）
贸易活动	3 （3.26%）	1 （1.15%）	2 （4.88%）	2 （11.11%）	0 （0.00%）
融资活动	2 （2.17%）	3 （3.45%）	1 （2.44%）	0 （0.00%）	5 （33.33%）
薪资管理	9 （9.78%）	1 （1.15%）	3 （7.32%）	5 （27.78%）	3 （20.00%）
工程承揽	3 （3.26%）	28 （32.18%）	0 （0.00%）	0 （0.00%）	1 （6.67%）
物资采购	4 （4.35%）	1 （1.15%）	0 （0.00%）	0 （0.00%）	2 （13.33%）
公司设立变更	0 （0.00%）	2 （2.30%）	2 （4.88%）	0 （0.00%）	0 （0.00%）
人事变动	1 （1.09%）	0 （0.00%）	0 （0.00%）	0 （0.00%）	0 （0.00%）
多环节	3 （3.26%）	3 （3.45%）	1 （2.44%）	1 （5.56%）	0 （0.00%）
环节不明	5 （5.43%）	10 （11.49%）	3 （7.32%）	1 （5.56%）	0 （0.00%）
总计	92 （100.00%）	87 （100.00%）	41 （100.00%）	18 （100.00%）	15 （100.00%）

(3)2018 年民营企业家腐败犯罪高频罪名的发案环节

表 2-2-62 2018 年民营企业家腐败犯罪高频罪名发案环节(含比例)

	职务侵占罪	行贿罪	单位行贿罪	挪用资金罪	非国家工作人员受贿罪
日常经营	80 (47.34%)	61 (36.75%)	63 (39.62%)	54 (40.00%)	18 (56.25%)
财务管理	36 (21.30%)	19 (11.45%)	7 (4.40%)	41 (30.37%)	4 (12.50%)
产品生产	5 (2.96%)	0 (0.00%)	1 (0.63%)	4 (2.96%)	0 (0.00%)
贸易活动	15 (8.88%)	4 (2.41%)	13 (8.18%)	12 (8.89%)	0 (0.00%)
融资活动	6 (3.55%)	2 (1.20%)	1 (0.63%)	5 (3.70%)	0 (0.00%)
薪资管理	4 (2.37%)	2 (1.20%)	1 (0.63%)	8 (5.93%)	0 (0.00%)
工程承揽	4 (2.37%)	58 (34.94%)	57 (35.85%)	2 (1.48%)	6 (18.75%)
物资采购	10 (5.92%)	4 (2.41%)	1 (0.63%)	3 (2.22%)	2 (6.25%)
公司设立变更	1 (0.59%)	1 (0.60%)	1 (0.63%)	3 (2.22%)	0 (0.00%)
人事变动	0 (0.00%)	0 (0.00%)	0 (0.00%)	0 (0.00%)	0 (0.00%)
多环节	0 (0.00%)	1 (0.60%)	1 (0.63%)	0 (0.00%)	0 (0.00%)
环节不明	8 (4.73%)	14 (8.43%)	13 (8.18%)	3 (2.22%)	2 (6.25%)
总计	169 (100.00%)	166 (100.00%)	159 (100.00%)	135 (100.00%)	32 (100.00%)

2. 2014—2018 年企业家腐败犯罪高频罪名的发案环节

(1)2014—2018 年企业家腐败犯罪高频罪名的发案环节

表 2 - 2 - 63　2014—2018 年企业家腐败犯罪高频罪名发案环节(含比例)

	职务侵占罪	受贿罪	单位行贿罪	挪用资金罪	行贿罪
日常经营	388 (48.99%)	286 (53.96%)	249 (9.02%)	178 (40.45%)	171 (43.40%)
财务管理	235 (29.67%)	38 (7.17%)	25 (4.92%)	189 (42.95%)	30 (7.61%)
产品生产	27 (3.41%)	9 (1.70%)	5 (0.98%)	6 (1.36%)	0 (0.00%)
贸易活动	57 (7.20%)	19 (3.58%)	41 (8.07%)	22 (5.00%)	9 (2.28%)
融资活动	8 (1.01%)	7 (1.32%)	10 (1.97%)	11 (2.50%)	11 (2.79%)
薪资管理	14 (1.77%)	1 (0.19%)	1 (0.20%)	9 (2.05%)	3 (0.76%)
工程承揽	11 (1.39%)	103 (19.43%)	150 (29.52%)	5 (1.14%)	128 (32.49%)
物资采购	25 (3.16%)	25 (4.72%)	2 (0.39%)	4 (0.91%)	7 (1.78%)
公司设立变更	4 (0.51%)	3 (0.57%)	3 (0.59%)	7 (1.59%)	3 (0.76%)
人事变动	0 (0.00%)	6 (1.13%)	0 (0.00%)	0 (0.00%)	3 (0.76%)
多环节	1 (0.13%)	9 (1.70%)	1 (0.20%)	1 (0.23%)	3 (0.76%)
环节不明	22 (2.78%)	24 (4.53%)	21 (4.13%)	8 (1.82%)	26 (6.60%)
总计	792 (100.00%)	530 (100.00%)	508 (100.00%)	440 (100.00%)	394 (100.00%)

（2）2014—2018年国有企业家腐败犯罪高频罪名的发案环节

表2-2-64　2014—2018年国有企业家腐败犯罪高频罪名发案环节（含比例）

	受贿罪	贪污罪	挪用公款罪	私分国有资产罪	职务侵占罪
日常经营	258 （53.64%）	147 （43.49%）	62 （42.47%）	19 （28.36%）	22 （45.83%）
财务管理	35 （7.28%）	118 （34.91%）	63 （43.15%）	23 （34.33%）	19 （39.58%）
产品生产	9 （1.87%）	7 （2.07%）	0 （0.00%）	0 （0.00%）	2 （4.17%）
贸易活动	13 （2.70%）	6 （1.78%）	4 （2.74%）	2 （2.99%）	1 （2.08%）
融资活动	6 （1.25%）	3 （0.89%）	1 （0.68%）	0 （0.00%）	0 （0.00%）
薪资管理	1 （0.21%）	15 （4.44%）	4 （2.74%）	14 （20.90%）	0 （0.00%）
工程承揽	95 （19.75%）	10 （2.96%）	2 （1.37%）	0 （0.00%）	0 （0.00%）
物资采购	23 （4.78%）	7 （2.07%）	1 （0.68%）	0 （0.00%）	1 （2.08%）
公司设立变更	3 （0.62%）	3 （0.89%）	3 （2.05%）	2 （2.99%）	1 （2.08%）
人事变动	6 （1.25%）	4 （1.18%）	1 （0.68%）	2 （2.99%）	0 （0.00%）
多环节	9 （1.86%）	4 （1.18%）	1 （0.68%）	1 （1.49%）	0 （0.00%）
环节不明	23 （4.78%）	14 （4.14%）	4 （2.74%）	4 （5.97%）	2 （4.17%）
总计	481 （100.00%）	338 （100.00%）	146 （100.00%）	67 （100.00%）	48 （100.00%）

（3）2014—2018 年民营企业家腐败犯罪高频罪名的发案环节

表 2 - 2 - 65　2014—2018 年民营企业家腐败犯罪高频罪名发案环节（含比例）

	职务侵占罪	单位行贿罪	挪用资金罪	行贿罪	非国家工作人员受贿罪
日常经营	366 （49.19%）	240 （49.18%）	162 （40.20%）	153 （42.86%）	138 （58.47%）
财务管理	216 （29.03%）	24 （4.92%）	173 （42.93%）	26 （7.28%）	14 （5.93%）
产品生产	25 （3.36%）	5 （1.02%）	6 （1.49%）	0 （0.00%）	8 （3.39%）
贸易活动	56 （7.53%）	38 （7.79%）	21 （5.21%）	7 （1.96%）	17 （7.20%）
融资活动	8 （1.08%）	10 （2.05%）	11 （2.73%）	10 （2.80%）	1 （0.42%）
薪资管理	14 （1.88%）	1 （0.20%）	9 （2.23%）	3 （0.84%）	1 （0.42%）
工程承揽	11 （1.48%）	146 （29.92%）	4 （0.99%）	121 （33.89%）	33 （13.98%）
物资采购	24 （3.23%）	2 （0.41%）	4 （0.99%）	7 （1.96%）	14 （5.93%）
公司设立变更	3 （0.40%）	3 （0.61%）	7 （1.74%）	3 （0.84%）	0 （0.00%）
人事变动	0 （0.00%）	0 （0.00%）	0 （0.00%）	2 （0.56%）	1 （0.42%）
多环节	1 （0.13%）	1 （0.20%）	1 （0.25%）	2 （0.56%）	0 （0.00%）
环节不明	20 （2.69%）	18 （3.69%）	5 （1.24%）	23 （6.44%）	9 （3.81%）
总计	744 （100.00%）	488 （100.00%）	403 （100.00%）	357 （100.00%）	236 （100.00%）

（五）企业家腐败犯罪高频罪名的经济发展程度特征

1.2018年企业家腐败犯罪高频罪名的经济发展程度特征

（1）2018年企业家腐败犯罪高频罪名的经济发展程度特征

表2-2-66　2018年企业家腐败犯罪高频罪名经济发展程度特征（含比例）

	职务侵占罪	行贿罪	单位行贿罪	挪用资金罪	贪污罪
一线城市	30 （16.76%）	9 （5.06%）	17 （10.43%）	12 （8.00%）	14 （13.73%）
二线城市	66 （36.87%）	33 （18.54%）	50 （30.67%）	44 （29.33%）	25 （24.51%）
三线城市	37 （20.67%）	45 （25.28%）	31 （19.02%）	29 （19.33%）	27 （26.47%）
四线及以下城市	43 （24.02%）	89 （50.00%）	65 （39.88%）	65 （43.33%）	35 （34.31%）
所在城市不明	3 （1.68%）	2 （1.12%）	0 （0.00%）	0 （0.00%）	1 （0.98%）
总计	179 （100.00%）	178 （100.00%）	163 （100.00%）	150 （100.00%）	102 （100.00%）

（2）2018年国有企业家腐败犯罪高频罪名的经济发展程度特征

表2-2-67　2018年国有企业家腐败犯罪高频罪名经济发展程度特征（含比例）

	贪污罪	受贿罪	挪用公款罪	私分国有资产罪	挪用资金罪
一线城市	12 （13.04%）	6 （6.90%）	5 （12.20%）	0 （0.00%）	1 （6.67%）
二线城市	24 （26.09%）	32 （36.78%）	14 （34.15%）	11 （61.11%）	6 （40.00%）
三线城市	22 （23.91%）	18 （20.69%）	6 （14.63%）	4 （22.22%）	4 （26.67%）

续表

	贪污罪	受贿罪	挪用公款罪	私分国有资产罪	挪用资金罪
四线及以下城市	33 (35.87%)	31 (35.63%)	16 (39.02%)	3 (16.67%)	4 (26.67%)
所在城市不明	1 (1.09%)	0 (0.00%)	0 (0.00%)	0 (0.00%)	0 (0.00%)
总计	92 (100.00%)	87 (100.00%)	41 (100.00%)	18 (100.00%)	15 (100.00%)

（3）2018 年民营企业家腐败犯罪高频罪名的经济发展程度特征

表 2 - 2 - 68　2018 年民营企业家腐败犯罪高频罪名经济发展程度特征（含比例）

	职务侵占罪	行贿罪	单位行贿罪	挪用资金罪	非国家工作人员受贿罪
一线城市	29 (17.16%)	8 (4.82%)	17 (10.69%)	11 (8.15%)	6 (18.75%)
二线城市	63 (37.28%)	30 (18.07%)	50 (31.45%)	38 (28.15%)	9 (28.13%)
三线城市	33 (19.53%)	44 (26.51%)	30 (18.87%)	25 (18.52%)	4 (12.50%)
四线及以下城市	41 (24.26%)	82 (49.40%)	62 (38.99%)	61 (45.19%)	13 (40.63%)
所在城市不明	3 (1.78%)	2 (1.20%)	0 (0.00%)	0 (0.00%)	0 (0.00%)
总计	169 (100.00%)	166 (100.00%)	159 (100.00%)	135 (100.00%)	32 (100.00%)

2. 2014—2018 年企业家腐败犯罪高频罪名的经济发展程度特征

(1) 2014—2018 年企业家腐败犯罪高频罪名的经济发展程度特征

表 2 - 2 - 69　2014—2018 年企业家腐败犯罪高频罪名经济发展程度特征(含比例)

	职务侵占罪	受贿罪	单位行贿罪	挪用资金罪	行贿罪
一线城市	146 (18.43%)	61 (11.51%)	61 (12.01%)	47 (10.68%)	30 (7.61%)
二线城市	261 (32.95%)	170 (32.08%)	152 (29.92%)	116 (26.36%)	105 (26.65%)
三线城市	176 (22.22%)	121 (22.83%)	110 (21.65%)	109 (24.77%)	91 (23.10%)
四线及以下 城市	202 (25.51%)	177 (33.40%)	181 (35.63%)	165 (37.50%)	160 (40.61%)
所在城市不明	7 (0.88%)	1 (0.19%)	4 (0.79%)	3 (0.68%)	8 (2.03%)
总计	792 (100.00%)	530 (100.00%)	508 (100.00%)	440 (100.00%)	394 (100.00%)

表 2 - 2 - 70　2018 年与 2014—2018 年职务侵占罪分布城市经济发展程度对比

		2018 年职务 侵占罪分布	2014—2018 年职务 侵占罪分布
一线城市	计数	30	146
	比例	16.76%	18.43%
二线城市	计数	66	261
	比例	36.87%	32.95%
三线城市	计数	37	176
	比例	20.67%	22.22%
四线及以下 城市	计数	43	202
	比例	24.02%	25.51%

		2018 年职务 侵占罪分布	2014—2018 年职务 侵占罪分布
所在城市 不明	计数	3	7
	比例	1.68%	0.88%
总计	计数	179	792
	比例	100.00%	100.00%

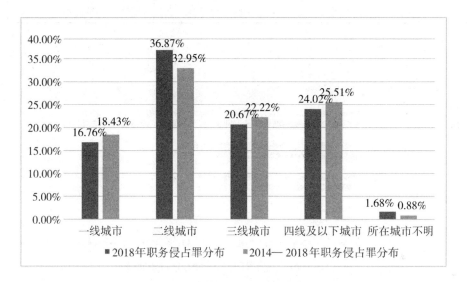

图 2 - 2 - 32　职务侵占罪所在城市经济发展程度分布比例对比图

表 2 - 2 - 71　2018 年与 2014—2018 年行贿罪分布城市经济发展程度对比

		2018 年行贿罪分布	2014—2018 年行贿罪分布
一线城市	计数	8	30
	比例	4.82%	7.61%
二线城市	计数	30	105
	比例	18.07%	26.65%
三线城市	计数	44	91
	比例	26.51%	23.10%

		2018 年行贿罪分布	2014—2018 年行贿罪分布
四线及以下城市	计数	82	160
	比例	43.40%	40.61%
所在城市不明	计数	2	8
	比例	1.20%	2.03%
总计	计数	166	394
	比例	100.00%	100.00%

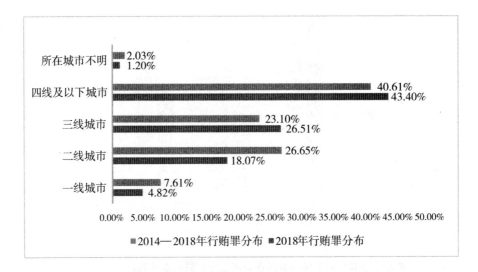

图 2 - 2 - 33　行贿罪所在城市经济发展程度分布比例对比图

表 2 - 2 - 72　2018 年与 2014—2018 年单位行贿罪分布城市经济发展程度对比

		2018 年单位行贿罪分布	2014—2018 年单位行贿罪分布
一线城市	计数	17	61
	比例	10.43%	12.01%
二线城市	计数	50	152
	比例	30.67%	29.92%
三线城市	计数	31	110
	比例	19.02%	21.65%

		2018 年单位行贿罪分布	2014—2018 年单位行贿罪分布
四线及以下城市	计数	65	181
	比例	39.88%	35.63%
所在城市不明	计数	0	4
	比例	0.00%	0.79%
总计	计数	163	508
	比例	100.00%	100.00%

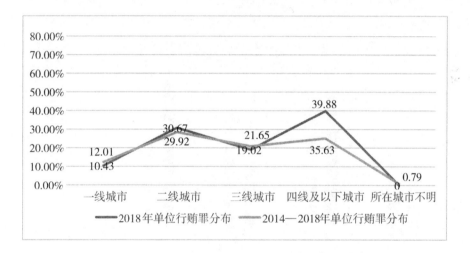

图 2 - 2 - 34　单位行贿罪所在城市经济发展程度分布比例对比图

表 2 - 2 - 73　2018 年与 2014—2018 年挪用资金罪分布城市经济发展程度对比

		2018 年挪用资金罪分布	2014—2018 年挪用资金罪分布
一线城市	计数	12	47
	比例	8.00%	10.68%
二线城市	计数	44	116
	比例	29.33%	26.36%
三线城市	计数	29	109
	比例	19.33%	24.77%

续表

		2018 年挪用资金罪分布	2014—2018 年挪用资金罪分布
四线及以下城市	计数	65	165
	比例	43.33%	37.50%
所在城市不明	计数	0	3
	比例	0.00%	0.68%
总计	计数	150	440
	比例	100.00%	100.00%

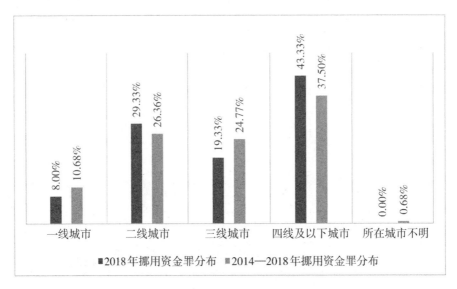

图 2 - 2 - 35　挪用资金罪所在城市经济发展程度分布比例对比图

表 2 - 2 - 74　2018 年与 2014—2018 年受贿罪分布城市经济发展程度对比

		2018 年受贿罪分布	2014—2018 年受贿罪分布
一线城市	计数	7	61
	比例	7.45%	11.51%
二线城市	计数	35	170
	比例	37.23%	32.08%

		2018 年受贿罪分布	2014—2018 年受贿罪分布
三线城市	计数	20	121
	比例	21.28%	22.83%
四线及以下城市	计数	32	177
	比例	34.04%	33.40%
所在城市不明	计数	0	1
	比例	0.00%	0.19%
总计	计数	94	530
	比例	100.00%	100.00%

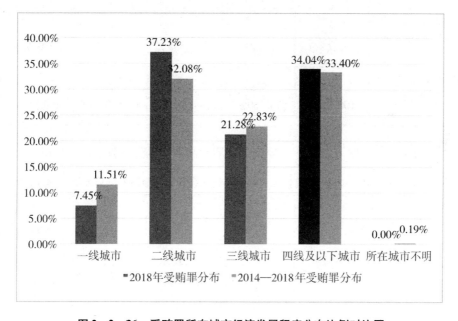

图 2 - 2 - 36　受贿罪所在城市经济发展程度分布比例对比图

(2)2014—2018 年国有企业家腐败犯罪高频罪名的经济发展程度特征

表 2 - 2 - 75　2014—2018 年国有企业家腐败犯罪高频罪名经济发展程度特征(含比例)

	受贿罪	贪污罪	挪用公款罪	私分国有资产罪	职务侵占罪
一线城市	55 (11.43%)	53 (15.68%)	15 (10.27%)	13 (19.40%)	8 (16.67%)
二线城市	156 (32.43%)	86 (25.44%)	49 (33.56%)	22 (32.84%)	13 (27.08%)
三线城市	104 (21.62%)	68 (20.12%)	24 (16.44%)	13 (19.40%)	11 (22.92%)
四线及以下城市	165 (34.30%)	127 (37.57%)	55 (37.67%)	14 (20.90%)	15 (31.25%)
所在城市不明	1 (0.21%)	4 (1.18%)	3 (2.05%)	5 (7.46%)	1 (2.08%)
总计	481 (100.00%)	338 (100.00%)	146 (100.00%)	67 (100.00%)	48 (100.00%)

(3)2014—2018 年民营企业家腐败犯罪高频罪名的经济发展程度特征

表 2 - 2 - 76　2014—2018 年民营企业家腐败犯罪高频罪名经济发展程度特征(含比例)

	职务侵占罪	单位行贿罪	挪用资金罪	行贿罪	非国家工作人员受贿罪
一线城市	138 (18.55%)	58 (11.89%)	44 (10.92%)	28 (7.84%)	37 (15.68%)
二线城市	248 (33.33%)	146 (29.92%)	106 (26.30%)	95 (26.61%)	72 (30.51%)
三线城市	165 (22.18%)	109 (22.34%)	98 (24.32%)	85 (23.81%)	58 (24.58%)

	职务侵占罪	单位行贿罪	挪用资金罪	行贿罪	非国家工作人员受贿罪
四线及以下城市	187（25.13%）	173（35.45%）	154（38.21%）	142（39.78%）	66（27.97%）
所在城市不明	6（0.81%）	2（0.41%）	1（0.25%）	7（1.96%）	3（1.27%）
总计	744（100.00%）	488（100.00%）	403（100.00%）	357（100.00%）	236（100.00%）

（六）基本结论

从五年的总体情况来看，企业家腐败犯罪高频罪名、国有企业家腐败犯罪高频罪名与民营企业家腐败犯罪高频罪名均表现相对稳定的特征。

其中，职务侵占罪、受贿罪、单位行贿罪、挪用资金罪，始终位列企业家腐败犯罪高频罪名之列。属于2018年高频罪名的行贿罪，继2015年第二次进入前五，且该年行贿罪增长幅度更大。属于国有企业家腐败犯罪高频罪名的贪污罪、受贿罪、挪用公款罪、私分国有资产罪已经连续三年进入前五；属于民营企业家腐败犯罪高频罪名基本保持为职务侵占罪、单位行贿罪、挪用资金罪、行贿罪、非国家工作人员受贿罪，其中，行贿罪在2018年增长幅度较大。

比较民营企业家高频罪名与国有企业家高频罪名的结构特征，可以发现如下特征：

第一，国有企业家受贿罪频次总数，约等于其余三种高频犯罪（贪污罪、挪用公款罪，私分国有资产罪）之和，说明国有企业家面临的最大腐败风险仍是权力交易型腐败。

第二，民营企业家高频腐败犯罪中的行贿类罪持续高发，尤其单位行贿罪呈现持续增长趋势。

第三，民营企业的职务侵占罪、挪用资金罪高发与国有企业贪污罪、挪用公款罪的高发，皆说明企业内控制度严重缺失，这是国企和民企治理中共同面临的问题。而且，国有企业家贪污罪五年的总数达到338次，已经接近民营企业家涉嫌的职务侵占罪的一半，再结合民营企业的总体数量远远多于国有企业的事实（约为 28∶1),说明国企内控制度有名无实的情况十分突出。

第四,在高频罪名适用的刑罚方面,各罪主刑多被判处有期徒刑,且以 5 年以下有期徒刑居多。其中,单位行贿罪被判处免予刑事处罚和拘役的居多;附加刑则以适用罚金刑或者没收财产为主,适用剥夺政治权利的极少。罚金刑适用方面,除 2018 年贪污罪罚金率高达 88.24%外,其余罪名罚金率则相对偏低。

第五,国有企业家腐败犯罪高频罪名的潜伏期方面,整体潜伏期长,5 年以下的为少数,多数集中于 5~15 年区间。其中,又以受贿罪和贪污罪的潜伏期最长,受贿罪潜伏期处于 5 年以上 20 年以下区间的比例总计为 62.9%;贪污罪处于 5 年以上 20 年以下区间的比例总计为 55.7%。同时,受贿罪、贪污罪出现 20 年以上的超长潜伏期的比例也占 1%左右。另外,虽然民营企业家腐败犯罪前五名高频罪名(职务侵占罪、单位行贿罪、挪用资金罪、非国家工作人员受贿罪、行贿罪)的潜伏期,在 5 年以下的占比约 60%;其中,单位行贿罪潜伏期处于 5 年以上 20 年以下区间的比例总计为 70.3%;行贿罪潜伏期处于 5 年以上 15 年以下区间的比例总计为 61.8%。就单个罪名而言,潜伏期最长的则为民营企业家高发罪名中的单位行贿罪。

潜伏期普遍较长,一方面反映了腐败犯罪较为隐秘,存在发现难和查处难问题的共性特征,另一方面也真实地反映了在现行反腐模式下,腐败犯罪的发现机制还比较薄弱。尤其是单位行贿罪潜伏期过长,加之免予刑事处罚率和缓刑率都高,刑法的实际威慑力基本耗尽。反腐败斗争要向纵深发展,亟待强化腐败犯罪的发现机制。而强化腐败案件的发现机制、提高揭露效率,单靠外部公权力的力量难以奏效。如何引导和激励企业建立反腐败合规机制,形成"国家—企业"合作预防的二元治理模式,是推进国家治理现代化的新时代刑事政策和刑事立法改革与完善面临的挑战。

第六,就企业家腐败犯罪的案发环节而言,表现出如下特征:其一,2018 年数据与五年整体数据的分布情况基本一致,包含所有的经营环节,最为集中的环节为:日常经营和财务管理环节,其次为工程承揽环节;其二,发案环节的分布与罪名的性质存在正相关,如贿赂型犯罪多发于工程承揽过程,在五年数据中,发生于该环节的受贿罪占 19.43%、单位行贿罪占 29.52%、行贿罪占 32.49%;其三,发案环节与涉案企业家的职务存在直接关系,因为企业运营的环节直接对应的是企业家的职务范围。

第七,从高频罪名发案企业所在的城市经济发展程度看,各罪名在一线城市分布率普遍较低,四线及以下城市的企业家腐败犯罪发案率普遍处于高位水平,而二线城市较三线城市腐败率偏高。对此的解释因素之一,就是经济水平发达的省份,因法治建设水平相对较高、政商环境相对较好、执法监管相对比较到位以及企业自我规范能力较强等多方面因素的综合作用,防范和查处腐败犯罪的力度更大,有助于从整体上抑制腐败行为的高发。而在经济发展水平较差的城市,因法治建设水平、政商环境、执法监管的相对滞后,加之企业自身管理不够规范,更容易形成权力寻租和利益输送链条,从而滋生腐败。

七、企业家腐败犯罪量刑情节分析

(一)企业家腐败犯罪量刑情节总述

1. 2018 年企业家腐败犯罪量刑情节

表 2 - 2 - 77　2018 年企业家腐败犯罪量刑情节表

		自首	立功	坦白	退赔(含部分退赔)
国企	计数	125	13	126	186
	比例	35.11%	44.83%	24.71%	43.16%
民企	计数	231	16	384	245
	比例	64.89%	55.17%	75.29%	56.84%
总计	计数	356	29	510	431
	比例	100.00%	100.00%	100.00%	100.00%

2. 2014—2018 年企业家腐败犯罪量刑情节

表 2 - 2 - 78　2014—2018 年企业家腐败量刑情节表

		自首	立功	坦白	退赔(含部分退赔)
国企	计数	495	60	426	820
	比例	38.22%	45.80%	30.52%	43.14%
民企	计数	800	71	970	1081
	比例	61.78%	54.20%	69.48%	56.86%
总计	计数	1295	131	1396	1901
	比例	100.00%	100.00%	100.00%	100.00%

（二）企业家腐败犯罪自首情节分析

1. 2018 年企业家腐败犯罪自首情节分析

表 2 – 2 – 79　2018 年自首与企业性质交叉列表

自首状况 ＼ 企业性质		国有企业	民营企业
自首	计数	125	231
	比例	43.25%	32.91%
未自首	计数	164	471
	比例	56.75%	67.09%
合计	计数	289	702
	比例	100.00%	100.00%

表 2 – 2 – 80　2018 年自首与企业规模交叉列表

自首状况 ＼ 企业规模		大型企业	中小型企业
自首	计数	109	247
	比例	35.74%	36.01%
未自首	计数	196	439
	比例	64.26%	63.99%
合计	计数	305	686
	比例	100.00%	100.00%

表 2 – 2 – 81　2018 年自首与企业家学历交叉列表

自首状况 ＼ 文化程度		小学及以下文化	初中文化	高中(中专)文化	大学(大专)及以上文化	文化程度不明
自首	计数	17	43	56	184	56
	比例	37.78%	28.48%	29.79%	39.98%	41.48%
未自首	计数	28	108	132	288	79
	比例	62.22%	71.52%	70.21%	61.02%	58.52%
合计	计数	45	151	188	472	135
	比例	100.00%	100.00%	100.00%	100.00%	100.00%

表 2 - 2 - 82 2018 年自首与企业家所在城市经济发展程度交叉列表

经济发展程度 / 自首状况		一线城市	二线城市	三线城市	四线及以下城市	所在城市不明
自首	计数	37	111	56	149	3
	比例	34.91%	37.12%	26.92%	40.05%	50.00%
未自首	计数	69	188	152	223	3
	比例	65.09%	62.88%	73.08%	59.95%	50.00%
合计	计数	106	299	208	372	6
	比例	100.00%	100.00%	100.00%	100.00%	100.00%

表 2 - 2 - 83 2018 年自首与犯罪潜伏期交叉列表

潜伏期 / 自首状况		5 年以下	5 年以上10 年以下	10 年以上15 年以下	15 年以上20 年以下	20 年以上	潜伏期不明
自首	计数	121	168	49	10	8	0
	比例	36.45%	36.05%	37.69%	23.26%	47.06%	0.00%
未自首	计数	211	298	81	33	9	3
	比例	63.55%	63.95%	62.31%	76.74%	52.94%	100.00%
合计	计数	332	466	130	43	17	3
	比例	100.00%	100.00%	100.00%	100.00%	100.00%	100.00%

表 2 - 2 - 84 2018 年自首与罪名交叉列表

自首状况 / 罪名	自首 计数	自首 比例	未自首 计数	未自首 比例	合计 计数	合计 比例
职务侵占罪	44	24.58%	135	75.42%	179	100.00%
行贿罪	66	37.08%	112	62.92%	178	100.00%
单位行贿罪	57	34.97%	106	65.03%	163	100.00%
挪用资金罪	45	30.00%	105	70.00%	150	100.00%
贪污罪	51	50.00%	51	50.00%	102	100.00%
受贿罪	39	41.49%	55	58.51%	94	100.00%

续表

自首状况\罪名	自首		未自首		合计	
	计数	比例	计数	比例	计数	比例
挪用公款罪	23	54.49%	20	46.51%	43	100.00%
非国家工作人员受贿罪	12	30.77%	27	69.23%	39	100.00%
私分国有资产罪	8	44.44%	10	55.56%	18	100.00%
对非国家工作人员行贿罪	3	30.00%	7	70.00%	10	100.00%
对单位行贿罪	4	66.67%	2	33.33%	6	100.00%
利用影响力受贿罪	3	75.00%	1	25.00%	4	100.00%
对有影响力的人行贿罪	1	50.00%	1	50.00%	2	100.00%
单位受贿罪	0	0.00%	2	100.00%	2	100.00%
巨额财产来源不明罪	0	0.00%	1	100.00%	1	100.00%

2. 2014—2018 年企业家腐败犯罪自首情节分析

表 2 – 2 – 85　2014—2018 年自首与企业性质交叉列表

自首状况\企业性质		国有企业	民营企业
自首	计数	495	800
	比例	40.74%	33.06%
未自首	计数	720	1620
	比例	59.26%	66.94%
合计	计数	1215	2420
	比例	100.00%	100.00%

表 2 - 2 - 86 2014—2018 年自首与企业规模交叉列表

企业规模 自首状况		大型企业	中小型企业
自首	计数	436	859
	比例	38.01%	34.53%
未自首	计数	711	1629
	比例	61.99%	65.47%
合计	计数	1147	2488
	比例	100.00%	100.00%

表 2 - 2 - 87 2014—2018 年自首与企业家学历交叉列表

文化程度 自首状况		小学及以 下文化	初中文化	高中(中专) 文化	大学(大专) 及以上文化	文化程度 不明
自首	计数	30	103	170	476	516
	比例	31.45%	28.37%	33.86%	37.45%	36.81%
未自首	计数	65	260	332	795	888
	比例	68.42%	71.63%	66.14%	62.55%	63.38%
合计	计数	95	363	502	1271	1404
	比例	100.00%	100.00%	100.00%	100.00%	100.00%

表 2 - 2 - 88 2014—2018 年自首与企业家所在城市经济发展程度交叉列表

经济发展程度 自首状况		一线城市	二线城市	三线城市	四线及以 下城市	所在城市 不明
自首	计数	196	363	272	449	15
	比例	40.58%	33.36%	33.33%	37.14%	38.46%
未自首	计数	287	725	544	760	24
	比例	59.42%	66.64%	66.67%	62.86%	61.54%
合计	计数	483	1088	816	1209	39
	比例	100.00%	100.00%	100.00%	100.00%	100.00%

表 2 - 2 - 89 2014—2018 年自首与犯罪潜伏期交叉列表

自首状况 \ 潜伏期		5 年以下	5 年以上 10 年以下	10 年以上 15 年以下	15 年以上 20 年以下	20 年以上	潜伏期 不明
自首	计数	566	469	121	25	2	112
	比例	33.91%	37.25%	35.91%	30.86%	13.33%	40.88%
未自首	计数	1103	790	216	56	13	162
	比例	66.09%	62.75%	64.10%	69.14%	86.67%	59.12%
合计	计数	1669	1259	337	81	15	274
	比例	100.00%	100.00%	100.00%	100.00%	100.00%	100.00%

表 2 - 2 - 90 2014—2018 年自首与罪名交叉列表

罪名 \ 自首状况	自首		未自首		合计	
	计数	比例	计数	比例	计数	比例
职务侵占罪	218	27.53%	574	72.47%	792	100.00%
受贿罪	218	41.13%	312	58.87%	530	100.00%
单位行贿罪	192	37.80%	316	62.20%	508	100.00%
挪用资金罪	129	29.32%	311	70.68%	440	100.00%
行贿罪	135	34.26%	259	65.74%	394	100.00%
贪污罪	159	41.62%	223	58.38%	382	100.00%
非国家工作 人员受贿罪	84	32.81%	172	67.19%	256	100.00%
挪用公款罪	92	51.69%	86	48.31%	178	100.00%
私分国有资产罪	36	51.43%	34	48.57%	70	100.00%
对非国家工作 人员行贿罪	12	33.33%	24	66.67%	36	100.00%
对单位行贿罪	7	43.75%	9	56.25%	16	100.00%
单位受贿罪	1	10.00%	9	90.00%	10	100.00%
巨额财产来源 不明罪	1	12.50%	7	87.50%	8	100.00%
介绍贿赂罪	5	71.43%	2	28.57%	7	100.00%

自首状况 罪名	自首		未自首		合计	
	计数	比例	计数	比例	计数	比例
利用影响力受贿罪	4	80.00%	1	20.00%	5	100.00%
对有影响力的人 行贿罪	2	66.67%	1	33.33%	3	100.00%

（三）基本结论

第一，依据2018年和五年关于"自首与企业性质交叉列表"数据，国有企业家自首率始终高于民营企业家。这反映出，相较于国有企业家而言，民营企业家在面对刑事风险时，往往更为被动，缺乏较为理性的应对，并往往因此加重了刑事风险的程度。

第二，数据表明，具有大学以上学历的犯罪企业家，其自首人数高于其他较低学历者。这反映出教育经历与是否自首具有一定的关联性。

第三，从五年整体来看，规模较大企业的涉案企业家的自首率要高于中小型企业涉案企业家的自首率。

第四，从五年整体来看，潜伏期15年以下的自首率较高，潜伏期超过15年的企业家自首率较低。潜伏期超过15年的案件，或因为事发久远，线索难以发现，证据难以收集等多方面因素，使涉案企业家心存侥幸，而较少选择自首。

第三部分 03

反腐败指数研究

第一章

中国反腐败指数研究报告——基于 2013 年至 2017 年省级区划的公开数据①

一、研究背景

"开弓没有回头箭,反腐没有休止符。"党的十八大以来,以习近平同志为核心的党中央坚定不移推进全面从严治党向纵深发展,持续深化党的纪律检查体制改革,创造性地设立了监察委员会这一专门的反腐败工作机构,不断加强和完善党对反腐败工作的统一领导。

中国特色社会主义进入新时代,新时代呼唤新作为、新战略。习近平总书记指出,反腐败要"深化标本兼治,夺取反腐败斗争压倒性胜利",要坚持"无禁区、全覆盖、零容忍",坚持"重遏制、强高压、长震慑",更要做到"坚决减存量、重点遏制增量"。② 总书记关于腐败治理的重要讲话彰显了党中央深入开展反腐败工作的坚强意志和坚定决心,为新时代反腐败工作指明了方向。本研究正是在这种背景下启动的。我们期望从相关公开数据本身反映的特征和规律出发,分析相关变量之间的关系,为国家的反腐败战略选择和政策制定做出绵薄的学术贡献。

---

① 特别声明:本报告是对相关公开数据的学术解析,不代表任何官方意见。由于研究资料来源等因素限制,本报告可能存在疏漏,欢迎指正。本报告由 2017 年科技部公共安全项目子课题《反腐防控决策模型与评估系统研究》课题组集体完成,框架设计和学术论证由刘品新教授承担,主要执笔人为蔡磊,主要审校人为刘晶、任傲楠、朱梦妮、徐月笛、陈丽等,中国人民大学法学院的唐超琰、戎仕杰、任梦、丁倩等 10 多名研究生参与了讨论。中国人民大学刑事法律科学研究中心,中国人民大学反腐败与法治研究中心,2019 年 1 月。

② 关于习近平总书记针对全面从严治党及反腐败工作等方面所做的论述,详见《人民日报》新闻报道——"全面贯彻落实党的十九大精神,以永远在路上的执着把从严治党引向深入"(《人民日报》2018 年 1 月 12 日 01 版)。

二、概念界定

(一)腐败

人们对"腐败"一词有不同的界定。比如,国际透明组织(TI)在"全球清廉指数"中将腐败定义为"滥用公职角色谋取私利"①;国际货币基金组织(IMF)将腐败定义为"滥用公共权力以谋取私人利益"②;世界银行和其他多边组织的定义则是"为了私人目的而滥用公共权力"③;有的甚至将腐败定义为"非法支付、司法腐败、贿赂与回扣"④。总的来看,腐败的界定存在着两种视角:一是广义观,即一切公共领域与私人领域中违反道德规范、社会规范或法律规范的行为;二是狭义观,即"公共权力的非公共运用",亦可称为"政治(领域)的腐败"。⑤

为研究便利,本报告选择了一种更为具体的狭义观,将腐败限定为构成贪污贿赂犯罪与渎职侵权犯罪等职务犯罪的行为。⑥ 据此,我们即可根据各省级人民检察院年度工作报告⑦等公开资料与数据,对腐败现象和反腐败规律抽取客观化指数。

---

① 国际透明组织(TI)也将腐败定义为:"滥用委托权力以谋取私人利益。"参见:[新西兰]杰瑞米·波普著,清华大学公共管理学院廉政研究室译:《制约腐败——建构国家廉政体系》,中国方正出版社 2003 年版,第 5 页。

② 岳磊:《腐败行为的概念界定及其对我国的适用:基于社会学视野的探析》,载《郑州大学学报(哲学社会科学版)》2013 年第 2 期,第 18 页。亦可参见:李晓明:《控制腐败法律机制研究(第二版)》,法律出版社 2017 年版,第 70 页。

③ 李秀娟:《〈联合国反腐败公约〉与我国刑事诉讼比较研究》,中国政法大学博士学位论文 2006 年,第 3 页。

④ 此为"世界竞争力年鉴指标"对腐败的定义。参见:胡鞍钢、过勇:《国际组织对各国腐败状况的评价体系概述》,载《政治学研究》2001 年第 4 期,第 91 页。

⑤ 参见:王沪宁编,载王沪宁、倪世雄校:《腐败与反腐败——当代国外腐败问题研究》,竺乾威等译,上海人民出版社 1990 年版,第 7 页。

⑥ 尽管理论上对渎职侵权犯罪是否属于"腐败"的范畴尚有争议,本报告仍将渎职侵权行为纳入"腐败"的范畴。这主要基于两方面考虑:其一,作为本报告数据来源的一部分省级人民检察院工作报告对贪污贿赂犯罪和渎职侵权犯罪统称为职务犯罪,未将二者分开描述;其二,渎职侵权属于"不拿钱的腐败",是一种"隐性腐败",将渎职侵权犯罪纳入"腐败"的范畴,能够引起广泛的重视,加大对渎职侵权腐败行为的惩治力度。

⑦ 每年年初,全国各地方省级人民代表大会召开期间,省级人民检察院有关负责人都要向大会报告工作,并将报告提交大会审议;其报告中都会有关于查办与预防职务犯罪(反腐败)的内容及具体的数据。

（二）反腐败与反腐败指数

本报告中，"查办和预防职务犯罪①"是一种具象的"反腐败"。相应地，反腐败指数被设计为特定省份②特定年份的"年职务犯罪立案侦查总人数③"与"年末常住总人口数④"相除之值。公式表达为：反腐败指数 = 立案侦查人数/常住总人口数。其中，"立案侦查人数"单位为"人"，"常住总人口数"单位为"万人"，故反腐败指数的数值含义为"每万人常住总人口数中立案侦查人数所占的比例"。

治理腐败需要持续不断的反腐败强力及健全合理的制度建设。反腐败指数能够直接反映特定省份特定年份反腐败力度和反腐成效，为构建科学规范的权力运行体系奠定基础。研究反腐败指数，有利于党和国家在认识规律的基础上制定出有的放矢的反腐倡廉政策，有助于国家反腐败立法体系和反腐败体制机制建设。

三、数据情况

（一）数据范围

地域上，本报告的公开数据限于我国大陆地区 31 个省级区划（省、自治区、直辖市），暂不包含香港特别行政区、澳门特别行政区及台湾。

时间上，本报告以 2014 年至 2018 年各省、自治区、直辖市⑤"两会"期间省级人民检察院向"人大会议"提交的上一年度《检察院工作报告》和 2014 年至 2018 年各省级统计厅（局）发布的上一年度《国民经济和社会发展统计公报》相关数据为基础。数据获取的最后时间为 2018 年 6 月 5 日。这些数据反映的是 2013 年至 2017 年的反腐败情况。

（二）来源渠道

对于本报告的数据来源渠道，需要先说明两点：其一，就我国大陆地区来看，省级人民检察院包含五种分类，分别是省人民检察院、自治区人民检察院、直辖市

---

① 实际上，职务犯罪在法律的语境中并非"专有名词"，因为所有正式法律规范中都没有关于职务犯罪的正式定义，只是在检察工作报告中可以看出是将职务犯罪分成贪污贿赂犯罪与渎职侵权犯罪两部分的；而贪污贿赂犯罪与渎职侵权犯罪已涵盖了我国现行《刑法》第八章、第九章的绝大部分犯罪（泄露国家秘密罪有主体例外），典型罪名分别是贪污罪与受贿罪、滥用职权罪与玩忽职守罪。

② 如无特别说明，本报告的"省份"包含各省、自治区、直辖市。

③ 如无特别说明，下文均简称为："立案侦查人数"。

④ 如无特别说明，下文均简称为："常住总人口数"。

⑤ 下文如未做特别说明，则统称为"省""省份"或"省级"。

人民检察院、新疆生产建设兵团人民检察院及中国人民解放军军事检察院①,但由于通过公开的权威渠道不能获取后两类省级(人民)检察院的相应数据,因此本报告中的数据来源将新疆生产建设兵团人民检察院与中国人民解放军军事检察院排除在外。其二,限于某些原因,对于个别省份特定年份的立案侦查人数和常住总人口数尚不能通过公开的权威渠道获取,因此本报告通过补正的方法得出以利于样本整体的统计分析。②

下面,就反腐败指数的积数"立案侦查人数"与因数"常住总人口数"的来源渠道进行说明:

1. 立案侦查人数

腐败犯罪立案侦查人数的数据来源是各省级人民检察院向其对应省级"两会"提交的《检察院工作报告》③。

---

① 我国大陆地区省级人民检察院数量、类型的数据来源于中国法律年鉴编辑部:《中国法律年鉴 2014》,中国法律年鉴社,第 1136 页。

② 立案侦查人数的数据补正说明:(1)2013 年的新疆维吾尔自治区:虽然通过《新疆日报》搜索到了 2013 年新疆维吾尔自治区职务犯罪立案侦查人数的相关报道和数据,但因只有贪污贿赂数据而缺乏完整性,后在《中国检察年鉴(2014)》中收集到相关数据。参见最高人民检察院《中国检察年鉴》编辑部:《中国检察年鉴(2014)》,中国检察出版社 2017 年版,第 331 页。(2)2015 年的西藏自治区:通过其 2014 年、2016 年立案侦查人数计算年均增长率,再通过年均增长率计算 2015 年数据。计算过程是:通过 $84(1 + x)(1 + x) = 99$,计算得 x 为 8.56% ;再通过 $84(1 + 8.56\%) = 91$(结果保留整数)得出。(3)2017 年的数据:①由于浙江省、山西省、北京市省级人民检察院以下系统 2017 年上半年即转隶到分别对应的监察委员会,因此该三个省份 2017 年不存在相关数据,为方便进行整体性分析,以计算各自 2013 年至 2016 年立案侦查人数的平均数作为 2017 年相应数据,比如浙江省 2013 年至 2016 年立案侦查人数分别是 1757、2065、1803、1217,则取其平均数为 (1757 + 2065 + 1803 + 1217)/4 = 1711(结果保留整数),山西省与北京市相关数据分别计算为 1894、468。②江苏省、黑龙江省、宁夏回族自治区、广西壮族自治区、上海市、重庆市均有明确数据。③河南省人民检察院《2018 年检察工作报告》中表述是"立案侦查职务犯罪 3100 件 4300 人左右",因此通过计算其 2013 年至 2017 年的总人数减去 2013 年至 2016 年的总人数得出,公式是 $4300 \times 5 - (4157 + 4523 + 4297 + 4487) = 4036$;其余省份,则直接通过其报告中公布的 5 年数据减去 2013 年至 2016 年数据的和计算得出,比如青海省为 $1247 - (222 + 251 + 274 + 245) = 255$,吉林省为 $11151 - (2438 + 2433 + 2184 + 2020) = 2076$。④黑龙江省、宁夏回族自治区、广西壮族自治区和重庆市的《检察院工作报告》中既有五年合计的数据,也有 2017 年的单个数据。其中黑龙江省、重庆市与广西壮族自治区通过前述公式计算的结果和单独表述的数据同一,直接采用;宁夏回族自治区通过上述计算公式计算的结果与单独表述的数据不同,考虑到其已经明确给出了数据且差距不大(单列 2017 年是 302,计算结果显示 2017 年是 300),即以单列数据 302 为准。⑤江苏省与上海市则仅单列 2017 年立案侦查数据,不再综合 2013 年至 2017 年立案侦查人数的数据。

③ 因下文分析需要,将《最高人民检察院工作报告》纳入统计范围,下同。

本报告收集数据的先后顺序是:省级人民检察院网站(官网)、省级人大常委会网站(官网)、省级党委机关报①及其他途径。2013 年至 2017 年通过上述四种渠道收集数据的占比分别为 47.50%、21.88%、28.75%、1.88%②。收集的各省级人民检察院工作报告包括报告全文、报告摘要、相关报道三类,其数量占比分别为:68.13%、18.13%、13.75%。

2. 常住总人口数

本报告常住总人口数与相关数据均主要取自各省、自治区、直辖市统计厅(局)发布的《国民经济和社会发展统计公报》(以下简称《统计公报》)③,其中90% 以上的《统计公报》来源于其省级统计厅(局)网站,只有极少部分省份《统计公报》通过其他途径获取。如《2013 年黑龙江省国民经济和社会发展统计公报》来源于"陕经网"(但显示来自黑龙江省统计局)、《2014 年重庆市国民经济和社会发展统计公报》来源于重庆市政府网站、《2017 年西藏自治区国民经济和社会发展统计公报》来源于《西藏日报》、2015 年黑龙江省相关数据来源于黑龙江省人民政府官方网站的"省情"栏目、2017 年云南省相关数据来源于对政府信息公开申请的电话反馈。④

---

① 即省级日报。

② 本报告中所有"占比"或"比例",百分比均保留两位小数。

③ 含《中华人民共和国国民经济和社会发展统计公报》,下同。

④ 需要说明的是,常住总人口数绝大部分来源于各省相关部门发布的《统计公报》,但几乎所有《统计公报》注释中都含有"本公报中数据均为初步统计数,最终核实数以中国统计出版社出版的《××统计年鉴 201×》公布的数据为准"字样,因此理论上《统计年鉴》的数据最为权威且最为准确。但考虑到以下两方面的原因,我们仍然以《统计公报》公布的数据为准进行分析:一是《统计年鉴》的内容年度与名称年度很少保持一致,名称年度即出版(或编辑)年度,内容年度是出版年度的上一年度,比如《湖北统计年鉴 2016》表明该统计年鉴是 2016 年出版,但实际内容却是 2015 年的数据。这是由于《统计年鉴》的编纂需要花费比较多的时间,因而大多数省份的《统计年鉴》会在下半年甚至更靠后的时间出版发行,导致反映 2017 年相关数据的《××统计年鉴 2018》难以获取。而《统计公报》则是除极少省份外,大部分省份会在省级两会召开前予以发布,至迟一般也不会迟于 4 月份,因此相对更容易及时获得各省份的《统计公报 2017》。二是对应年份《统计年鉴》和《统计公报》的相关数据少有出入。比如《重庆统计年鉴 2015》显示"年末常住人口"为 2991.4 万人,同其《统计公报 2014》中"年末全市常住人口 2991.40 万人"的表述对比,常住人口数据是同一的。再如,《贵州省统计年鉴 2017》显示其 2016 年末常住人口为 3555万人,与其《统计公报 2016》中"年末常住人口 3555.00 万人"对比看,常住人口也是同一的。因此,《统计年鉴》与《统计公报》的数据基本具有同一性,用《统计公报》的数据进行相关分析与研究具有合理性、便利性。

四、反腐败指数的数据特征

（一）高检院①反腐败指数代表了全国反腐败指数平均数

表 3 - 1 - 1   2013 年至 2017 年高检院反腐败指数均值与排名概况

	2013 年	2014 年	2015 年	2016 年	2017 年
近五年反腐败指数均值	0.39	0.42	0.41	0.36	0.37
近五年高检院反腐败指数	0.38	0.40	0.39	0.34	0.33
近五年高检院反腐败指数排名	16	15	16	18	17

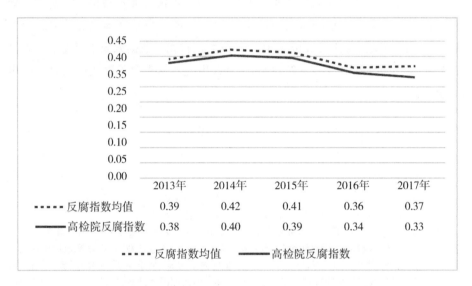

图 3 - 1 - 1   2013 年至 2017 年高检院反腐败指数与反腐败指数均值概况

表 3 - 1 - 1、图 3 - 1 - 1 显示：

1. 2013 年至 2017 年，反腐败指数均值与高检院反腐败指数虽有差异，但差距很小（0.01、0.02、0.02、0.02、0.04），且将高检院反腐败指数与省级反腐败指数排序（降序）对比可知，高检院反腐败指数排名一直稳定在中间位置（"16.5"左右）②，符合预期。

---

① 即最高人民检察院，下同。

② 1 到 32 的中位数是 16.5（16 与 17 的算术平均数）。

2. 高检院反腐败指数相比反腐败指数均值要小,二者数值的差值在 2017 年达到最大。

3. 2013—2017 年,反腐败指数均值与高检院反腐败指数的变化趋势基本相同。两者在 2013—2016 年的变动趋势均为增、减、大减,仅 2016 年反腐败指数均值出现增高,而高检院反腐败指数出现减少。

4. 2013—2016 年,反腐败指数均值与高检院反腐败指数变动幅度趋同。两者在 2013 年至 2014 年的变动幅度分别为增 0.03、增 0.02,而 2014—2015 年和 2015—2016 年的变动幅度则均为减 0.01 和减 0.05。①

这四点从侧面支持了高检院反腐败指数可以代表全国反腐败指数平均数,也支持了本报告所设计反腐败指数的可信度。

(二)超过 2/3 省级区划的反腐败指数峰值②出现在 2014 年和 2015 年

表 3 - 1 - 2　2013—2017 年反腐败指数峰值概况

省份	2013 年	2014 年	2015 年	2016 年	2017 年
峰值省级区划	5	13	8	3	2

表 3 - 1 - 2 显示:

1. 反腐败指数峰值出现在 2013 年的省份有 5 个。辽宁省、天津市从 2013 年开始呈现持续降低的趋势,尤其是辽宁省年均下降幅度超过 10%③;江苏省、吉林省、江西省的反腐败指数在 2013—2016 年呈现降低趋势,2017 年则出现不同幅度的上升,但都没有超过峰值。

2. 反腐败指数峰值出现在 2014 年的省份有 13 个。(1)安徽省、重庆市、云南省等 9 个省份反腐败指数均于 2016 年降至最低点,但其后存在不同幅度的上升

---

① 值得注意的是,国务院各部门被查处的领导干部一般由高检院指定管辖。公开资料显示,党的十八大以来被查处的省部级高官已超过百人,其中 90% 都是采用"指定管辖"办法——被指定到了官员曾任职以外的地区提起公诉、审判。参见汪文涛:《打虎,"指定管辖"很厉害》,《检察日报》2016 年 5 月 10 日,第 5 版。指定管辖和异地审理排除了官员在原任职地人际影响的干扰,能够保证案件的依法查办和公正审理。国务院各部门被查处的领导干部由高检院指定管辖已成常态化,总体上对高检院的反腐败指数没有影响,但是否影响特定省份的反腐败指数,目前尚无定论,有待更深入的研究。

② "峰值",即最大值。

③ $0.58(1-x)(1-x)(1-x)(1-x) = 0.36$,其中 x 即为年均下降幅度。

（最大上升幅度为黑龙江省：0.1），且都没有超过峰值①；（2）海南省、甘肃省、宁夏回族自治区的反腐败指数在 2014 年达到峰值后即开始连年下降，2017 年降至最低值②；（3）仅河南省的反腐败指数在 2014 年达到峰值后，呈现出升→降→升→降的趋势，但后续变化均没有突破峰值。

3. 反腐败指数峰值出现在 2015 年的省份有 8 个。除福建省与广西壮族自治区的反腐败指数呈"对称分布"外，其余省份均在 2016 年至 2017 年间出现"先降后升"的趋势，但都没有超过峰值。

4. 反腐败指数峰值出现在 2016 年的省份有 3 个。这 3 个省份反腐败指数的变化趋势是有升有降、升降交替。西藏自治区与内蒙古自治区反腐败指数从 2013 年开始逐渐升高，到 2016 年达到峰值，其后 2017 年出现下降趋势。北京市反腐败指数峰值也出现在 2016 年，2017 年数值亦出现了下降的趋势。

5. 反腐败指数峰值出现在 2017 年的省份有 2 个，且这 2 个省份都存在反腐败指数逐渐升高的趋势。新疆维吾尔自治区 2016 年出现较小幅度的下降，2017 年则大幅度升高（0.11）且出现峰值；而陕西省则表现出明显的持续上升趋势，但上升幅度有所减弱（0.07、0.07、0.02、0.03）。

对反腐败指数峰值分布规律进行分析可知：自 2013 年起，反腐败指数普遍存在先上升后下降的趋势，且超过 2/3 省份的反腐败指数峰值出现在 2014 年和 2015 年。

（三）反腐败指数变化趋势是稳定性与变异性的统一

2013 年至 2017 年反腐败指数描述性统计③如下：

---

① 反腐败指数均值也呈现该种变化趋势。
② 高检院反腐败指数变化趋势亦同。
③ 描述性统计分析，是将研究中所得的数据进行整理、归类、简化或绘制成图表，以此来描述和归纳数据的特征及变量之间的关系的一种最基本的统计方法。其中，反映数据集中趋势（指一组数据向某一个中心值靠拢的倾向）的包括均值、中位数、众数等；反映数据离散程度（指一组数值远离其中心值——如果数值都紧密地集中在中心值周围，则数值的离散程度较小，说明这个中心值对数值的代表性好，反之则不好），包括全距、方差、标准差；反映数据分布形态（主要表明数值分布是否对称、分布陡峭程度如何等），包括偏度与峰度。本报告的描述性统计分析运用 Microsoft Excel 的"数据－数据分析"功能做出。

表 3 – 1 – 3　2013—2017 年反腐败指数描述性统计概况

2013 年反腐败指数		2014 年反腐败指数		2015 年反腐败指数		2016 年反腐败指数		2017 年反腐败指数	
平均值①	0.39	平均值	0.42	平均值	0.41	平均值	0.36	平均值	0.37
中位数②	0.37	中位数	0.38	中位数	0.38	中位数	0.35	中位数	0.35
众数③	/	众数	/	众数	/	众数	/	众数	/
标准差④	0.15	标准差	0.15	标准差	0.14	标准差	0.13	标准差	0.14
方差⑤	0.02	方差	0.02	方差	0.02	方差	0.02	方差	0.02
峰度⑥	2.86	峰度	1.81	峰度	0.75	峰度	1.77	峰度	1.43
偏度⑦	1.26	偏度	1.13	偏度	0.74	偏度	1.19	偏度	1.05

① 即算术平均数,是反映某项数值所有取值的集中趋势或平均水平的指标。比如,2013 年反腐败指数的平均值就是指 2013 年 31 个省、自治区、直辖市的反腐败指数的算术平均数。

② 即一组数据按升序或降序排序后,处于最中间位置上的数值即为中位数(数据个数为奇数时);如果数据个数为偶数,则取中间两个数据的平均值为中位数。因每年有 31 个数据,因此升序或者降序排列后第 16 位数据为该组数据的中位数。

③ 一组数据,必定存在平均数和中位数且都具有唯一性,但不一定存在众数。众数即一组数值中出现次数最多的数据,可能存在不止一个众数,也可能没有众数。需要说明的是,此处反腐败指数的众数是保留两位小数的结果,但实际上并不存在众数,因此都不取众数。

④ 表示变量取值距离均值的平均离散程度,其数值越大则变量值之间的差异越大,也说明变量值距离均值这个中心值的离散趋势越大(越小越稳定),反之则小。数值上等于方差的二次方根。

⑤ 即各变量值与算术平均值离差平方和的算术平均数。

⑥ 用以描述变量数值分布形态的陡峭程度,当数值分布与标准正态分布陡峭程度相同时峰度为 0,大于 0 表示数值的分布比标准正态分布更陡峭,称为尖峰分布;小于 0 则表示比标准正态分布平缓,称为平峰分布。

⑦ 描述变量数值分布形态的对称性,偏度为 0 时表示对称分布。当分布不对称时,正负总偏差不相等,偏度大于 0 或小于 0,其绝对值越大则表示数值分布形态偏斜程度越大。

2013 年 反腐败指数		2014 年 反腐败指数		2015 年 反腐败指数		2016 年 反腐败指数		2017 年 反腐败指数	
区域①	0.76	区域	0.68	区域	0.61	区域	0.57	区域	0.59
最小值②	0.12	最小值	0.20	最小值	0.19	最小值	0.17	最小值	0.17
最大值③	0.89	最大值	0.88	最大值	0.79	最大值	0.74	最大值	0.76
求和④	12.10	求和	12.98	求和	12.70	求和	11.18	求和	11.38
观测数⑤	31	观测数	31	观测数	31	观测数	31	观测数	31
最大值 (2)⑥	0.63	最大值 (2)	0.65	最大值 (2)	0.66	最大值 (2)	0.68	最大值 (2)	0.66
最小值 (2)⑦	0.19	最小值 (2)	0.23	最小值 (2)	0.20	最小值 (2)	0.21	最小值 (2)	0.17
置信度⑧	0.06	置信度	0.05	置信度	0.05	置信度	0.05	置信度	0.05

表 3-1-3、图 3-1-2 显示：

1. 在描述数据集中程度的指标中,中位数的变化趋势与反腐败指数平均值的变化基本一致。反腐败指数均值于 2014 年达到峰值,反腐败指数中位数于 2014 年和 2015 年达到峰值,其后出现比较明显的下降趋势,且 2016 年相比 2015 年都存在较大幅度的下滑,2017 年与 2016 年持平,中位数的变化趋势再次印证了反腐败指数近五年来的变化方向。

2. 在描述数据离散程度的指标中,极差分别是 0.76、0.68、0.61、0.57、0.59；

---

① 也被称为全距或极差,是数值中最大值与最小值的差值。下文如无特殊说明,即统称为:极差。

② 指特定年份反腐败指数中的最小值。

③ 指特定年份反腐败指数中的最大值。

④ 指特定年份反腐败指数数值的总和。

⑤ 指特定年份反腐败指数有效的个数。

⑥ 指特定年份反腐败指数中正数第二大值

⑦ 指特定年份反腐败指数中倒数第二小值。

⑧ 也称为可靠度或置信水平,是指总体参数值落在样本统计值中某一区间的概率,常用的置信度是 95% 或 90%,本报告设定为 95%。

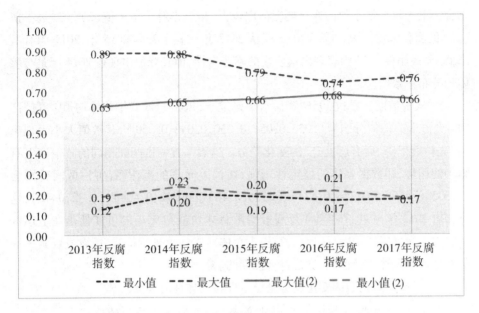

图 3 - 1 - 2 **2013—2017 年最大值(2)、最小值(2)概况**

方差尽管都为 0.02,但实际上如果保留三位小数,则其在 2013 年至 2016 年间是持续下降的,2017 年则有所上升;标准差分别为 0.15、0.15、0.14、0.13、0.14①。描述离散程度的指标全部趋向于降低(衡量三种指标的值呈现减小趋势),表明平均值越来越具有代表性,这是一种稳定性的表现。但总体趋势中又带有一定的变异因素,比如,极差从 2013 年一直降低到 2016 年,2017 年则又有所上升,再比如,标准差也有这种变化。

3. 在描述数据分布形态的指标中,峰度分别是 2.86、1.81、0.75、1.77、1.43,尽管峰度在数值上变化频繁且变化较大,但都保持大于"0"的状态,这说明各年反腐败指数的分布都呈现出比标准正态分布更陡峭的尖峰分布;与此同时,偏度依次为 1.26、1.13、0.74、1.19、1.05,也印证了各年反腐败指数分布得不对称,而数值始终大于"0"则表示呈现相同方向的偏斜程度,这是稳定性的另一个表现。同时,峰度与偏度于 2013 年与 2016 年形成两个"高点","高点"之后又呈现下降趋势,这体现出反腐败指数年际变化的内部差异性。

4. 最大值、最小值分别于 2013 年、2014 年达到峰值,其后表现出比较明显的降低趋势,至 2017 年又有所上升,这基本与大多数省份反腐败指数的变化趋势相

---

① 2014 年标准差实际上略小于 2013 年标准差。

吻合。最大值与最小值的变化幅度都比较大;相对来看,"最大值(2)"与"最小值(2)"的变化幅度不大,"最大值(2)"从2013年一直上升到2016年,2017年有所降低。"最小值(2)"则表现出很明显的不稳定性,但其峰值出现在2014年是与整体的分布一致的。

5. 从置信度来看,在95%置信水平设定下,得出的近五年总体均值①置信区间②允许误差的值分别为0.055、0.054、0.050、0.048、0.050③,其数值大小呈现出的"先持续下降、后有所上升"的变化趋势。这表明置信区间在相同的置信度下有缩小的趋势,即数据整体的稳定性增强;在误差允许的范围内,置信区间分别为[0.335,0.445]、[0.366,0.474]、[0.36,0.46]、[0.312,0.408]、[0.32,0.42],这意味着2013年至2017年各年反腐败指数总体均值有95%的可能性落在上述区间之内。如果以高检院反腐败指数作为总体样本均值进行检验,可以发现其无一例外地处于上述置信区间,这是符合预期的。④

可见,反腐败指数的变化趋势是稳定性与变异性的统一。

(四)反腐败指数整体上呈现北高南低、华东地区最低的地域分布规律

表3-1-4　七个地理分区反腐败指数均值概况

地理分区	包含省份	2013年反腐败指数	2014年反腐败指数	2015年反腐败指数	2016年反腐败指数	2017年反腐败指数	分省份均值⑤	地理分区均值⑥
华东	江苏省	0.27	0.27	0.25	0.25	0.25	0.26	0.31
	浙江省	0.32	0.37	0.33	0.22	0.30	0.31	
	安徽省	0.34	0.36	0.34	0.29	0.29	0.32	
	福建省	0.38	0.41	0.42	0.35	0.30	0.37	

---

① 总体均值是指数据收集齐全条件下的均值。
② 是指在某一置信水平之下,样本统计值与总体参数值间的误差范围,置信区间越大,置信水平越高。
③ 为方便比较,此处保留三位小数。
④ 因为在不考虑港澳台的条件下,我国大陆地区仅新疆生产建设兵团人民检察院与中国人民解放军军事检察院没有包括在样本之内,该样本仍具备很强的代表性。
⑤ 即特定省份近五年反腐败指数的算术均值。比如湖北省"分省份均值"是0.41、0.50、0.52、0.41、0.42、0.45的算术平均数,结果保留两位小数。
⑥ 即该特定区域所含省份"分省份均值"的算术平均数。比如华北地区"地理分区均值"是0.39、0.52、0.22、0.25、0.64的算术平均数,结果保留两位小数。

续表

地理分区	包含省份	2013年反腐败指数	2014年反腐败指数	2015年反腐败指数	2016年反腐败指数	2017年反腐败指数	分省份均值	地理分区均值
华东	江西省	0.38	0.38	0.37	0.30	0.31	0.35	0.31
	山东省	0.33	0.36	0.37	0.31	0.32	0.34	
	上海市	0.19	0.20	0.20	0.17	0.17	0.18	
西南	重庆市	0.30	0.30	0.29	0.21	0.22	0.27	0.32
	四川省	0.29	0.30	0.30	0.27	0.28	0.29	
	贵州省	0.33	0.37	0.38	0.35	0.35	0.36	
	云南省	0.41	0.46	0.45	0.39	0.43	0.43	
	西藏自治区	0.12	0.26	0.28	0.30	0.23	0.24	
华南	广东省	0.29	0.32	0.29	0.26	0.30	0.29	0.34
	广西壮族自治区	0.37	0.38	0.38	0.37	0.35	0.37	
	海南省	0.36	0.39	0.38	0.33	0.33	0.36	
西北	新疆维吾尔自治区	0.31	0.34	0.40	0.37	0.48	0.38	0.47
	青海省	0.38	0.43	0.47	0.41	0.43	0.42	
	甘肃省	0.53	0.56	0.48	0.38	0.38	0.47	
	陕西省	0.38	0.45	0.52	0.54	0.57	0.49	
	宁夏回族自治区	0.63	0.65	0.63	0.50	0.44	0.57	
华北	河北省	0.39	0.41	0.40	0.35	0.38	0.39	0.40
	山西省	0.50	0.55	0.54	0.48	0.51	0.52	
	北京市	0.21	0.23	0.19	0.24	0.22	0.22	

续表

地理分区	包含省份	2013年反腐败指数	2014年反腐败指数	2015年反腐败指数	2016年反腐败指数	2017年反腐败指数	分省份均值	地理分区均值
华北	天津市	0.32	0.26	0.26	0.23	0.17	0.25	0.40
	内蒙古自治区	0.55	0.64	0.66	0.68	0.66	0.64	
东北	黑龙江省	0.59	0.59	0.52	0.38	0.48	0.51	0.61
	辽宁省	0.60	0.58	0.53	0.42	0.36	0.50	
	吉林省	0.89	0.88	0.79	0.74	0.76	0.81	
华中	湖南省	0.27	0.27	0.31	0.22	0.24	0.26	0.39
	河南省	0.44	0.48	0.45	0.47	0.42	0.45	
	湖北省	0.41	0.50	0.52	0.41	0.42	0.45	

表 3-1-5　2013 年至 2017 年各省份反腐败指数排名概况

省/自治区/直辖市	所属地区	2013年排名	2014年排名	2015年排名	2016年排名	2017年排名
吉林省	东北	1	1	1	1	1
内蒙古自治区	华北	5	3	2	2	2
陕西省	西北	14	11	6	3	3
山西省	华北	7	7	4	5	4
黑龙江省	东北	4	4	7	12	5
新疆维吾尔自治区	西北	23	22	15	13	6
宁夏回族自治区	西北	2	2	3	4	7
云南省	西南	9	10	12	10	8
青海省	西北	12	12	10	8	9
湖北省	华中	10	8	8	9	10

续表

省/自治区/直辖市	所属地区	2013年排名	2014年排名	2015年排名	2016年排名	2017年排名
河南省	华中	8	9	11	6	11
河北省	华北	11	14	14	17	12
甘肃省	西北	6	6	9	11	13
辽宁省	东北	3	5	5	7	14
贵州省	西南	20	19	18	15	15
广西壮族自治区	华南	16	16	16	14	16
海南省	华南	17	15	17	18	17
山东省	华东	19	21	19	19	18
江西省	华东	15	17	20	20	19
浙江省	华东	22	18	22	29	20
广东省	华南	26	23	25	24	21
福建省	华东	13	13	13	16	22
安徽省	华东	18	20	21	22	23
四川省	西南	25	25	24	23	24
江苏省	华东	27	27	29	25	25
湖南省	华中	28	26	23	28	26
西藏自治区	西南	31	28	27	21	27
重庆市	西南	24	24	26	30	28
北京市	华北	29	30	31	26	29
上海市	华东	30	31	30	31	30
天津市	华北	21	29	28	27	31

表 3 – 1 – 6　2013 年至 2017 年南方省份与北方省份反腐败指数平均值概况

区域	2013 年反腐败指数平均值①	2014 年反腐败指数平均值	2015 年反腐败指数平均值	2016 年反腐败指数平均值	2017 年反腐败指数平均值
北方②	0.47	0.50	0.48	0.43	0.44
南方③	0.32	0.35	0.34	0.29	0.30
差值④	0.16	0.15	0.14	0.14	0.14
幅度⑤	49.36%	42.87%	40.26%	47.92%	46.72%

表 3 – 1 – 4、表 3 – 1 – 5、表 3 – 1 – 6 显示：

1. 我国七个地理分区的反腐败指数由高到低排序依次是东北、西北、华北、华中、华南、西南、华东，这表明北方地区的反腐败指数均值明显大于南方地区。

2. 从 2013 年至 2017 年各省级区划反腐败指数排名概况可以看出，排名靠前的主要是北方地区。北方地区的省级区划共有 15 个，其 2013 年至 2017 年依次有 8 个、8 个、9 个、8 个、8 个省级区划在全国反腐败指数排名中位列前十，占比 80% 以上。在反腐败指数排名最靠后的省级区划中，2013 年至 2017 年依次只有 2 个、3 个、2 个、2 个、2 个北方地区，且具体区划比较固定。

3. 从 2013 年至 2017 年南方省份与北方省份反腐败指数平均值概况可以看出，我国北方省份反腐败指数平均值始终大于南方省份反腐败指数平均值，且幅

---

① 即所包含省份当年反腐败指数的算术平均数，结果保留两位小数，下同。

② 此处北方省份包括：陕西省、山东省、河南省、青海省、河北省、甘肃省、黑龙江省、辽宁省、吉林省、山西省、新疆维吾尔自治区、宁夏回族自治区、内蒙古自治区、北京市及天津市，共 15 个省份。

③ 此处南方省份包括江苏省、安徽省、浙江省、上海市、湖北省、湖南省、江西省、福建省、云南省、贵州省、四川省、重庆市、广西壮族自治区、西藏自治区、广东省与海南省，共 16 个省份。香港特别行政区、澳门特别行政区与台湾地理位置上属于南方，因缺少有效数据而不包括在内。

④ 即北方省份反腐败指数平均值减去南方省份反腐败指数平均值的结果，保留两位小数，下同。

⑤ 即"差值/南方省份反腐败指数平均值"所得结果的百分比值，百分比值保留两位小数，下同。

度均超过 40% 以上。

上述分析均表明,从地域角度来看,反腐败指数整体上呈现北高南低、华东地区最低的规律。

(五)一些值得说明的特殊现象

1. 吉林省的反腐败指数始终最大,连年排名第一。从表 3 - 1 - 4 可以看出,虽然吉林省(东北地区)的反腐败指数从 2013 年至 2016 年一直表现出很明显的下降趋势(2016 年最低值 0.74 相较于 2013 年峰值 0.89 降幅接近 17%),但其排名始终保持在第一位,且与排名第二位的省级区划的反腐败指数差距较大(差距基本保持在 0.1 以上,见表 3 - 1 - 5、表 3 - 1 - 6)。

2. 上海市的反腐败指数排名则属于另一个极端,即在最靠后位置。其五年内的反腐败指数排名极差为"1",排名位置在 30 与 31 之间徘徊,反腐败指数的数值很稳定,且变化幅度不大(0.19、0.20、0.20、0.17、0.17)。

3. 内蒙古自治区、贵州省、陕西省、新疆维吾尔自治区的反腐败指数排名呈现出越来越靠前的趋势,反腐败指数也呈现逐渐增大的趋势。而宁夏回族自治区、安徽省、甘肃省、辽宁省的反腐败指数排名呈现出越来越靠后的趋势,这四个省份反腐败指数也有明显的降低趋势。

五、反腐败指数的影响因素

(一)中央巡视巡查取得显著反腐成效①

一般而言,存在中央巡视组巡视的情形时,相应年份、相关省份的反腐败指数会存在不同幅度的上升。这说明中央巡视巡查与反腐败指数提升有着比较明确的关系。当然,在个别情况下,一些经过中央巡视巡查省份的反腐败指数变化也存在异常情况,这说明影响反腐败成效的因素是错综复杂的。例如,2013 年下半年中央巡视组共进行了两轮巡视,其对于反腐败的影响应当在 2014 年得到明显体现。而对比巡视省份 2013 年与 2014 年反腐败指数的变化可以发现,除少数省份下降(但幅度不大)或保持不变外,其余省份都存在一定幅度上升(见表 3 - 1 - 7)。

---

① 2013 年至 2017 年,中央巡视工作领导小组共组织了十二轮巡视,其中第一、二、三、四轮为常规巡视,第五、六、七、八轮为专项巡视,第九、十、十一轮巡视既有针对地方省份的"回头看巡视",也有针对其他中管部门的"专项巡视",第十二轮则包含"回头看巡视"、专项巡视与机动式巡视(中铁总、中船重工、中央网信办、国务院扶贫办)。资料来源:中央纪委、国家监察委网站。

表 3-1-7　2013 年第一轮、第二轮中央巡视省份反腐败指数概况

省份	2013 年巡视	2013 年反腐败指数	2014 年反腐败指数
湖北省	一	0.41	0.50
贵州省	一	0.33	0.37
江西省	一	0.38	0.38
内蒙古自治区	一	0.55	0.64
重庆市	一	0.30	0.30
湖南省	二	0.27	0.27
安徽省	二	0.34	0.36
云南省	二	0.41	0.46
广东省	二	0.29	0.32
吉林省	二	0.89	0.88
山西省	二	0.50	0.55

　　对比 2014 年第三轮、第四轮中央巡视的 20 个省份之反腐败指数发现:被巡视的海南省、河南省、甘肃省等 13 个省份反腐败指数在 2014 年、2015 年达到峰值,占 2014 年、2015 年峰值省份个数总数的 61.90%,其中峰值出现在 2014 年的有 8 个省份,而出现在 2015 年的有 5 个省份,分别占比 61.54%、62.50%。除陕西省的极端情况外(陕西省 2013 年至 2017 年反腐败指数持续上升)①,江苏省、辽宁省及天津市等省份 2014 年或 2015 年的反腐败指数数值也比较大,且位于各自省份反腐败指数峰值的次位。如江苏省 2014 年反腐败指数略低于 2013 年反腐败指数峰值,但二者差值仅为 0.005 左右。这些充分地说明中央巡视巡查在推动反腐败方面取得了积极、显著的成效。②

---

①　实际上,陕西省反腐败指数近年来连年上升,并在受到中央巡视第十二轮"回头看巡视"的 2017 年达到最大值。

②　需要强调的是,2016 年、2017 年开展的第九、十、十一、十二轮"回头看巡视",各巡视了 4 个共计 16 个省份,但由于被巡视省份数量较少、分布不均匀,且与未被巡视省份数量对比差距悬殊,导致在被巡视省份之间及其与未被巡视省份之间进行反腐败指数对比的意义不大,因此不再就此展开分析。

（二）大案要案查办成为反腐强劲推力

1. 大案数量①影响反腐败指数。从数据最齐全的陕西省看,在不考虑其他因素的条件下,大案数量与反腐败指数总体上呈现明显的正相关(同增同减)关系,即该省 2013 年至 2015 年大案数量依次递增(从 491 增加到 779),反腐败指数也依次递增(从 0.38 增加到 0.52)②。从 2013 年至 2016 年数据齐全的河北省与贵州省亦可发现此规律,即反腐败指数与查处大案数量基本上同增同减。同时还可以发现特定省份年际之间查处大案数量差异比较大时,其对应的反腐败指数差异也比较大,而前者差异不大时后者差异也不大(见表 3－1－8)。③

表 3－1－8　2013 年至 2017 年大案数量与反腐败指数概况

省份	2013 年大案数量	2013 年反腐败指数	2014 年大案数量	2014 年反腐败指数	2015 年大案数量	2015 年反腐败指数	2016 年大案数量	2016 年反腐败指数
陕西省	491	0.38	653	0.45	779	0.52	700	0.54
湖南省	980	0.27	1012	0.27	1203	0.31	985	0.22
河北省	965	0.39	1374	0.41	1387	0.40	986	0.35
贵州省	806	0.33	930	0.37	996	0.38	630	0.35
山西省	910	0.50	945	0.55	954	0.54	390	0.48
内蒙古自治区	547	0.55	699	0.64	666	0.66	563	0.68

---

① 根据《中国法律年鉴 2016》的指标解释,"大案"是指立案中,贪污案件、贿赂案件数额在五万元以上,挪用公款案件数额在十万元以上,同时参照《人民检察院直接受理立案侦查的渎职侵权重特大案件标准(试行)》,本报告中的"大案数量"就是指该三种类型案件数量的总和。遗憾的是,仅陕西省能根据相应数据直接得出或者计算出 2017 年相应数据。

② 但是 2016 年以后,在陕西省查办的大案数量明显降低之时,反腐败指数却依然持续升高,其原因可能主要在于近年来陕西省为发展经济,从而大力反腐(近年陕西省经济增长率出现明显升高趋势)。

③ 实际上,从数据不全的省份也能看出些许端倪。比如,福建省 2013 年至 2015 年百万以上大案分别是 55 件、82 件、105 件,对应的反腐败指数分别是 0.38、0.41、0.42。

2. 要案数量①影响反腐败指数。在不考虑其他因素的条件下,要案数量与反腐败指数总体上也呈现明显的正相关(同增同减)关系,表现比较明显的是内蒙古自治区、安徽省、四川省、重庆市等(见表3-1-9)。

表3-1-9 2013年至2017年要案数量与反腐败指数概况②

省份	2013年被查人数	2013年反指③	2014年被查人数	2014年反指	2015年被查人数	2015年反指	2016年被查人数	2016年反指	2017年被查人数	2017年反指
海南省	33	0.36	56	0.39	85	0.38	62	0.33	32	0.33
湖南省	88	0.27	95	0.27	158	0.31	137	0.22	139	0.24
河南省	199	0.44	270	0.48	320	0.45	227	0.47	190	0.42
安徽省	125	0.34	145	0.36	110	0.34	124	0.29	107	0.29
广东省	202	0.29	277	0.32	288	0.29	213	0.26	652	0.30
福建省	59	0.38	79	0.41	90	0.42	104	0.35	54	0.30
黑龙江省	126	0.59	202	0.59	226	0.52	69	0.38	116	0.48
辽宁省	199	0.60	227	0.58	221	0.53	187	0.42	263	0.36
四川省	121	0.29	200	0.30	252	0.30	135	0.27	137	0.28
江西省	85	0.38	101	0.38	108	0.37	55	0.30	54	0.31
内蒙古自治区	57	0.55	100	0.64	81	0.66	93	0.68	78	0.66

---

① 根据《中国法律年鉴2016》的指标解释,"要案"是指立案的县处级以上干部犯罪案件(人数)。本报告中的"要案数量"意指职务犯罪案件中被查出县处级人数的数量。除极少数省份外,大多数省份2017年相应数据通过先计算其2013年至2016年的总和,再以其最新公布的总数据减去前四年数据的和得到2017年相关数据,比如海南省、河南省等。

② 除重庆市等极个别省份在2018年《检察院工作报告》中单列2017年立案侦查职务犯罪要案人数外,绝大部分省份在报告中公布的是2013年至2017年五年的数据。因此在计算相关省份2017年立案侦查职务犯罪要案人数时,通过2013年至2017年要案人数总和减去2013年至2016年要案人数总和得出。比如黑龙江省2013年至2017年立案侦查要案人数总和为739人,2013年至2016年立案侦查要案人数分别为126、202、226、69人,因此黑龙江省2017年立案侦查职务犯罪要案人数=739-(126+202+226+69)=116人。

③ 指"反腐败指数",下同。

续表

省份	2013 年被查人数	2013 年反指	2014 年被查人数	2014 年反指	2015 年被查人数	2015 年反指	2016 年被查人数	2016 年反指	2017 年被查人数	2017 年反指
天津市	27	0.32	55	0.26	95	0.26	78	0.23	57	0.17
重庆市	184	0.30	177	0.30	158	0.29	124	0.21	114	0.22

大案、要案的数量越多,可能牵涉的范围、波及的人员就越多,结果是直接导致立案侦查人数的明显上升,反腐败指数也随之增高。

（三）高级干部贪腐落马升高反腐败指数

1. 从落马正省部级领导干部的地方省份来看,党委、政府"一把手"落马对反腐败指数的影响相对高一些。比如,第十二届全国政协原副主席苏荣曾于 2007 年至 2013 年担任江西省委书记职务,其于 2014 年 6 月 14 日被中央纪委立案审查,2015 年 2 月被高检院立案侦查,而江西省 2014 年反腐败指数几乎处于峰值；又如,河北省委原书记周本顺于 2015 年 7 月 24 日被中央纪委立案审查,2015 年 10 月 29 日被高检院立案侦查,而河北省 2015 年反腐败指数很接近于峰值 0.41；再如,云南省委原书记白恩培于 2014 年 8 月 29 日被中央纪委立案审查,2015 年 1 月 13 日被高检院立案侦查,而云南省反腐败指数恰好在 2014 年出现峰值；还如,福建省原省长苏树林落马、重庆市委原书记孙政才落马分别对福建省与重庆市的反腐败指数产生了影响。[①]

2. 被查出高级领导干部人数与反腐败指数也存在一定关系。比如,2014 年江西省有四个省部级领导（包括苏荣）落马对该省反腐态势产生影响,江西省 2014 年反腐败指数与 2013 年基本持平（处于峰值附近）。再如,山西省 2014 年有八名省部级领导干部被查处,相应地,2014 年山西省的反腐败指数也处于近几年最高水平（0.55）。又如,2013 年至 2017 年,北京市除北京市委原副书记吕锡文于 2015 年年底落马外[②],其余年份均无落马省部级官员,近五年北京市反腐败指数正好在 2016 年出现峰值,2016 年北京市立案侦查人数也达到最大值（526 人,相比 2015 年上升 30.85%）。

---

①　苏树林落马当年福建省反腐败指数处于峰值；孙政才落马当年重庆市反腐败指数出现反弹。

②　2015 年 11 月有相关报道,2016 年 1 月移送司法机关,因此对 2016 年北京市反腐败产生显著影响。

（四）入罪门槛修改致使反腐败指数下降

相关法律修改也对职务犯罪的查处产生了直接影响。我们发现,除北京市、内蒙古自治区、河南省、西藏自治区和陕西省五个省份外,我国大部分省份 2016 年的反腐败指数和立案侦查人数较之以往均有所下降,且平均下降比例基本相当,分别为 15.58% 和 14.93%。我们认为,该现象与 2015 年下半年《刑法修正案（九）》及最高人民法院、最高人民检察院《关于办理贪污贿赂刑事案件适用法律若干问题的解释》对贪污受贿犯罪入刑标准的大幅提高存在密切关系。入罪门槛提高必然导致职务犯罪立案侦查人数下降,同时由于常住总人口数呈现上升趋势,最终使得反腐败指数普遍下降。实际上,在反腐败指数上升的这五个省份中,其反腐败指数与立案侦查人数上升的比例也很接近,分别为 9.31%、10.07%,但上升比例显然相比上述该两项指标的平均下降比例小,这可以说明这些省份反腐败指数与立案侦查人数也受到了法律修改的影响。

值得注意的是,法律修改对于各省反腐败指数排名并未产生直接影响。[1] 从分析各省级区划反腐败力度排名的角度,人们可以忽略法律修改这一因素的可能影响。

六、后续改进

本报告主要意图在抛砖引玉,存在很多的完善空间。后续研究将从以下几方面寻求突破:

一是 2013 年至 2017 年相关数据不完全,目前只能以样本数据对总体进行估计,如能收集完整的相关数据,本报告的分析必将具有更好的可靠性与有效性。

二是数据时间跨度较短,要形成更加基础广泛的分析和论证,有必要收集更广泛范围的相关数据。

三是数据分析方法相对简单,运用统计学中比较基础的相关性分析与描述性统计的方法,难以进行数据的检验。

四是对影响因素分析属于仅根据数据进行简单的论证,没有触及内部的影响机制。

五是研究点线面还有待挖掘。如现有数据分析表明"反腐败指数与经济发展

---

[1] 2014 年相对 2013 年仅有 1 个省份反腐败指数排名升降变化超过 5,2015 年相比 2014 年也仅有 1 个省份反腐败指数排名变化超过 5,尽管 2016 年与 2017 年分别有 7 个、6 个省份反腐败指数排名变化超过 5,但考虑到少数省份 2016 年及 2017 年反腐败指数的变化情况与一般趋势"不同",因此整体来看法律修改对反腐败指数排名的影响应该不大。

水平指标均呈中、低度负相关关系",那么能否从中解读地方经济发展水平同反腐败力度的关系? 现有数据分析还表明"反腐败指数的峰值集中在 2014 年和 2015年",假如同"当下反腐败力度越来越大的现实"结合分析,能否得出我国的腐败存量与腐败增量已经发生变化的结论? 回答诸如此类的问题,均需要继续研究。

附件 1　2013—2017 年各省级区划及全国立案侦查人数概况

单位:人

省/自治区/直辖市	2013 年立案侦查人数	2014 年立案侦查人数	2015 年立案侦查人数	2016 年立案侦查人数	2017 年立案侦查人数
北京市	438	505	402	526	468
天津市	473	397	396	360	268
河北省	2881	3030	2990	2583	2889
山西省	1829	1991	1989	1766	1894
内蒙古自治区	1375	1610	1655	1713	1671
辽宁省	2640	2568	2333	1826	1588
吉林省	2438	2433	2184	2020	2076
黑龙江省	2252	2277	1991	1457	1821
上海市	453	486	476	400	421
江苏省	2155	2110	2022	1996	2021
浙江省	1757	2065	1803	1217	1711
安徽省	2061	2219	2074	1779	1827
福建省	1449	1567	1623	1351	1176
江西省	1707	1712	1688	1382	1419
山东省	3260	3563	3675	3046	3230

续表

省/自治区/ 直辖市	2013 年立案 侦查人数	2014 年立案 侦查人数	2015 年立案 侦查人数	2016 年立案 侦查人数	2017 年立案 侦查人数
河南省	4157	4523	4297	4487	4036
湖北省	2374	2897	3021	2421	2502
湖南省	1801	1794	2105	1532	1614
广东省	3073	3443	3198	2825	3376
广西壮族自治区	1748	1819	1841	1770	1723
海南省	322	354	347	303	302
重庆市	892	906	873	647	688
四川省	2384	2457	2483	2214	2325
贵州省	1158	1295	1324	1255	1268
云南省	1935	2145	2122	1871	2072
西藏自治区	39	84	91	99	79
陕西省	1421	1702	1986	2041	2175
甘肃省	1369	1439	1241	1001	996
青海省	222	251	274	245	255
宁夏回族自治区	410	430	420	336	302
新疆维吾尔 自治区	712	786	945	889	1171
全国	51306	55101	54249	47650	46113

附件2 2013—2017年各省级区划及全国常住总人口数概况

单位:万人

省/自治区/直辖市	2013年	2014年	2015年	2016年	2017年
北京市	2114.8	2151.6	2170.5	2172.9	2170.7
天津市	1472.21	1516.81	1546.95	1562.12	1556.87
河北省	7332.61	7383.75	7424.92	7470.05	7519.52
山西省	3630	3648	3664	3681.64	3702.35
内蒙古自治区	2497.61	2504.8	2511.04	2520.1	2528.6
辽宁省	4390	4391.4	4382.4	4377.8	4368.9
吉林省	2751.28	2752.38	2753.3	2733.03	2717.43
黑龙江省	3835	3833	3812	3799.2	3788.7
上海市	2415.15	2425.68	2415.27	2419.7	2418.33
江苏省	7939.49	7960.06	7976.3	7998.6	8029.3
浙江省	5498	5508	5539	5590	5657
安徽省	6029.8	6082.9	6143.6	6195.5	6254.8
福建省	3774	3806	3839	3874	3911
江西省	4522.2	4542.2	4565.6	4592.3	4622.1
山东省	9733.39	9789.43	9847.16	9946.64	10005.83
河南省	9413	9436	9480	9532.42	9559.13

续表

省/自治区/直辖市	2013 年	2014 年	2015 年	2016 年	2017 年
湖北省	5799	5816	5851.5	5885	5902
湖南省	6690.6	6737.2	6783	6822	6860.2
广东省	10644	10724	10849	10999	11169
广西壮族自治区	4719	4754	4796	4838	4885
海南省	895.28	903.48	910.82	917.13	925.76
重庆市	2970	2991.4	3016.55	3048.43	3075.16
四川省	8107	8140.2	8204	8262	8302
贵州省	3502.22	3508.04	3529.5	3555	3580
云南省	4686.6	4713.9	4741.8	4770.5	4800.5
西藏自治区	312.04	317.55	323.97	330.54	337.15
陕西省	3763.7	3775.12	3792.87	3812.62	3835.44
甘肃省	2582.18	2590.78	2599.55	2609.95	2625.71
青海省	577.79	583.42	588.43	593.46	598.38
宁夏回族自治区	654.19	661.54	667.88	674.9	681.79
新疆维吾尔自治区	2264.3	2298.47	2360	2398.08	2444.67
全国	136072	136782	137462	138271	139008

附件3 2013—2017年各省级区划及全国反腐败指数概况

省/自治区/直辖市	2013年反腐败指数	2014年反腐败指数	2015年反腐败指数	2016年反腐败指数	2017年反腐败指数
北京市	0.21	0.23	0.19	0.24	0.22
天津市	0.32	0.26	0.26	0.23	0.17
河北省	0.39	0.41	0.40	0.35	0.38
山西省	0.50	0.55	0.54	0.48	0.51
内蒙古自治区	0.55	0.64	0.66	0.68	0.66
辽宁省	0.60	0.58	0.53	0.42	0.36
吉林省	0.89	0.88	0.79	0.74	0.76
黑龙江省	0.59	0.59	0.52	0.38	0.48
上海市	0.19	0.20	0.20	0.17	0.17
江苏省	0.27	0.27	0.25	0.25	0.25
浙江省	0.32	0.37	0.33	0.22	0.30
安徽省	0.34	0.36	0.34	0.29	0.29
福建省	0.38	0.41	0.42	0.35	0.30
江西省	0.38	0.38	0.37	0.30	0.31
山东省	0.33	0.36	0.37	0.31	0.32
河南省	0.44	0.48	0.45	0.47	0.42

省/自治区/直辖市	2013 年反腐败指数	2014 年反腐败指数	2015 年反腐败指数	2016 年反腐败指数	2017 年反腐败指数
湖北省	0.41	0.50	0.52	0.41	0.42
湖南省	0.27	0.27	0.31	0.22	0.24
广东省	0.29	0.32	0.29	0.26	0.30
广西壮族自治区	0.37	0.38	0.38	0.37	0.35
海南省	0.36	0.39	0.38	0.33	0.33
重庆市	0.30	0.30	0.29	0.21	0.22
四川省	0.29	0.30	0.30	0.27	0.28
贵州省	0.33	0.37	0.38	0.35	0.35
云南省	0.41	0.46	0.45	0.39	0.43
西藏自治区	0.12	0.26	0.28	0.30	0.23
陕西省	0.38	0.45	0.52	0.54	0.57
甘肃省	0.53	0.56	0.48	0.38	0.38
青海省	0.38	0.43	0.47	0.41	0.43
宁夏回族自治区	0.63	0.65	0.63	0.50	0.44
新疆维吾尔自治区	0.31	0.34	0.40	0.37	0.48
全国	0.38	0.40	0.39	0.34	0.33

注:结果保留两位小数

附件4　2013—2017年各省级区划中央巡视概况

省/自治区/直辖市	2013年	2014年	2015年	2016年	2017年
北京市		三		十一（回头看）	
天津市		三		十（回头看）	
河北省		四			
山西省	二				
内蒙古自治区	一				十二（回头看）
辽宁省		三		九（回头看）	
吉林省	二				十二（回头看）
黑龙江省		四			
上海市		四			
江苏省		四			
浙江省		四			
安徽省	二			九（回头看）	
福建省		三			
江西省	一			十（回头看）	
山东省		三		九（回头看）	
河南省		三		十（回头看）	
湖北省	一			十（回头看）	

省/自治区/直辖市	2013 年	2014 年	2015 年	2016 年	2017 年
湖南省	二			九(回头看)	
广东省	二				
广西壮族自治区		四		十一(回头看)	
海南省		三			
重庆市	一			十一(回头看)	
四川省		四			
贵州省	一				
云南省	二				十二(回头看)
西藏自治区		四			
陕西省		四			十二(回头看)
甘肃省		三		十一(回头看)	
青海省		四			
宁夏回族自治区		三			
新疆维吾尔自治区		三			

注:空白表示当年无巡视

附件5 2013—2017年各省级区划查处大案概况

省/自治区/直辖市	2013年数量	2014年数量	2015年数量	2016年数量	2017年数量	2013年至2017年数量
北京市	78（贪污贿赂100万元以上、挪用公款1000万元以上＋渎职侵权重特大）	120（100万元以上）		187（贪污贿赂100万元以上＋渎职侵权重特大）		439（贪污贿赂100万元以上），134（渎职侵权重特大）①[68]
天津市	39（渎职侵权重特大）		93（贪污贿赂、挪用公款100万元上）	91（贪污贿赂、挪用公款100万元上）		366（贪污贿赂、挪用公款100万元以上）
河北省	965	1374	1387	986		193（涉案1000万元以上）
山西省	910	945	954	390		
内蒙古自治区	547	699	666	563（贪污贿赂20万元以上282人，渎职侵权重特大281人）		438（贪污贿赂、挪用公款100万元以上）
辽宁省	1071	1225	1155	670（贪污贿赂20万元以上＋渎职侵权重特大）		
吉林省	1693（人）	1151	1125			5026
黑龙江省		1002				605（100万元以上）

---

① [68] 此数据应是2017年北京市检察院职务犯罪侦查部门整体转隶至北京市监察委员会之前的数据。

续表

省/自治区/直辖市	2013 年数量	2014 年数量	2015 年数量	2016 年数量	2017 年数量	2013 年至 2017 年数量
上海市	334	99（贪污贿赂、挪用公款 50 万元以上）	88（贪污贿赂 100 万元以上）	36（贪污贿赂 100 万元以上）+ 17（渎职侵权重特大）		
江苏省	403（贪污贿赂 100 万元以上 + 渎职侵权重特大）	446（贪污贿赂 100 万元以上 + 渎职侵权重特大）		1090（贪污贿赂 20 万元以上 + 渎职侵权重特大）		5486（贪污贿赂大要案）、1089（渎职侵权重特大）
浙江省	1135		1131			
安徽省	1278		1346	774（贪污贿赂 20 万元以上 + 渎职侵权重特大）		3843（贪污贿赂 20 万元以上 + 渎职侵权重特大）
福建省	55（100 万元以上）	82（100 万元以上）	105（100 万元以上）	126（100 万元以上）	110（100 万元以上）	478（100 万元以上）
江西省	902	973	793（贪污贿赂、挪用公款）			764（贪污贿赂、挪用公款 100 万元以上）
山东省	2105（大案要案）					1313（100 万元以上）
河南省	2353	2803		1615		11287
湖北省	389	622	611（贪污贿赂、挪用公款 100 万元以上 + 渎职侵权重特大）			250（贪污贿赂 300 万元以上）+ 1741（渎职侵权重特大）

续表

省/自治区/直辖市	2013年数量	2014年数量	2015年数量	2016年数量	2017年数量	2013年至2017年数量
湖南省	980	1012	1203	985		
广东省	477（贪污贿赂、挪用公款100万元以上＋渎职侵权重特大）①[69]	568（贪污贿赂、挪用公款100万元以上＋渎职侵权重特大）	614（贪污贿赂100万元以上＋渎职侵权重特大）	1354（贪污贿赂20万元以上＋渎职侵权重特大）		
广西壮族自治区	911	109（100万元以上）	1268	512		6239（人）
海南省	167	207	239	111（贪污贿赂）		
重庆市						
四川省	1550	1727	1884			
贵州省	806	930	996	630		
云南省		1239（贪污贿赂）		571		5340
西藏自治区	14（据2014年得出）	46	68（贪污贿赂）	80		278
陕西省	491	653	779	700	72	2695
甘肃省	481	601	83（100万元以上），6（1000万元以上）	133（贪污贿赂50万元以上）		1899（重特大）
青海省	96（贪污贿赂）	111	121（贪污贿赂）	102		488

---

① [69] 根据2014年相关数据倒推得出，结果保留整数。

续表

省/自治区/直辖市	2013 年数量	2014 年数量	2015 年数量	2016 年数量	2017 年数量	2013 年至2017 年数量
宁夏回族自治区			257			
新疆维吾尔自治区	296	356				

注1:空白表示无数据

注2:单位:件

附件6　2013—2017 年各省级区划查处要案概况

省/自治区/直辖市	2013 年被查人数	2014 年被查人数	2015 年被查人数	2016 年被查人数	2017 年被查人数	2013 年至2017 年被查人数
北京市	74	137	128	123		444①
天津市	27②	55	95	78	57	312
河北省	51(贪污贿赂)	167	204	153		721
山西省	91	155	198	107		
内蒙古自治区	57	100	81	93	78	409
辽宁省	199	227	221	187	263	1097
吉林省	79	104	144			573
黑龙江省	126	202	226	69	116	739
上海市	45	42	58	42		

---

①　此数据应为2017 年北京市检察院职务犯罪侦查部门整体转隶至北京市监察委员会之前的数据。

②　通过2014 年相关数据倒推得出,结果保留整数。

续表

省/自治区/直辖市	2013 年被查人数	2014 年被查人数	2015 年被查人数	2016 年被查人数	2017 年被查人数	2013 年至 2017 年被查人数
江苏省	107	180	170	122		
浙江省	146（贪污贿赂）	131（贪污贿赂）	126	86		
安徽省	125	145	110	124	107	611
福建省	59	79	90	104	54	386
江西省	85	101	108	55	54	403
山东省	143	157	202	204		
河南省	199	270	320	227	190	1206
湖北省	173	267	218			1079
湖南省	88	95	158	137	139	617
广东省	202	277	288	213	652	1632
广西壮族自治区	57（贪污贿赂）	90	177	133		579
海南省	33	56	85	62	32	268
重庆市	184	177	158	124	114	757
四川省	121	200	252	135	137	845
贵州省	45	69	83	85（贪污贿赂）		373
云南省	84	107（贪污贿赂）	148	87		569
西藏自治区	5	7	23（贪污贿赂）	7		
陕西省	58	65	105	64		

续表

省/自治区/直辖市	2013 年被查人数	2014 年被查人数	2015 年被查人数	2016 年被查人数	2017 年被查人数	2013 年至2017 年被查人数
甘肃省	83	89(贪污贿赂)	101	38(贪污贿赂)		410
青海省	12(贪污贿赂)	17	17	19		87
宁夏回族自治区			36			139
新疆维吾尔自治区	29(贪污贿赂)	54				

注1:空白表示无数据

注2:单位:人

附件7   2013—2017 年各省级区划反腐败指数排名概况

省/自治区/直辖市	2013 年反指排名	2014 年反指排名	2015 年反指排名	2016 年反指排名	2017 年反指排名
北京市	29	30	31	26	28
天津市	22	28	28	27	30
河北省	11	13	14	16	13
山西省	7	7	4	5	4
内蒙古自治区	5	3	2	2	2
辽宁省	3	5	5	7	14
吉林省	1	1	1	1	1
黑龙江省	4	4	6	11	5
上海市	30	31	30	31	31
江苏省	27	26	29	25	25

续表

省/自治区/直辖市	2013 年反指排名	2014 年反指排名	2015 年反指排名	2016 年反指排名	2017 年反指排名
浙江省	21	19	22	28	22
安徽省	18	20	21	22	23
福建省	12	14	13	15	20
江西省	13	17	19	20	19
山东省	19	21	20	19	18
河南省	8	9	11	6	10
湖北省	10	8	7	8	11
湖南省	28	27	23	29	26
广东省	26	23	25	24	21
广西壮族自治区	16	16	16	14	15
海南省	17	15	17	18	17
重庆市	24	24	26	30	29
四川省	25	25	24	23	24
贵州省	20	18	18	17	16
云南省	9	10	12	10	9
西藏自治区	31	29	27	21	27
陕西省	15	11	8	3	3
甘肃省	6	6	9	12	12
青海省	14	12	10	9	8
宁夏回族自治区	2	2	3	4	7
新疆维吾尔自治区	23	22	15	13	6

第二章

关于落实中央八项规定精神、纠正"四风"工作的学术建议

何家弘　刘品新　邓矜婷等①

一、落实中央八项规定精神、纠正"四风"工作的基本评价和形势判断

（一）基本评价和形势判断

2012年12月4日，十八届中央政治局召开会议，审议通过了《关于改进工作作风、密切联系群众的八项规定》。内容包括要改进调查研究、精简会议活动、精简文件简报等，旗帜鲜明地坚决反对形式主义、官僚主义、享乐主义和奢靡之风。2017年10月27日，十九届中央政治局首次会议审议通过了《贯彻落实中央八项规定的实施细则》，进一步向全党全社会释放了一刻不停歇推动作风建设向纵深发展的强烈信号。

六年多来，落实中央八项规定精神、纠正"四风"工作总体上取得了巨大的成效，特别是在遏制享乐主义、奢靡之风方面。一方面，中央以上率下落实八项规定产生涟漪式示范效应，推动全国各地区各部门结合各自实际出台落实中央八项规定精神的细则，进而通过党风的改善带动了政风的改进，推动行风乃至整个社会风气的明显好转；另一方面，反"四风"与反腐败斗争的密切结合推动落实中央八项规定精神、纠正"四风"工作的落地生根，使得中央八项规定精神"长牙""带电"，成为每名党员干部不可逾越的红线。

虽然六年多来全国纪委监委已经查处了违反中央八项规定精神问题25.4万

① 何家弘为中国人民大学反腐败与法治研究中心主任、教授，刘品新为中国人民大学反腐败与法治研究中心副主任、教授，邓矜婷为中国人民大学反腐败与法治研究中心副主任、副教授。本报告由2017年科技部公共安全项目子课题《反腐防控决策模型与评估系统研究》课题组集体完成，得到了李学军教授、窦志成副教授与唐超琰、马丽莎、张一、魏佳明、彭映雪、毕志成、曲赛男、王立楠等同学的帮助，特此致谢。

起,处理党员干部 34.8 万人,①但是基于对当前形势的判断,本报告认为查处的案件数量还是不够,特别是针对会带来较大利益的收受贿赂型违规案件的查处力度很欠缺。当前收受贿赂型违规案件被查处的概率仍在不足 10% 的较低水平,不足以抵挡违规带来利益的诱惑。因而,对于会带来较大利益的违反中央八项规定精神的"四风"行为,查处数量应当继续增加,使违规行为被发现的风险达到较高的水平,促使党员干部自发地选择不违反中央八项规定精神、自觉反"四风"问题。

(二)具体论证

建立在理性人、自由选择的基本假设前提下,要使党员干部会选择不违反中央八项规定精神、不违反"四风"行为应满足不等式(1):

$$(1 - p) \times \left[\text{Utility}_c + \text{Utility}_{anti} \right] + p \times \left[\text{Utility}_s - \text{Fine} - \text{Suffering} \right]$$
$$< \text{Utility}_{cc} + \text{Restraint}_{rule}$$

其中,p 表示违反中央八项规定精神行为被查处的概率,即纪委监委查处违反中央八项规定精神、反"四风"的人数或案件数相对于潜在的违反中央八项规定精神总人数或总案件数;Utility_{anti} 表示违反中央八项规定精神带来的享受,包括财产性利益、非财产性的享受;Utility_c 表示目前职位每年所带来的正常享受;Utility_s 则表示违反中央八项规定精神被查处后替代工作每年所带来的正常享受;Fine 表示违反中央八项规定精神被查处后受到的罚金金额;Suffering 表示除罚金、工作损失外违反中央八项规定精神被查处带来的痛苦;Restraint_{rule} 表示遵守规则的意识带给党员干部抵抗诱惑的克制力,简称规则的克制力。在违反中央八项规定精神带来的利益巨大时,可将(1)简化得到(2):

$$p > \frac{\text{Utility}_{anti} - \text{Restraint}_{rule}}{\text{Utility}_{anti} + \text{Suffering}}$$

根据这一模型,要使违反中央八项规定精神成为党员干部的非理性行为,则应使违反中央八项规定精神被查处的概率大于不等式(2)的右边。随着违反中央八项规定精神可以带来利益的增加,右边不等式会越发接近于 100%,即要求对能够带来巨大利益的违反中央八项规定精神行为,实现较高的查处概率。而对于违反中央八项规定精神带来较低利益的,则较低的查处概率即可遏制。这也解释了

---

① 根据《十八届中央纪律检查委员会向中国共产党第十九次全国代表大会的工作报告》,五年来,各级纪检监察机关共查处违反中央八项规定精神问题 18.9 万起,处理党员干部 25.6 万人。根据《十九届中央纪律检查委员会常务委员会向第三次全体会议的工作报告》,2018 年全国共查处相关问题 6.5 万起,处理党员干部 9.2 万人。两项数据相加得到,六年多来全国纪委监委已经查处了违反中央八项规定精神问题 25.4 万起,处理党员干部 34.8 万人。

为何六年来加大查处力度后,大吃大喝、各种单位享乐活动得到了有效的转变,但是隐蔽的、私下的巨额钱权交易仍然时常有之。前者既更易被发现,又带来更少的利益;后者既更难被发现,又带来更大的利益。

后者跟反腐败有直接的关联,可以结合反腐败的情况来推测一下当前 p 值是否足够大。图 3 - 2 - 1 为近 30 年来我国查处的腐败刑事案件数量的变化趋势。可以看到,虽然我国近五年来查处的腐败刑事案件数量增加,但是就案件数而言还是低于历史峰值。而且近五年来全国各类一审刑事案件的总量也在增加,所以腐败刑事案件的比例并没有显著提高。

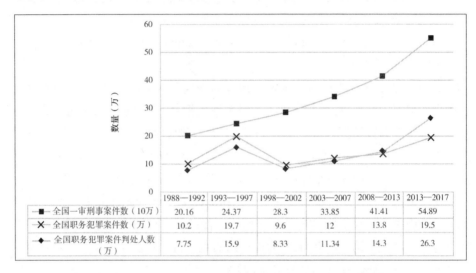

	1988—1992	1993—1997	1998—2002	2003—2007	2008—2013	2013—2017
■— 全国一审刑事案件数(10万)	20.16	24.37	28.3	33.85	41.41	54.89
✕— 全国职务犯罪案件数(万)	10.2	19.7	9.6	12	13.8	19.5
◆— 全国职务犯罪案件判处人数(万)	7.75	15.9	8.33	11.34	14.3	26.3

图 3 - 2 - 1　近三十年来我国查处的腐败刑事案件数量的变化趋势

参见 1993 年、1998 年、2003 年、2008 年、2013 年、2018 年年度最高人民检察院工作报告,http://www.spp.gov.cn/gzbg/。

图 3 - 2 - 2 为世界透明组织公布的我国历年清廉指数情况,可以用来估计我国潜在腐败行为的总数。[①] 为了便于比较,虽然清廉指数在 2012 年后改革为百分制,这里还是统一为 10 分值来表示。对应 0 分(完全腐败)—10 分(完全清廉)

[①]　截至 2017 年,清廉指数已经能够覆盖 180 个国家,受到广泛的关注。虽然存在争议,但清廉指数还是被认为与实际情况基本相符,并在学术研究中被作为重要的指标。参见过勇、宋伟:《清廉指数的腐败测评方法与局限性》,载《经济社会体制比较》2013 年第 5 期,第 151 页。图 3 - 2 - 2 是根据透明国际组织公布的历年我国清廉指数评分和排名得到的变化图。由图 3 - 2 - 2 可知,1998 年以后我国的腐败程度即在约 50% 的位置。排名第一的被认为是非常廉洁的国家,排名最后的则是非常腐败的国家。

的区间,我国近五年的 CPI 均值为 3.9 分。对其做形式化的理解,则指 39% 的党员干部、公职人员有腐败行为。属于《监察法》第 15 条规定的监察范围的人数粗略估计为:约 719 万的公务员人数 + 相当于 1 ~ 1.5 倍公务员人数的事业单位从事公务人数 + 公办教育等国企、基层组织的管理人约 100 万,[1]总共:1500 万 ~ 1900 万,潜在腐败行为的总数则为 585 万 ~ 741 万。根据近五年的腐败刑事案件查处力度,$p = 26.3/(585 \sim 741) @ 3.5\% \sim 4.5\%$。即使加上未被刑事处罚的全部违反中央八项规定精神的查处案件数,即 34.8 万党员干部在近六年来被各级纪委监委查处违反中央八项规定精神,[2]p 也只增加为:$8.2\% \sim 10.4\%$。这样的查

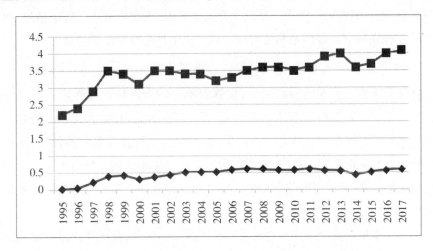

图 3 - 2 - 2　世界透明组织公布的我国历年清廉指数情况

---

① 按照《监察法》释义,第 15 条具体包括:公务员和参公管理人员,事业单位从事公务人员,国企管理人员,公办教育、科研等单位的管理人员,基层群众性组织的管理人员等。详见:国家监委会法规室编,《监察法》释义,第 105—114 页。虽然随着刑法职务犯罪相关规定的修改,这个范围也有变化,但是大体都包括这几类,所以本报告以此为准来估算。查询人社部《2016 年度人力资源和社会保障事业发展统计公报》、国家统计局 2001 年第二次基本单位普查《按单位类别、三次产业、行业(门类)分组的法人单位数、产业活动单位数及从业人数》、2010 年第五次全国人口普查资料 4 - 13,得到相关数据,进行粗略估计。相关数据资料参见: http://www. mohrss. gov. cn/SYrlzyhshbzb/zwgk/szrs/tjgb/201805/W020180521 567132619037. pdf; http://www. stats. gov. cn/tjsj/pcsj/jbdwpc/decjbdwpcsj/201612/t20161229 _1447977. html;http://www. stats. gov. cn/tjsj/pcsj/rkpc/6rp/indexch. htm。

② 根据《十八届中央纪律检查委员会向中国共产党第十九次全国代表大会的工作报告》,五年来,各级纪检监察机关共查处违反中央八项规定精神问题 18.9 万起,处理党员干部 25.6 万人。根据《十九届中央纪律检查委员会常务委员会向第三次全体会议的工作报告》,2018 年全国共查处相关问题 6.5 万起,处理党员干部 9.2 万人。两项数据相加得到,六年多来全国纪委监委已经查处了违反中央八项规定精神问题 25.4 万起,处理党员干部 34.8 万人。

处风险显然还是较低的,不足以遏制带来较大利益的违反中央八项规定精神行为。综上分析可得,对于会带来较大利益的违反中央八项规定精神的"四风"行为,查处数量应当继续保持此前的增速,使 p 达到较高的水平。

二、落实中央八项规定精神、纠正"四风"工作对国家治理现代化的重要意义

国家治理能力是各国解决内部问题的能力,同时通过修复内部问题来缓和外部问题的能力。具体来说,它包括国家的综合表现、执政者的动员能力、价值观的塑造能力等。在实现中华民族伟大复兴的历史征程中,我国必须建立一个高效率的强政府,提升国家治理能力。从这个意义上来说,落实中央八项规定精神、纠正"四风"工作在国家治理体系和治理能力现代化中具有极为重要的意义。

(一)更好实现党在国家治理现代化进程中核心主体地位作用的需要

党是中国国家治理的核心主体,发挥着唯一的全局性领导作用。习近平指出:"坚持党对一切工作的领导。党政军民学,东南西北中,党是领导一切的。"中国追求国家治理体系和治理能力现代化,必须始终坚持和改善党的领导,切实发挥党在国家治理中不同于政府、社会组织等其他主体的作用。当前中国正处于社会转型关键时期,这一时期落实中央八项规定精神、纠正"四风"工作,针对的就是党要直面时弊,加强自身建设。

中央八项规定是中国共产党改善领导干部工作作风、践行群众路线的政治规则,具有政治净化的作用,能够使良性政治秩序与国家治理形成耦合效应;反"四风"工作涉及方方面面,核心还是在党员干部中树立一种准则意识,纠正官本位的思想,避免将工作职责直接等同于无限的权力。具体来说,落实中央八项规定精神、纠正"四风"工作有助于规范党员干部的行为,破除陋习,保持党的先进性与纯洁性;有助于推动反腐倡廉工作走向标本兼治,防止大吃大喝、公款旅游、拉帮结派、奢侈浪费等蜕化变质行为蔓延升级,将腐败分子清除出干部队伍;有助于严明政治纪律和政治规矩,塑造良好的政治生态,避免败坏党的形象、污染政治生态的情况发生。长此以往,就给党员干部设了"高压线",给党组织"强身健体""去腐生肌",就能让百年政党永葆活力。

(二)践行在国家治理现代化进程中坚持以人民为中心的需要

中国国家治理现代化的一切实践都是以人民为中心的政治理念的具体体现。以人民为中心、人民利益至上,是新时代习近平治国理政思想的主要特征。习近平指出:"一个国家选择什么样的治理体系,是由这个国家的历史传承、文化传统、经济社会发展水平决定的,是由这个国家的人民决定的。""以人民为中心",是中国国家治理现代化的根本价值取向。落实中央八项规定精神、纠正"四风"工作有助于密切党群关系、干群关系,树立牢固的群众观,实现参与主体多元的互动式治理。

中央八项规定增强了党员干部坚持群众路线的自觉性,加强党与人民群众的天然联系,为实现民族复兴的中国梦提供坚强政治保证。特别是中央高级干部模范践行八项规定,极大地增强党的向心力,赢得人民群众的衷心拥护。纠正"四风",大力整饬党风政风,摒弃不良风气,畅通普通民众利益表达渠道,督促领导干部本着求真务实精神倾听民声,从而有助于制定反映群众利益诉求的方针政策。

中央八项规定促进了公民政治参与,让公民的知情权、参与权、监督权在实践中不断增强。我国法律赋予了公民政治参与权利,许多地方政府部门也鼓励民众积极参与政治生活,但由于存在诸如调研"走过场"、社情民意反映制度缺失等因素影响,公民的合法权益在过去难以得到有效保障。纠正"四风"提升了公民政治参与意识和能力,使党员干部真正了解民众疾苦、关注社情民意,从而维护广大人民群众的切身利益。

(三)在国家治理现代化进程中节约资源提升效率的需要

中央八项规定能够提升政府工作效率和社会资源配置合理性,为有效地围绕当前主要矛盾进行社会全面建设。中央本级和一些地方的"三公"经费出现了严格控制和连续下降的态势。纠正"四风"剑指享乐主义、奢靡之风、拜金主义等不良意识形态,有助于党员干部强化廉洁意识、服务意识,抵制腐朽思想,极大地节约了物质资源。据报道,中国社会中大闸蟹、茅台酒等高档产品价格回落,更多转向大众消费,供需关系与价格关系回归正常与健康发展。

近年来一个特别值得说明的变化是,全国自从贯彻落实中央八项规定精神以来,比较彻底地解决了所谓政令不出中南海的问题。这是从小处抓起、从点滴做起、提升国家治理能力的标志性结果。如此高的治理效率,在以往是难以想象的。这一变化也为推进其他各项改革措施提供了良好的基础,有利于确保国家治理能力中执行力不打折扣。

三、当前"四风"问题的新情况、新特点及深层次根源、对策思路

(一)新情况、新特点

应当承认,中央八项规定精神、纠正"四风"工作的落实过程中也遭遇了一些

新问题,出现了新情况。

一是查处违反中央八项规定精神、反"四风"的过程中出现了一刀切、过犹不及的情况,引发了对反"四风"的限度和边界的反思。一些单位因为怕违反精神,所以采用形式上合规但费时费力、不合情理的方法做事,或者干脆不做事,导致了更大的浪费,一定程度上加剧了形式主义和官僚主义。

二是形式主义、官僚主义问题加剧,严重阻碍党的路线方针政策和党中央重大决策部署的贯彻落实。本报告调研了解到,很多贫困村、镇、县为了宣传扫黑除恶业绩,不惜花费巨额人力、物力、财力,加班赶制大型扫黑除恶展板标语,大搞宣传讲演座谈,并邀请上级部门领导考察。这种不计成本、只求政绩的行为并未被作为形式主义进行纠偏,反而被嘉奖,以至于顶层设计在执行过程中严重变形走样,而对在群众身边真正的黑恶势力只是暂时躲避,并未根除。笔者在学校工作也感同身受,一个得到审核批准的科研项目完成立项手续需要走 1~2 个月的时间,一个专门捐献给学生的奖学金经历了三个月还没有完成立项手续。又如在扶贫攻坚领域中,党中央确定 2020 年全面脱贫工作目标,但是一些省将目标提前到 2019 年,一些市县级又将目标提前到 2018 年。

三是违反中央八项规定精神行为、"四风"问题更加隐形变异,加大了查处的难度,纪委监委的查处力量亟待加强。老百姓能够看到的一种现象是,过去一些党员干部下班后习惯去高档场所聚餐,现在可能转为去更加私密的场所消费。一些地方办公室超标,就挂新牌或做隔断,但实际还是原来的使用人和用途。

(二)深层次根源及对策思路

本报告认为,在近六年来的大力查处下,违反中央八项规定精神、"四风"问题向更为隐蔽的方式转变、官僚主义和形式主义形势仍较为严峻,最关键的原因是,针对违规会带来较大利益的案件的查办数量仍然偏少,纠正"四风"工作近期过于采用过程监督。根据第一点的分析和论证,要让党员干部自发地选择不违反中央八项规定精神、不违反"四风"行为,提高违规行为被查处的概率最为关键,即违规被查处的风险。对于只带来较少利益的行为,只要防止出现死角,确保全覆盖,不会出现某类违规行为完全不会被查处的情况,有较低的查处率即可遏制。但对于违规会带来较大利益的行为,必须让被查处的概率达到较高的水平才能起到遏制此类违规行为的作用。根据第一点的计算,当前的违规行为平均查处率仅不足 10% ,所以还是处于较低的水平。提高违规被发现的风险的关键在于,一方面对违规带来利益较大的行为,保持较高的查处增速,增加查处的数量;另一方面加强依规则进行的查处,增加党员干部的规则克制力,使得党员干部对党纪法规产生心理依赖,认为只要不符合规定就会被查,扩大查处案件对党员干部的实际影响力。

虽然要增加查处数量,而且涉及较大利益的违规行为都较为隐蔽,但是不宜通过加强过程监督来帮助发现与查处案件。加强过程监督有利于发现违反精神行为,但对提高案件的查处的实际帮助还是很有限的。过程监督主要是一种预防手段。在惩罚加大而激励不够的情况下,过程监督容易加剧形式主义和官僚主义,束缚党员干部做事的创新性、灵活性。加强过程监督意味着纪委监委部门要安排更多的人手去列席会议、参与党员干部的办事过程,既增加了纪委监委的工作总量,又减少了查处违反精神的办案力量,得不偿失。事实上,纪委监委近几年才通过"转职能、转方式、转作风"的改革减少了列席、兼职等纪委监委的副业,突出查处违规案件的职责主业。总之,在应对官僚主义和形式主义方面,纪委监委部门应以重查处案件、轻过程监督的方法,减少对党员干部工作具体流程的规定和介入,缓解由查处力度加大造成的形式主义、官僚主义的加剧。

四、以党的政治建设为统领,坚决破除形式主义和官僚主义

以党的政治建设为统领,是破除新旧形式主义和官僚主义的重要基础。党的政治建设强调旗帜鲜明讲政治、政治建设放首位、全党服从中央"三要义"。这就要求念好政治规矩"紧箍咒"、把住政治标准"硬杠杠"、建强政治功能"桥头堡"以及涵养党内政治文化"清新剂"。在第三点的对策思路之外,结合调研情况,本报告一并提出坚决破除形式主义和官僚主义的四点建议。

(一)落实"两个维护",不必层层发文解读

"两个维护"是党政治建设的首要任务。坚决维护习近平总书记党中央的核心、全党的核心地位,坚决维护党中央权威和集中统一领导作为出发点和落脚点,是党最根本的政治纪律和政治规矩,是党的政治建设的"根"和"魂"。当下,形式主义和官僚主义在很大程度上也源于片面或错误地落实"两个维护"。比如,在贯彻习近平总书记重要讲话和党中央重要文件时,一些条线和地方纷纷再发文,出台各种各样的"关于贯彻落实……的意见/实施意见/指导意见"甚至是"……意见的实施意见"。然而,落实"两个维护"并不是发文解读出来的,而是扎扎实实做出来的。

如果各地方各条线都进行层层发文解读,那么党员干部和一线单位进行的学

习与其说是学总书记重要讲话、党中央重要文件，不如说学习的是各地方各条线搞出"意见"。即便不说"意见"解读有没有搞偏或者走样，这样下来党员干部的时间也都花在重复学"解读"的形式上了，身体力行的时间也就少了，就难免陷入可怕的形式主义、官僚主义的新陷阱。人们常说学马列要学经典、读原著，其实落实"两个维护"也要"学经典、读原著"，即原则上要直接学习总书记重要讲话、党中央重要文件。

（二）推动党员干部担当，同等倚靠激励机制

问责与容错，是全面从严治党背景下的热词。落实中央八项规定精神、纠正"四风"工作通常会被认为是以问责为结果的。近年来，习近平总书记多次强调要建立容错纠错机制，坚持"三个区分开来"。这是要形成一种鼓励成功、宽容失败的政治氛围，为广大党员干部在创新和改革中破除后顾之忧的作用。激励不足、奖罚不明、任人不能会形成部分党员"不求有功，但求无过"的心理。本报告认为，比容错更进一步的激励机制也是不可缺少的。

组织行为学上强调同时使用激励和惩戒的方法才能获得最好的管理效果。这就要求在纠责机制推出时，应当同时上马激励机制。如对党员干部给予适当鼓励或奖励，尤其是信任、工作环境、发展机会方面的激励，建立公平公正的上升通道。具体地来说，对于犯错被问责的党员干部，社会应当有一个理性的宽容态度；对于不断实践、不断获得成绩的党员干部，应当给予荣誉、物质奖励、改善工作条件、提拔或委以重任等，激励党员干部勇于作为、敢于担当，掀起积极肯干、想出成果的风气。

此外，兼顾反对形式主义、官僚主义的问责与激励机制，要避免机械化考核的做法。当前，一些地方和条线动辄搞发文"一刀切"、材料考核"一刀切""一票否决制"、凡事皆签"责任状""痕迹主义"盛行等。这并不符合科学考核的现实要求，也背离我国治理体系现代化和治理能力现代化的方向。考核机制应当有一定的灵活性，给予一线党员干部适当的信任和空间。这样，一线党员干部才能结合实际有效的执行政策，创造性地开展工作。

（三）示范纠正"四风"，纪委监委可做"头雁"

今年是"基层减负年"。这说明，当前一线同志，尤其是基层同志已经不堪形式主义、官僚主义带来的重负。然而，什么是形式主义？什么是官僚主义？形式主义、官僚主义又出现了什么新的变化？许多人对其中边界并不是很清楚。也正是如此，在一些地方出现了以形式主义搞反形式主义、以官僚主义反官僚主义的

情况。如何真正建规矩，这不是靠一批文件的遣词造句能说清楚的。"雁阵往哪飞，关键看头雁。"示范如何纠正"四风"，纪委监委可以有大作为。

纪委监委不仅是监督者，也是执行者。他们的日常工作中也要防止形式主义、官僚主义，纪委监委反"四风"的过程中亦要克服形式主义、官僚主义的倾向。如果能够在纪委监委工作中率先垂范，做到杜绝形式主义、官僚主义，就能够形成良好的"头雁效应"。从这个角度来说，纪委监委部门（包括审计部门等其他监管部门）要把自己摆进去，切实落实中央八项规定精神、杜绝"四风"。纪委监委等各个监管部门属于纠正"四风"的"关键少数"。

本报告还建议，尽早在各级纪委监委设立垂直统筹宣传的部门，负责对纠正形式主义、官僚主义的统一政策宣传。当前，各地通常的做法是纪委监委系统的办公室负责一部分材料，调研室负责另一部分材料，宣传部根据不同主题进行宣传，三者并未有机结合，对相应制度政策的传达更多是通过纸面随机分发任务。在反"四风"的实际操作层面，很多调研反馈还停留在纸面，办公室、调研室、宣传部缺少与执纪监督室、审查调查室的互动交流，业务部门与职能部门存在理念和实践的偏差。为了给社会发出明确而清晰的反"四风"信号，纪委监委部门可以通过制度建设推动内部职能的垂直对齐管理，以胜任反"四风"的宣传。

（四）强化纠正"四风"，可以实行案例指导

众所周知，形式主义、官僚主义对党和国家的事业具有极大的危害。然而，实践中形式主义、官僚主义的外延并不清晰，边缘不好厘清。六年来，纪检监委部门对这类问题查处相对不多，在很大程度上源于问题的敏感与模糊。调研表明，一旦党员干部被扣上形式主义、官僚主义的帽子，政治生涯基本等于停滞甚至归零，这可能是纪检监察干部不想不敢不能轻易查处形式主义、官僚主义的重要原因。

实践中，指导查处"四风"问题一靠发布"实施细则"，二靠案例宣传。案例宣传即是由各地方各条线发布一些代表性的查处"四风"案例，在党员干部内部或社会上进行宣传教育。这类案例多数为对形式主义、官僚主义外化形式和内在本质的现实说法。不过，这样的查处案例本身不具有约束力，相互之间也容易出现打架之处，需要进行升级改造。

本报告的建议是，尽快推出纠正"四风"的案例指导制度。案例指导是赋予实务中反"四风"案例以一定的约束力，借此明确哪些行为属于"四风"的范围，特别是澄清新旧形式主义、官僚主义的种种表现。由于案例是鲜活的，其表达能力远远超过生硬的"细则"文字，其发布问世也具有及时性、灵活性。其实，案例指导制

度在国内外相关领域早有成熟经验,如法律领域中的判例法制度和我国最高人民法院、最高人民检察院的指导性案例制度。参照这些经验,本报告认为,纠正"四风"的案例指导制度应当将案例的效力限定为参照执行力或"细则"效力,同时对如何遴选、推出建立一套科学的规则。

五、关于深化监察体制专业化改革的专门建议

2018年12月13日,习近平总书记在中共中央政治局第十一次集体学习时强调,要持续深化国家监察体制改革,推进反腐败工作法治化规范化。中共十八大以来的"打虎拍蝇"取得世人瞩目的成效,但我国的反腐败要从治标转向治本,就必须让运动积累的能量沉淀为制度,把反腐败的成果固化为法治。国家监察委员会是在反腐败斗争中应运而生的,但是从国家治理的长远目标来看,其建立还具有更为深远的意义,那就是要促进中国从人治转向法治。本报告认为,专业化是深化监察体制改革和推进反腐败工作法治化规范化的进路。

在成立国家监委之前,纪检监察工作是非专业化的。各级纪检监察机关都按地区或行业设置若干纪检监察室,既承担对所述地区或行业的领导干部的日常监督权,也承担发现问题线索后的立案审查权,还承担立案后的调查取证权。这种"三权一体"的模式显然不利于纪检监察工作的专业化发展。另外,因为纪检监察室的权力过于集中,而且与地区或行业形成固定的联系,所以容易遭受一些地区或行业中行贿人员的"围猎",发生纪检监察干部的滥权贪腐等问题。

2016年,中央决定成立"国家监察委员会"并开展改革试点之后,北京、山西、浙江都开始探索内设机构的专业化分工,即由不同部门分别负责日常监督工作和案件调查工作。2018年1月召开的第十九届中纪委第二次全会决定,全面推进国家监察体制改革,要求市地级以上纪委监委试行执纪监督部门和执纪审查部门分设的模式。随后,全国各地的纪检监察机关在组建监委的同时都进行了内设机构的专业化分工。2019年1月召开的第十九届中纪委第三次全会再次强调要继续推进纪检监察体制的专业化改革。

监察体制改革需要逐步推进,监委犯罪调查的专业化也要稳步提升。在各级监委组建和人员转隶的阶段,纪检监察人员首先完成了从"通才"向"专才"的转化,即一般监督职能与案件调查职能的分工。然而,这只是监委专业化分工的第一步,还没有解决职务犯罪调查职能专业化的问题。从我国反腐败工作的长远发展来看,监委应该继续推进专业化改革,推进职务犯罪调查与职务违法调查和违反党纪调查的职能分工。

　　职务违法和职务犯罪都是违法行为,但是违反的法律不同或严重程度不同,行为性质也就有所不同。诚然,职务犯罪行为也属于广义的职务违法行为,但是因刑事调查的规范更为严格,刑事处罚的结果更为严厉,所以职务犯罪的调查不应混同在职务违法的调查之中。按照法治化的要求,职务犯罪调查不仅要遵守《监察法》的相关规定,还要遵守《刑事诉讼法》的有关规定。因此,职务犯罪调查职权应该从监委的行政调查职权中分立出来,由相对独立的部门承担。这正是继续深化监察体制改革的当务之急。本报告的具体建议如下:

　　第一,内设机构改革应循序渐进,首先应在市地级以上监委推行职务犯罪调查部门的独立。目前不宜在县级监委设立独立的职务犯罪调查部门的主要理由有三:(1)2018年推行的执纪监督部门和执纪审查部门分设的监察体制改革就是限定在市地级以上监委,县级监委一般都没做这样的内设机构分工,因此不具备设立独立的职务犯罪调查部门的组织基础。(2)县级监委一般都没有自己的留置场所,不便开展独立的职务犯罪调查工作。(3)职务犯罪调查的阻力较大,干扰较多,因此不宜由县级监委负责。

　　第二,职务犯罪调查部门需要集中统一的指挥领导,最好采用"三级一体"的组织模式。具体来说,在国家监委设立职务犯罪调查总局,在省级监委设立职务犯罪调查局,在市地级监委设立职务犯罪调查分局。职务犯罪调查局采用双重领导模式,既要接受同级监委的组织领导,也要接受上级调查局的业务领导。在查办具体案件时,上级调查局可以指挥下级调查局,也可以抽调下级调查局的人员,一起来集中办理大案要案。

　　第三,职务犯罪调查采用"两步式",第一步是一般化调查,第二步是专门化调查。监委涉案部门的分工如下:案件监督管理室依然负责涉案线索的排查梳理和案件的分配流转等管理工作;审查调查室负责所有案件的立案前初查,以及违纪、违法案件的调查取证;职务犯罪调查局负责犯罪案件的调查取证,因此审查调查室在初查时发现案件涉嫌犯罪,就要把案件移送职务犯罪调查局;案件审理室依然负责调查终结后的案件审查,决定如何处分以及是否移送检察机关起诉。特别需要强调的是,职务犯罪调查局在查办案件的过程中,既要遵守《监察法》的有关规定,也要遵守《刑事诉讼法》的有关规定。

　　在此基础上,职务犯罪调查局可以通过遴选、培训、实战,逐步形成一批职务犯罪调查的专家,包括某个领域职务犯罪调查的专家和某些特殊调查技术的专家,如讯问专家、电子取证专家、物证检验专家、测谎技术专家等。这种专业化分工不仅有利于职务犯罪调查的法治化,也有助于办案效率和质量的提升。

2018年9月,全国人大常委会把《监察官法》列入立法规划。这部法律的颁布会对提升监察官的职业化和专业化发挥积极的作用。本报告认为,监察官的职业性质与法官和检察官有所不同,大概不适宜采用"员额制",但是可以分为不同序列,如事务监察官、政务监察官、法务监察官,分别适用不同的资格条件。其中,职务犯罪调查人员属于法务监察官序列,应该具备法律职业的专门知识和技能。要实现职务犯罪调查的专业化,人员队伍就要具有相对的独立性和稳定性。《监察官法》可以要求法务监察官通过国家的法律职业资格考试。

综上所述,法治化是监委职务犯罪调查的发展方向。专业化是提升监委犯罪调查法治化的进路。在市地级以上监委设立职务犯罪调查局是最佳改革方案。然而,要实现职务犯罪调查的法治化,监察人员还要转变观念,包括从一元片面的价值观转向多元平衡的价值观,从偏重实体的公正观转向实体和程序并重的公正观,从有罪推定的诉讼观转向无罪推定的诉讼观,从长官至上的执法观转向法律至上的执法观,从查明事实的办案观转向证明事实的办案观,从依赖人证的证明观转向重视物证和电子证据的证明观。这些观念的转变不能仅通过告知或口号来完成,而要通过制度环境的培养和行为习惯的养成来实现。

附:形式主义、官僚主义的现实表现

一、形式主义

（一）"会"的方面

召开会议过多、过滥;基层干部陪会多;会议越开越长;会上热烘烘,会后就放松;召开会议重复式;"某某会议意义特别重大";不论大会小会,多数要求一把手亲自参加;以会议贯彻会议。

（二）"文"的方面

印发文件过多、过滥;出台制度决策"依葫芦画瓢";文风话风拼凑式;既不摆事实,又不讲道理,充满"必须""一定要";"以其昏昏,使人昭昭";通篇报告套用网上模板;发文一刀切;文件落实时间不充分;以文件贯彻文件。

（三）"说"的方面

表态多、调门高;讲成绩浓墨重彩,讲问题轻描淡写;老生常谈的套话,没错的废话;领导捧场提"希望",事先备稿加分量;"某某领导高度重视";"近年来,某某部门成绩巨大,但问题也不少";喊口号的花架子多。

(四)"做"的方面

"假冒政绩";扫黑除恶下指标;行动少、落实差;满足于"轮流圈阅""层层转发""安排部署";机械式扶贫;"掉到井里的葫芦,在水上浮着";听取汇报时间远多于走访群众时间,吃饭应酬时间远多于调研时间;扶贫工作如同"割韭菜";驻村干部存在"挂名"现象,帮扶措施"走样不走心";每月到帮扶对象家中一次,还要写帮扶日志;物价听证会"逢听必涨";"只求不出事,宁愿不做事";抓落实的硬功夫少;"加入了微信工作群,就像时刻都在开会";政务服务热线电话长期无人接听;政府网站像"僵尸";官方政务 App 成"僵尸";纪检监察工作刻板僵化;扫黑除恶只打一线执行者;对企业"门好进脸好看了,事情还是不好办";"不出事"逻辑,能推诿就推诿。

(五)"学"的方面

"讲党课"照本宣科念文件;"信仰教育"满足于穿红军装、吃红米饭、喝南瓜汤等外在形式;像打造旅游线路一样打造"经典调研线路";习惯做"传声筒""播放器";网络学习随意化,手抄笔记庸俗化,心得体会泛滥化;习惯于坐在空调房里听汇报、看材料;传达学习总书记重要讲话精神,搞口号式、机械式;对党中央的要求只传达不研究、只学习不落实;"念文件""读报纸""抄笔记"。

(六)"建"的方面

热衷于打造领导"可视范围"内的形象工程;以"民生工程""文化建设""脱贫攻坚""留住乡愁"等名义,推进形象工程;政府大楼靠边建,远离群众少麻烦。

(七)"评"的方面

"上午发通知、下午要情况";检查督查评比"过多过滥过频";"痕迹主义";"迎检文化";部门扎堆而来,乡镇疲于接待;周五发通知,周一要结果;每天必须在"群"里说话,政务 App 考核成负累;要求用手机"发送位置""共享实时位置"功能报告位置;活动为了拍照片,做完样子就收场;改革成果靠文件,一问实效全不见;"兵马"未动,"材料"先行;政策刚出台,成效就汇总好;任务才布置,成果就整理好;活动刚开展,经验就总结好;"干得好不如写得好""干得好不如考得好",以"笔杆子"验能力;工作汇报的数据越大越好、资料准备得越多越好,编造记录、应付检查;不管工作做没做,也不管有没有效果,只要落在了纸上,留下了痕迹,也就算交了差;迎接"年终大考"忙台账;"本来应该实地考察,让拍个照片发群里,就算检查了";"星期一布置,星期三检查,星期五督办";"不看实绩看材料,不看实地看纸面,不看做的看写的"。

二、官僚主义

琐碎小事也上党政联席会议,而党政联席会议并不能同群众打成一片,没有一个领导对具体决策担责;"新官不理旧事";各类检查督查督导名目繁多;下基层关注"听"报告、树形象;部门扎堆而来,慰问活动变了味儿;上级不指导只问责;要政绩是大事儿,其他的都是小事儿;不怕官兵不满意,就怕领导不注意;领导批示抓紧弄,基层有事放一边;指导工作号令式;一项任务多头派,上级部门之间不沟通,基层有苦没地方诉;无利而不愿为,无心而懒作为,居功而不再为,居过而不敢为,应付而慢作为,积极而反作为;能力不足而"不能为",动力不足而"不想为",担当不足而"不敢为";服务群众"门好进、脸好看",但"事难办";不一次性告知,没完没了要群众填表、交证件、出证明;群众被"奇葩证明跑断腿";"跪式窗口""蹲式窗口""限号窗口";对待百姓极神气,媒体曝光忙推诿;微信窗口不互动,机器敷衍多"雷语";热衷与下属单位签订"责任状",让下级的"责任状"成为自己的"免责单"。

(以上仅为学术研究的归纳整理)

第四部分

04

反腐决策智能技术与可视化

第一章

个体行为与社会环境耦合演化的舆论生成模型

刘晓航　　王逸宁　　曲滋民　　狄增如①

一、引言

进入 21 世纪以来,信息网络技术的飞速发展,深刻地改变着社会经济形态,使得我们的社会成为一个强关联的复杂系统。社会舆论形成也因此与网络上的信息传播紧密地联系在了一起,网络社会所特有的实时互动和虚拟性等特点,使得社会舆论的形成和发展具有了新的特性,迫切需要我们利用复杂性研究的视角和方法,认识和理解其中的核心科学问题。

实际上,对社会舆论形成机制和演化规律的研究早已成为科学探索的一个重要议题。学者们从不同的角度提出了多种舆论动力学模型。其中,统计物理中的 Ising 模型,由于其中自旋粒子向上或向下的两种状态,可以自然地刻画人们观点的左右区分、或支持与反对的态度,因而被广泛应用到舆论形成的研究中。在这一类模型中,研究者将个体抽象为系统中的粒子,粒子的状态表示个体持有的观点,定义粒子间的微观交互规则及粒子状态转变规则,在给定的初始状态分布下,个体按模型规则进行交互,推动着宏观舆论的演化,最终可能演化到所有个体的观点出现统一、极化和分裂现象。类比于 Ising 模型对铁磁物质相变的理解,舆论形成也被描述为通过相变产生有序现象的过程。在 Ising 模型的基础上,研究者

---

①　文章发表于 2019 年第 11 期《物理学报》。狄增如,通讯作者,北京师范大学系统科学学院,E - mail: zdi@ bnu. edu. cn。刘晓航、王逸宁、曲滋民,北京师范大学政府管理学院。DOI: 10. 7498/aps. 68. 20182254。国家自然科学基金(批准号: 71731002, 61573065)和国家重点研发计划(项目编号: 2017YFC0804000)资助的课题。

们又提出了一系列经典的舆论动力学模型,例如:投票者模型①、多数决定模型②、Sznajd 模型③、Deffuant 模型④以及 Krause – Hegselmann 模型⑤等。随着复杂网络研究的兴起,社会个体之间相互作用的网络结构对舆论形成的影响也成为广受关注的一个重要主题。人们发现在复杂网络的框架下,能够更好理解舆论形成现象⑥,而网络结构和舆论行为的共同演化模型⑦、羊群现象与种族分割等的讨论⑧,则更全面地描述了结构和行为的相互关系。我国许多研究团队也在这一方向上开展了卓有成效的工作。程洁和狄增如⑨研究了舆论形成和网络结构的耦合演化,并利用社会层次熵描述了最终舆论分布的结果;罗植等⑩研究了网络空间结构对舆论形成的影响;李振鹏和唐锡晋⑪则利用多主体模型以及数学分析,深入研究了平衡结构等微观结构性质对舆论形成的影响。

考查已有基于 Ising 模型的舆论形成模型,可以发现大部分工作对主体行为的适应性以及系统与环境的相互作用关系刻画不够。相关研究关注的是系统在一定外界环境下(相当于热力学系统的温度)演化的平衡态,虽然随后发展的 Majority Vote Game 等模型已拓展到非平衡系统的定态⑫,但这些模型没有考虑系统状态对环境的反馈影响,也没有强调个体的适应性行为。因此,我们需要改进模

① Castellano C, Vilone D, Vespignani A (2003) EPL, 63:153.

② Galam S (2002) EPJ, B 25:403.

③ Sznajd – Weron K, Sznajd J (2000) Int. J. Mod. Phys. C 11:1157.

④ Deffuant G, Neau D, Amblard F, Weisbuch G (2000) Adv. Complex Syst. 3:87.

⑤ Hegselmann R, Krause U (2002) J. Artif. Soc. S 5:2.

⑥ Cheng J, Hu Y, Di Z, Fan Y (2010) Comput. Phys. Commun. 181:1697; Stauffer D, Ortmanns H M (2004) Int. J. Mod. Phys. C 15:241; Holme P, Newman M E J (2006) Phys. Rev. E 74:056108; Kozma B, Barrat A (2008) Phys. Rev. E 77:016102; Vazquez F, Victor M E, Miguel S M (2008) Phys. Rev. Lett. 100:108702.

⑦ Cao L, Li X (2008) Phys. Rev. E 77:016108.

⑧ Bartolozzi M, Leinweber D B, Thomas A W (2005) Phys. Rev. E 72:046113; Pancs R, Nicolaas J V (2007) J. Public Econ. 91:1.

⑨ Cheng J, Hu Y, Di Z, Fan Y (2010) Comput. Phys. Commun. 181:1697.

⑩ 罗植、杨冠琼、狄增如:《物理学报》2012 年版第 61 卷,19 – 05 – 09。

⑪ Li Z, Tang X, Chen B, Yang J, Su P 2016 Comput. Soc. Networks 3:9; Li Z, Tang X 2015 International Conference on Computational Social Networks Beijing, China Aug. 4 – 6, 2015 p. 74;李振鹏,唐锡晋 2014 系统科学与数学 5:004;李振鹏,唐锡晋 2013 系统工程理论与实践 33:420.

⑫ de Oliveira M J 1992 J. Stat. Phys. 66:273; Pereira L F, Moreira F B 2005 Phys. Rev. E 71:016123; Fronczak A, Fronczak P 2017 Phys. Rev. E 96:012304; Chen H, Li G 2018 Phys. Rev. E 97:062304; Stella A L, Vandergande C 1989 Phys. Rev. Lett. 62:1067.

型以刻画系统个体行为与环境之间的耦合演化行为,更好地揭示社会系统舆论形成的机制和演化规律。实际上,随着多层耦合网络研究的深入和发展,通过网络耦合讨论系统协同演化的研究已经越来越受到科研工作者的关注①。

以经典 Ising 模型为代表的热力学系统,热浴所给定的环境温度并不受系统与环境交互的影响。但社会系统有所不同,系统中个体的行为不仅受社会环境或氛围的影响,反过来还会作用于社会,导致社会整体环境的变化。具体到舆论形成过程,个体所组成的社会系统所处的政治、经济、文化等各种环境因素可以用一个社会张力指数来刻画,它对应于 Ising 模型中的逆温度参数:

$$\beta\left(\beta = \frac{1}{kT}\right)$$

社会张力指数越大,人群的非理性和从众行为的倾向越显著,从而越容易发生舆论的极化行为(类似于 Ising 模型的有序相变),产生舆论的一致性。同时个体的行为,特别是与舆论相关的现实世界和网络虚拟世界中的集群行为,会在很大程度上反馈于社会,影响和改变社会张力指数。

本文建立了一个包含社会张力累积和消解过程的舆论形成模型,研究个体行为和社会环境的耦合演化行为。类比于具有自组织临界行为的沙堆模型,我们将引入社会张力的缓慢增加以及通过舆论集群行为的形成而产生的消解过程,探讨系统与环境的相互作用关系所导致的系统演化以及有序结构的涌现行为。在第 2 节中,我们将首先介绍模型建立的基本思路,然后在 Ising 模型平均场理论的基础上,通过非线性动力学方程来刻画系统演化的自组织行为,对系统与环境的耦合机制进行模拟分析。

在动力学模型中,系统仍将依据朗道平均场理论给定的自由能函数,具有演化到势函数最小的性质,同时,我们引入环境逆温度的自积累机制,以及集群行为对社会张力的疏解机制,探究不同参数条件下系统演化的稳定状态,得到系统定态随参数变化的分支图。我们发现,当社会疏解等效系数等于 1 时,系统从任意给定的初始状态出发,都会自发演化到临界的分支点状态,产生类似于沙堆模型的自组织临界演化性质。在第 3 节中,我们使用 Monte Carlo 方法得到了上述机制的数值模拟结果,与平均场中的分析结果进行互相验证,并探察系统存在随机性时的演化特征。第 4 节对研究结果进行了总结和讨论。

---

① 　Chen C Q, Dai Q L, Han W C, Yang J Z (2017) Chin. Phys. Lett. 34: 28901; Wang X J, Zhang Y, You J W 2018 Chin. Phys. B 27: 98901; Huang J Y, Jin X G (2019) JSTAT 2019: 013202; Niu R W, Pan G J (2016) Chin. Phys. Lett. 33: 68901.

二、耦合演化模型及其动力学分析

以沙堆模型为代表的自组织临界性理论为理解现实世界中普遍存在的临界现象提供了新的角度①,被广泛应用于自然、社会和工程等领域。Brunk 认为,其基本思想同样适用于理解社会。他基于自组织临界性概念,提出了社会崩溃理论②:能量缓慢积累;局部失去稳定性,累积和雪崩所造成的耗散过程,共同驱动着系统达到自组织临界态。显然,这一过程对于我们正确认识和理解社会舆论的形成机制和演化规律富有指导意义。在我们的耦合演化模型中,个体的舆论取向以及个体之间的相互作用仍由 Ising 模型描述,模型中节点的自旋方向代表节点的不同态度,逆温度就对应于环境的社会张力指数。但与 Ising 模型给定 β 不同,我们类比于沙堆模型引入社会张力的累积效应和释放过程。首先,类似于沙粒的不断增加,引入一个社会张力指数的累积过程(对应于温度的逐步降低),同时,假定系统由于自发涨落或外界刺激而产生一个或几个舆论集团时,就会释放情绪并通过社会治理导致社会张力指数的疏解(对应于温度的升高)。显然,在已有的 Ising 模型的基础上,社会张力累积和疏解过程之间的竞争将大大丰富模型所能展示的系统演化行为。下面首先构建基于平均场理论的系统演化动力学模型。

(一)耦合演化的舆论生成模型

在模型建立和讨论部分,为了方便起见,仍然选取温度 T 作为模型参数和变量。由朗道 1937 年提出的平均场理论,Ising 模型在不同温度下的热力学势如图 4-1-1 所示。

从图中可以看到,当 $T > Tc$ 时,$M0 = 0$ 是稳定的解,在 $T = Tc$ 时成为临界点,$T < Tc$ 时,$M0 = 0$ 解失稳,出现 $\pm Mc$ 两个新的非 0 的稳定解。

考虑一个单轴各向异性的铁磁体系统。系统的初始温度为 $T(0)$,初始平均磁矩为 $M(0)$。由于势函数 G 的存在,磁矩随时间的变化可由以下梯度系统描述:

$$\frac{\mathrm{d}M}{\mathrm{d}t} = -\Delta\Gamma = -\frac{\partial\Gamma}{\partial M}. \tag{1}$$

由 Ising 模型势函数,可得一般情况下平均场理论下平均磁矩的动力学方程:

---

① Bak P, Chao T, Kurt W (1987) Phys. Rev. Lett. 59:381; Bak P (1996) How Nature Works: The Science of Self-Organized Criticality (New York: Springer) pp. 1-32.

② Brunk G G (2002) JJPS 3:25; Brunk G G (2002) JTP 14:195.

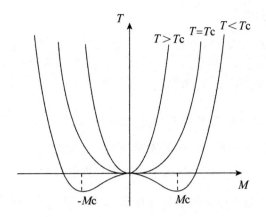

图 4 - 1 - 1　不同温度下的热力学势

$$\frac{\mathrm{d}M}{\mathrm{d}t} = -a_2(T - T_c)M - a_4M^3. \tag{2}$$

耦合演化模型的核心是建立系统状态对环境温度的反馈作用,即系统对于温度产生的影响。首先给出相关的动力学方程如下:

$$\frac{\mathrm{d}T}{\mathrm{d}t} = -a\alpha + \beta(\tanh S_\infty + |M|), \tag{3}$$

其中 α、β 均为实数,M 为平均磁矩,S_∞ 表示 Ising 模型相同取向的自旋所形成的最大联通集团。在已有的研究中,我们知道在临界点附近,Ising 集团具有分形结构,分形维数为 $D = \frac{187}{96} \approx 1.9525$ 利用关联长度 $\xi \propto |T - T_c|^v$ 作为最大联通集团的线度指标可知 $S_\infty \propto \xi^D \propto |T - T_c|^{vD}$ 对于二维晶格有 $v = 1$。为方便理论分析并不失一般性,设:

$$S_\infty = \begin{cases} b(T - T_c)^{-2}, & T > T_c, \\ \infty, & T < T_c, \end{cases} \tag{4}$$

而 tanh 函数是一个归一化函数,将最大联通集团的影响转换到 [0, 1] 区间。

这一动力学方程所描述的社会张力的变化来源于两部分。一个是系统社会张力的累积过程,用 Ising 系统的自主降温描述;另一个是社会张力的内部消解,与最大联通集团的形成相关,表示舆情积累到一定程度后所出现的群体一致行为会疏解社会张力,使 Ising 系统温度升高。在这里我们定义了一个等效疏解系数 $c = \beta/\alpha$,表示社会系统中张力积累和疏解之间的竞争关系。

这样得到了系统与环境的耦合演化的舆论生成模型,由 M 与 T 随时间变化组成的动力学方程组构成。

$$\begin{cases} \dfrac{\mathrm{d}M}{\mathrm{d}t} = -a_2(T - T_c)M - a_4 M^3, & (5a) \\[3mm] \dfrac{\mathrm{d}T}{\mathrm{d}t} = -\alpha + c\alpha(\tanh S_\infty + |M|), & (5b) \end{cases}$$

(二)动力学方程的定态解与分支行为

在动力学演化中,我们关心的是系统演化的极限行为,系统的定态解及其稳定性起着重要作用。进一步,我们希望了解系统极限行为与疏解系数 c 之间的关系,即系统的定态解随参数 c 的分支行为,所以首先通过 $\dfrac{\mathrm{d}M}{\mathrm{d}t} = 0, \dfrac{\mathrm{d}T}{\mathrm{d}t} = 0$,求出系统的定态解,然后通过线性稳定性分析获得其稳定性随参数的变化。

由方程(5a)可求得定态解 M 和 T 的函数关系,$M = 0$ 即或 $M = \pm k \sqrt{T_c - T}$,其中 $k = \alpha_2/\alpha_4$,这是由 Ising 模型的性质所决定的,给定一个外界温度 T,最终系统将会演化到一个稳定的值,并由朗道势函数的形式可知,当 $T \geqslant T_c$ 时,$M = 0$ 稳定;$T < T_c$ 时,$M = 0$ 失稳,$M = \pm k \sqrt{T_c - T}$ 稳定。

对于方程(5b),当给定参数 $c > 1$ 时,方程右函数若有定态解,则要求 $\tanh S_\infty + M < 1$,如果 $T \leqslant T_c$,由(4)式可知,$\tanh S_\infty = 1$,由上述讨论 $M \neq 0$,故 $\tanh S_\infty + |M| > 1$;而当 $T > T_c$ 时,有 $\tanh S_\infty \leqslant 1$ 且 $M = 0$,可以满足方程解的条件 $\tanh S_\infty + |M| < 1$,所以得到,当参数 $c > 1$ 时,系统最终应演化到 $T > T_c$ 的定态。同理,也可以分析出,当给定参数 $c < 1$ 时,系统将演化到 $T \leqslant T_c$ 的定态。注意到,参数 $c = 1$ 是系统以上两种定态的分支点。

由上述分析就可以得到定态解,c 和 M、T 之间的对应关系。

1)当 $c < 1$ 时 $T \leqslant T_c$,得到动力学方程为:

$$\frac{\mathrm{d}T}{\mathrm{d}t} = -\alpha + c\alpha(1 + |M|), \tag{6a}$$

通过右函数为 0,可以得到 M 的定态解,$M = 1/c - 1.0$。进一步代入 $M = \pm k \sqrt{T_c - T}$ 可求出 T 的定态解:

$$T = T_c - \frac{1}{k^2}\left(\frac{1}{c} - 1.0\right)^2.$$

2)当 $c \geqslant 1$ 时,$T > T_c$,得到动力学方程为:

$$\frac{dT}{dt} = -\alpha + c\alpha[\tanh(b(T - T_c)^2) + |M|], \tag{6b}$$

代入 $M = 0$,解得定态解:

$$T = \sqrt{\frac{b}{\text{artanh}(1/c)}} + T_c$$

通过线性稳定性分析,可以进一步确定定态解的稳定性,并得到系统定态解随参数 c 的分支行为,如图 4 - 1 - 2 和图 4 - 1 - 3 所示。

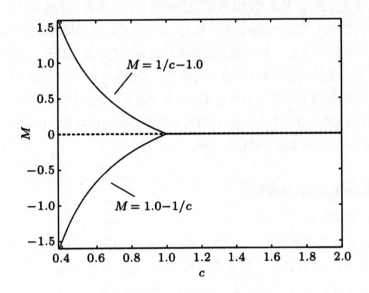

图 4 - 1 - 2　M—c 定态解分支图

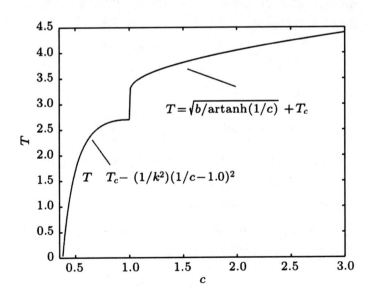

图 4 - 1 - 3　T—c 定态解函数图像

从图中可以看到,当疏解系数 $c \geqslant 1$ 的时,社会系统中小集团形成后产生的疏解强度较大,系统的磁矩将稳定为 0,社会不会产生舆论极化行为,温度保持在临界温度上方。$c = 1$ 是一个特殊的临界点,当 $c = 1$ 时,由线性稳定性分析可知,$(M = 0, T = T_c)$ 是一个高阶稳定不动点,从任何初始条件出发,系统都会自发演化到临界分支点,形成类似于沙堆模型的向自组织临界态的演化行为。

以上系统与环境耦合的演化机制模型,加入了系统对环境温度的影响,使系统主体行为不再单纯地只受环境影响,而展现出自组织的演化特性。模型定义了疏解系数 c,反映了社会系统中社会张力的积累和疏解过程,得出了在不同系数下的系统演化结果,使得我们对该舆论动力学演化过程认识更加深入。第 3 节将通过计算机数值模拟,对以上结论进行印证,并考虑在随机性存在的情况下,系统随时间演化的不同状态及最终的稳态分布。

三、Monte Carlo 数值模拟

(一)模拟方法

考虑二维正方形晶格的 Ising 系统,取边长 $L = 50$,并采用循环边界条件。此时,平均每个自旋可翻转一次所需的仿真周期数量为一个 Metropolis 步,即 2500 个仿真周期算作一个 Metropolis 步。对于每一个仿真周期都需要按:

$$E = -\sum_{(i,j)} 8i8j \tag{7}$$

计算出系统的总能量,并在每一个仿真周期中依据总能量变化,以一定概率来接受或拒绝每个自旋的翻转,

$$s_i(t + 1) = \begin{cases} s't, & \text{以概率,} \\ s_i(t), & \text{以概率} 1 - \mu. \end{cases} \tag{8a}$$

概率 μ 为:

$$\mu = \min\left\{\exp\left(\frac{E(s_i(t)) - E(s'_i)}{kT}\right), 1, \right. \tag{8b}$$

其中 k 为玻尔兹曼常数,取为 1;开始时,给定系统的初始温度 T,取 5000 个 Metropolis 步,使系统首先演化到当前温度的平衡态。

之后引入温度调节机制,每 500 个 Metropolis 步进行一次温度调节。我们计算系统最后 10 个 Metropolis 步中全部仿真周期中磁矩的绝对值和最大联通集团面积的平均值,通过如下方式对温度 T 进行调整:

$$\Delta T_t = -\alpha + \infty\left(\frac{S_L}{L^D} + M\right), \tag{9a}$$

$$T_{t+1} = T_t + \Delta T_t, \tag{9b}$$

与平均场理论中的参数设置相似，α, c 为常数；M 为平均绝对磁矩；S_L 表示在 $L \times L$ 格子系统中相同自旋形成的最大联通集团中自旋的个数，即最大联通集团面积。在模拟中 L^D 为理论上 $L \times L$ 格子系统中在临界点时最大联通集团面积，其中 D 表示该结构的分形维数，依据已有研究结果，在模拟中我们取 $D = 1.95$。

对于给定的参数 c，多次重复以上过程，并记录系统在当前参数下达到稳态后的磁矩状态，进行系综平均，进而给出系统磁矩的概率分布。具体的算法过程如下：

Step 1 确定初始稳态分布。给定初始温度 T_0，生成 $L \times L$ 的初始数组，数组中元素分别在 ±1 中等概率取值，按照 Metropolis 算法进行 5000 个 Metropolis 步，实现初始平衡分布。

Step 2 温度调节。以系统状态演化最后 10 个 Metropolis 步系统状态的平均值为基础，按(9a)和(9b)式调节温度。

Step 3 系统状态演化。按照 Metropolis 算法，改变系统自旋状态，演化 500 个 Metropolis 步。

Step 4 判断系统演化是否达到稳态。若否，返回 Step 2，继续系统演化；若是，绘制出系统平均磁矩绝对值、温度值和最终稳态分布。

在本文中，我们使系统分别在社会疏解系数 c 取 2.5、1.3、0.8 时进行演化，以模拟系统最终演化至无序态、临界态、有序态三种情况。

（二）模拟结果

1）$c = 2.5$

如图 4 - 1 - 4 所示，系统温度随时间演化不断上升，最终达到定态；系统绝对平均磁矩逐渐减小到 0，并一直保持在 0 附近。

取系统演化到定态时最后 500 个 Metropolis 步的平均磁矩，并在不同初始条件下系统演化重复 6 次，得到 3000 个平均磁矩值进行系综平均，得到的统计分布如图 4 - 1 - 5。

由图 4 - 1 - 5 看出，系统磁矩分布于区间(- 0.4, 0.4)，经计算，该分布的峰态系数 $K \approx 3$，偏态系数 $S \approx 0$，故该分布接近均值为 0 的正态分布，说明此时系统演化至了无序态，与平均场理论中的结果一致。

2）$c = 1.3$

如图 4 - 1 - 6 所示，系统温度和绝对平均磁矩随着时间演化都始终在一定区

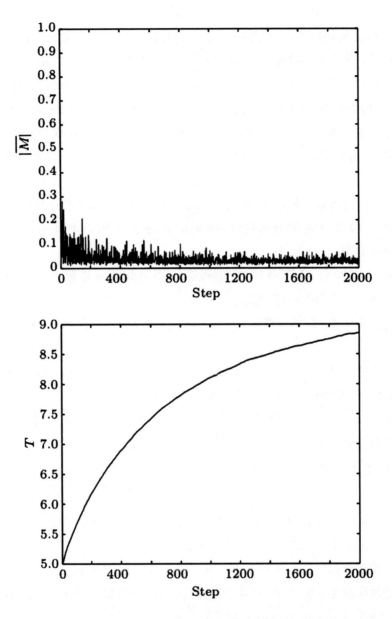

图 4 - 1 - 4　c = 2.5 时系统状态演化行为

间内波动。

　　同样地,取系统演化到定态时最后 500 个 Metropolis 步的平均磁矩,并使系统在定态条件下重复演化 16 次,得到 8000 个平均磁矩值进行系综平均,得到统计分布如图 4 - 1 - 7 所示。

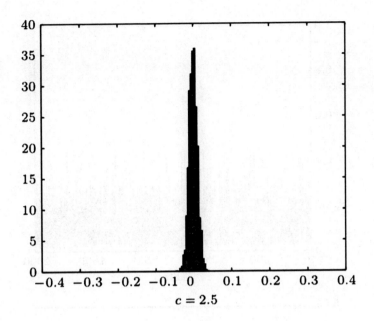

图4-1-5　*c* = 2.5 时系统定态时磁矩 *M* 的统计分布

此时,系统的平均磁矩在$(-0.4, 0.4)$的区间内,分布范围远远超过 $c = 2.5$ 时的情形,且峰态系数 $K \approx 2.5$,小于正态分布的情形,表明系统在均值 0 附近有较大的涨落。

由于随机性的存在,仅仅通过对给定参数下系统演化及稳态分布的观察,很难准确找到平均场理论中得到的临界点参数。在后续的研究中,我们将利用有限尺度标度理论及统计方法,确定耦合演化系统的临界有效疏解系数 c,并定性地确定系统是否具有临界性质,进而定量刻画系统的临界行为,包括标度律和临界指数。

3) $c = 0.8$

如图4-1-8所示,温度随时间演化不断降低,最终达到定态;系统平均磁矩从 0 上升,表现出一定程度的极化行为。

为验证系统降温过程中出现的与前文所述两种情形所对应的暂态,我们观察了系统磁矩分布随时间的变化。我们使系统重复演化 9 次,在每一次演化中记录每一次变温演化时 500 个 Metropolis 步的平均磁矩,每一个时间步得到 4500 个平均磁矩进行系综平均,绘制出系统的平均磁矩分布随时间的演化图像,如图4-1-9所示。

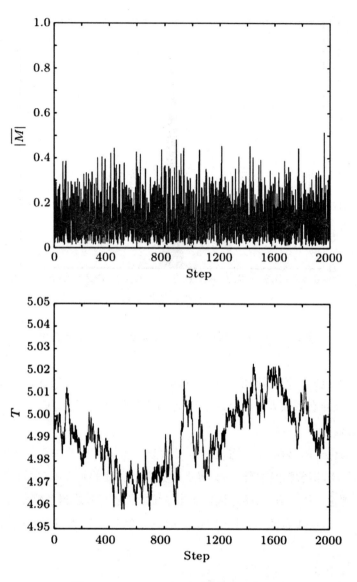

图 4 – 1 – 6　c = 1.3 时系统状态演化行为

　　从图 4 – 1 – 9 的时间演化过程中可以看出,系统磁矩分布经历了从单峰分布的暂态逐渐向均匀分布的暂态过渡,最终达到的稳态分布为双峰分布,并表现出一定程度的极化行为。可以说明系统经历了从完全无序演化到有序极化的稳态的过程。

　　需要说明的是,之所以可以对最后 100 步取平均,是因为系统在最后 100 步

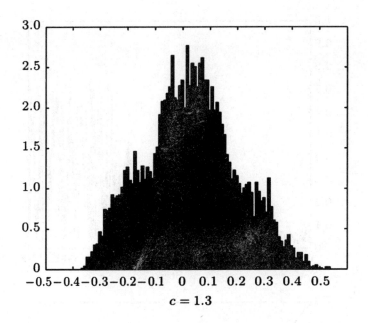

图 4 - 1 - 7 $c = 1.3$ 时系统定态时磁矩 M 的统计分布

时已经达到了稳态,统计性质在每一个时间步是相同的。

四、结论与展望

在 Ising 模型的基础上,考虑系统主体行为对环境的反馈作用,构造出了具有自组织特性的舆论形成耦合演化模型,更深入地探讨了社会系统舆论形成和传播的自组织行为。在平均场理论下,建立了 Ising 模型状态的演化特性与系统外界温度调解之间的关系,通过舆论疏解系数的构建,明确了在不同参数条件下系统最终达到的稳定状态,进一步研究了系统在耦合机制下的自组织行为特性,并应用 Monte Carlo 模拟对平均场结果进行了验证。

研究发现,耦合演化模型会显示出一定的自组织演化特性,自发向新的稳定状态演化,显示出更加丰富的演化规律。系统最终到达的稳定状态与我们定义的舆论等效疏解系数有关:当 $c > 1$ 时,系统不会出现一致性的社会舆论,平均磁矩为 0,系统会稳定在无序状态;当 $c < 1$ 时,系统的舆论疏解能力较差,最终会显示出不同程度上的整体一致舆论,产生宏观有序状态;而 $c = 1$,是动力系统演化的一个分支点。Monte Carlo 模拟的结果也证明存在这样一个参数临界值,使得社会整体舆论显示出上述特点。

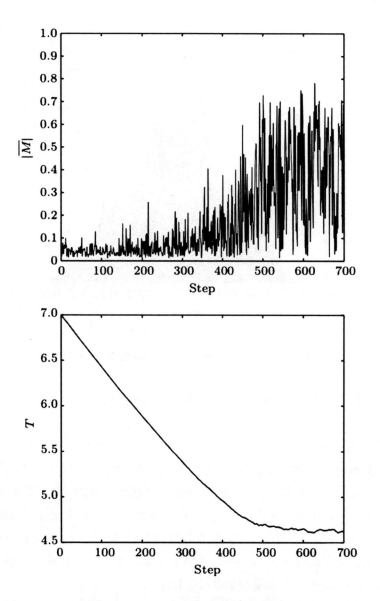

图 4 - 1 - 8 $c = 0.8$ 时系统状态演化行为

　　本研究提出的具有自组织特性的舆论形成模型为今后的研究奠定了一定的理论基础,后续的研究一方面可以进一步深入研究耦合演化系统的临界性质,如利用有限尺度标度理论确定系统是否进入了临界态,计算系统的临界指数,并进而确定系统临界行为的普适类等;另一方面可以在舆论形成机制认识的基础上,进一步发展评估、预警指标以及干预、治理措施,为现代社会治理提供新思路与新

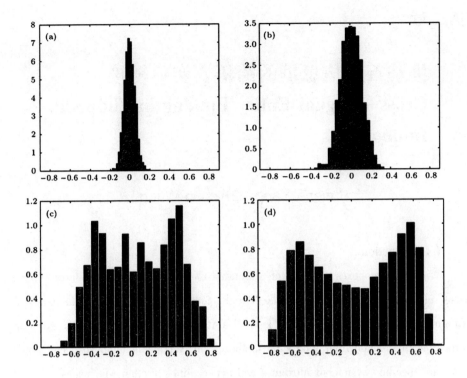

图 4 - 1 - 9　c = 0.8 时系统磁矩 M 的统计分布随时间的变化

（a）t = 100；（b）t = 300；（c）t = 500；（d）t = 600—700

方法。

第二章

维基百科信息框的跨语言实体链接
Cross—lingual Entity Linking inWikipedia Infoboxes

Juheng Yang　Zhichun Wang①

1 Introduction

Wikipedia infoboxes contain rich structured information of entities, describing various relations and attributes of entities in the form of tables. Several large— scale knowledge graphs such as DBpedia[1] and YAGO[9] have been built by extracting structured information from Wikipedia infoboxes. In Wikipedia infoboxes, entity relations are specified by infobox attributes and hyper—links to other wiki pages in the attribute values. For example, in the infobox of United States, the attribute 'President' has a value containing a link to the wiki page of *Donald Trump*; hence a triple (*UnitedStates*, *President*, *DonaldTrump*) can be extracted from the infobox. Most entity links in Wikipedia infoboxes are mono— lingual links; if a mentioned entity does not exist in the current language version of Wikipeida, there will be no entity link in the infobox. For example, Fig. 1 shows part of the infobox of *TCL* Corporation in English Wikipedia, which is a famous Chinese corporation. For the attributes of *Industry* and *Subsidiaries* in the infobox, there are links to wiki pages of *Consumer Electronics* and *TCL Multimedia*, respectively. But for the attribute *Founder*, the attribute value only contains the name of the funder, *Li Dongsheng*; there is no link to the wiki page of *Li Dongsheng* because it does not exist in English Wikipedia.

Although there are many links missing in theinfoboxes because of the absence of

①　Zhichun Wang, corresponding author. In book: Knowledge Graph and Semantic Computing: Knowledge Computing and Language Understanding, pp. 38 –49. The work is supported by the National Key R&D Program of China (No. 2017YFC0804000).

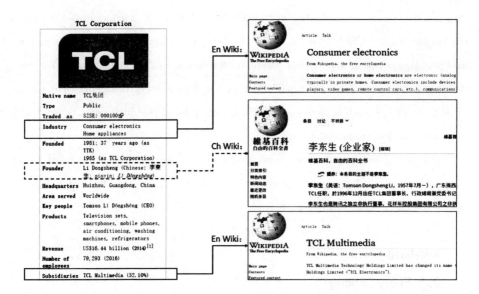

Fig. 1 TCL's English version of infobox

the target entities, we find that some entities can be found in another language version of Wikipedia. Considering the example shown in Fig. 1, there is not an entity of *Li Dongsheng* in English Wikipedia, but this entity does exist in Chinese Wikipedia. We have done statistical analysis on the data of English Wikipedia; we randomly selected 100 infoboxes of famous Chinese persons or organizations from English Wikipedia, and manually analyzed these infoboxes. It is found that all of these infoboxes have missing entity links caused by the absence of corresponding entities in English Wikipedia. We then furtherly discovered that 78 missing entity links can be established from these in-foboxes to entities in Chinese Wikipedia. If such cross—lingual entity links can be au-tomatically detected and added to infoboxes, relations between entities will be largely enriched in Wikipedia.

Based on the above observations, we propose an approach for cross—lingual entity linking inWikipedia infoboxes (CELF). The goal of our approach is to discover cross—lingual entity links in infoboxes when monolingual links cannot be established. CELF works in three steps, mention identification, candidate entity selection and entity dis-ambiguation. The first step is to identify mentions in infoboxes; then in the step of can-didate entity selection, a cross—lingual mention—to—entity vocabulary is built, based on which candidate entities in another language are selected for each mention. In the step of entity disambiguation, the target entity of each mention is determined. To bridge the language gap, CELF trains a cross—lingual knowledge graph embedding model, and performs entity disambiguation based on the learned entity embeddings. We conduct experiments on three datasets of different language pairs of Wikipedia. The results show that our approach achieves over 90% *Hits@* 1 in all the three datasets, and outperforms baseline approach by over 20%.

The rest of this paper is organized as follows: Section 2 discusses related work; Section 3 describes the proposed approach in detail; Section 4 shows the experiment results; Section 5 concludes our work.

2 Related Work

2. 1 Entity Linking

Entity linking is the task of determining the identity of entities mentioned in texts and linking them to their corresponding entities in a given knowledge base. The problem of entity linking has been studied for years, and many entity linking approaches have been proposed. Shen et al. [8] and Wu et al. [14] gave exhaustive reviews of previous work in entity linking. In this section, we mainly discuss some most related work to our approach.

Xu et al. published an early work of discovering missing entity links ininfoboxes [15]. Their approach can automatically discover missing entity links in Wikipedia's infoboxes. The proposed approach first identifies entity mentions in the infoboxes; and then it computes several features to estimate the possibilities that a given attribute value might link to a candidate entity. A logistic regression model is used to learn the weights of different features, and predict the target entity for each mention.

In the work of[7] and [13], knowledge bases are built from Wikipedia, Baidu Baike and Hudong Baike. In the process of extracting entity relations from infoboxes, missing entity links are completed by matching the mentions with entity names. Name matching works for small portion of missing entity links, but it will fail to correctly find the link if a mention is ambiguous.

The above work solves the problem of entity linking ininfoboxes, but they only focus on monolingual entity links. The problem of cross—lingual entity linking is more challenging because of the language gap.

2. 2 Knowledge Graph Embedding

In our work, cross—lingual knowledge graph embedding model is used to perform entity disambiguation. Here we briefly review the work on knowledge graph embedding.

Knowledge graph embedding models embed entities and relations in a knowledge graph into a low—dimensional vector space while preserving the original knowledge. The embeddings are usually learned by minimizing a global loss function of all the entities and relations in a KG, which can be further used for relation prediction, information extraction, and some other tasks. TransE is a representative knowledge graph embedding approach [2], which projects both entities and relations into the same vector space; if a triple (h, r, t) holds, TransE wants that h + r ≈ t. The embeddings are learned by minimizing a margin—based ranking criterion over the training set. TransE model is simple but powerful, and it gets promising results on link prediction and triple classification problems. To further improve TransE, several enhanced models based on it have been pro— posed, including TransR [5], TransH [12] and TransD [4] etc. By introducing new representations of relational translation, later approaches achieve better performance at the cost of increasing model complexity. There are many other KG embedding approaches, recent surveys [11, 6] give detailed introduction and comparison.

MTransE [3] and JAPE [10] are two models for learning embeddings for cross—lingual knowledge graphs. MTransE encodes entities and relations of each KG in a separated embedding space by using TransE; it also provides transitions for each embedding vector to its cross—lingual counterparts in other spaces. The loss function of MTransE is the weighted sum of two component models' loss (i. e. , knowledge model and alignment model). JAPE is also based on TransE model, which learns vector representations of entities in the overlay graph of two knowledge graphs. JE and MTransE are two similar models for dealing with heterogeneous knowledge graphs, which can be easily adapted to cross—lingual knowledge graphs.

Our approach uses a similar embedding model asMTransE and JAPE, but the learned embeddings are used to perform entity disambiguation, instead of discovering entity alignments. Therefore, our knowledge graph embedding model focuses on linking prediction.

3 The Proposed Approach

This section presents our approach CELF in details. Given a set ofWikipedia infoboxes in one language L, the goal of our approach is to identify entity mentions in these infoboxes and to link them to entities in another language L' in Wikipedia. Our approach CELF works in three main steps: mention identification, candidate entity selection and entity disambiguation.

3.1 Mention Identification

Mention identification is to find entity mentions in aninfobox. In this work, mentions are only discovered in the attribute values with no hyper—links in the infoboxes. In order to find the mentions potentially having the target entities in another language, our approach uses the clues in the infoboxes. In Wikipeida's infoboxes of one language, e. g. English, there are usually native mentions coming after their English mentions in brackets if the target entities are missing in the current language version of Wikipedia. Taking the infobox in Fig. 1 as an example, the value of the attribute *Founder* is "Li Dongsheng (Chinese: 李東生)". Here "Chinese: 李東生" shows the Chinese name of the founder, telling that *Li Dongsheng* is an entity mention and its corresponding Chinese form is 李東生. Base on this observation, our approach processes all the attribute values in the given infoboxes, and find whether there are brackets with language annotations. Attribute values matching the pattern $[mention_L (language: mention_{L'})]$ are recorded; and $mention_L$ will be identified as an entity mention in language L, its corresponding mention in language L' is $mention_{L'}$.

3.2 Candidate Entity Selection

After identifying mentions in language L, our approach selects candidate entities in language for each mention. To select candidate entities, we first build a cross—lingual mention—entity vocabulary. The structure of vocabulary is shown in Table 1. Each record in the vocabulary can be represented as $(m_L, m_{L'}, C_{L'})$, which contains a mention m_L in language L, its corresponding mention $m_{L'}$ in language L', and a set of candidate entities $C_{L'}$ in language L'. Mentions in two languages are directly obtained in the step of mention identification. To get the candidate entities for each mention, we select entities in L' having $m_{L'}$ as their surface forms, and take them as the candidate entities.

Table 1   An example of mention—entity vocabulary (L = English, L' = Chinese). ([EN:...] are translations of the entities in L' to facilitate reading.)

MentionL	MentionL′	Candidate entities in L′
Queer as Folk	同志亦凡人	同志亦凡人 – (英国电视剧) [EN: Queer – as – Folk – (UK – TV – series)] 同志亦凡人 – (2000 年电视剧) [EN: Queer – as – Folk – (U. S. – TV – series)]
The Republicans	共和党	共和党 – (法国) [EN: The – Republicans – (France)] 共和党 – (美国) [EN: The – Republicans(Un ited States)] 共和党 – (德国) [EN: The – Republicans – (Germany)] 共和党 – (爱尔兰) [EN: Fianna – Fail]
Labour Party	工党	工党 – (英国) [EN: Labour – Party – (UK)] 工党 – (挪威) [EN: Labour – Party – (Norway)] 工党 – (爱尔兰) [EN: Labour – Party – (Ireland)]

The following components of Wikipedia in language L' are used as the sources for getting entities and their surface forms:

– Page titles: Each entity page in Wikipedia describes a single entity and contains the information focusing on this entity. Generally, the title of each page is the most common name for the entity described in this page, e. g. , the page title 'Microsoft' for that giant software company headquartered in Redmond. Therefore, page titles are taken as the surface forms of the corresponding entities. When the name of an entity is ambiguous, there will be a qualifier in brackets in the page title. For example, the name of "Transformers" is ambiguous; so, the movie of *Transformers* has the title of "Transformers (film series)", and the comics of *Transformers* is named as "Transformers (comics)". For those page titles having brackets, we take the parts before the brackets as the surface forms of the entities.

– Redirect pages: A redirect page in Wikipedia has no content except a link to another page. The page title of a redirect page can be taken as a surface form of the entity it links to. For example, the page of *UK* redirects to the page of United Kingdom, so "UK" is taken as the surface form of entity United Kingdom.

　　– Disambiguation pages: When multiple entities in Wikipedia have the same name, a disambiguation page is created to separate them. A disambiguation page contains a list of references to distinct entities which might be referred by the title of the disambiguation page. Here we take the titles of disambiguation pages as the surface forms of entities listed on them.

3. 3 Entity Disambiguation

　　Once entity mentions and their candidate entities are obtained, our approach uses a cross—lingual knowledge graph embedding model to disambiguate entities. In the following, we will fist introduce how the cross—lingual embedding model is defined and trained; and then the method of using embeddings for entity disambiguation is presented.

　　Cross—lingual Embedding Model. Our approach uses a cross—lingual embedding model works similarly as MTransE and JAPE. The model embeds entities in two different languages into a unified low—dimensional vector space. Based on the learned embeddings, relations between entities can be conveniently scored, which helps accurately disambiguate entities. Before learning entity embeddings, two knowledge graph $G_L = (E_L, R_L, T_L)$ and $G_{L'} = (E_{L'}, R_{L'}, T_{L'})$ are firstly obtained by extracting triples from the infoboxes in L and L', respectively. Here $E_{L/L'}$, $R_{L/L'}$ are sets of entities and relations, respectively; $T_{L/L'} \subset E_{L/L'} \times R_{L/L'} \times E_{L/L'}$ is the set of triples. In our approach, infobox triples in DBpedia of language L and L' are directly used as G_L and $G_{L'}$, because they are all extracted from Wikipedia's infoboxes. Cross—lingual links in Wikipedia are also used in our embedding model, which is denoted as $X = \{(e_{i1}, e_{i2}) \mid e_{i1} \in E_L, e_{i2} \in E_{L'}\}_{i=1}^m$.

　　In our cross—lingual embedding model, two knowledge graphs G_L and $G_{L'}$ are integrated into one combined knowledge graph G. Then TransE model is employed on learning embeddings of elements in G. Entities and relations are all represented as vectors in R^k. If a triple (e, r, e') exists in G, the model wants $e + r \approx e'$; e, r and e' are vectors of e, r and e' respectively.

　　In the training process ofTransE, we want entity pairs in X (i. e. entities connected by cross—lingual links) share the same vector representations. Because entities connected by cross—lingual links corresponds to the same thing, their vectors need to be the same. To pose this constraint on the TransE model, we revise the loss function of TransE as:

$$Loos = \sum_{(h,r,t) \in G} || \boldsymbol{h} + \boldsymbol{r} - \boldsymbol{t} || + \sum_{(e,e') \in X} || \boldsymbol{e} - \boldsymbol{e'} || \tag{1}$$

where λ is a weight parameter. The loss function is optimized by stochastic gradient descent (SGD) with mini—batch strategy. The loss function has a penalty part of cross—lingual links. During the learning process, vectors of two entities at both ends of a interlanguage link will get closer and closer. By optimizing the loss function of this cross—lingual embedding model, entities in two languages are mapped into one unified vector space. Base on the learned embeddings, probabilities of relations between entities from different languages can be estimated.

Entity Disambiguation based on Embeddings. After training cross—lingual embedding model, we get vector representations of all the entities and relations in G_L and $G_{L'}$. These embeddings are used for entity disambiguation. In the infobox of entity h, supposing a mention m_L is identified in the value of attribute r, the set of selected candidate entities is $C_{L'}$; the goal of entity disambiguation is to find the correct entity $e_L^\star$ for the mention. In our approach, the disambiguation is performed by computing scores for candidate entities based on the embeddings. For each candidate entity $e_{L'}$ in $C_{L'}$, our approach computes its score as:

$$score = || \boldsymbol{h} + \boldsymbol{r} - \boldsymbol{e_L'} || \tag{2}$$

The smaller this score is, the more likely the entity is the target entity. Therefore, our approach computes scores for every entity in $C_{L'}$, and it then ranks the candidate entities by the ascending order of their scores. The entity in the top 1 place is output as the target entities of mention m_L.

4 Experiment

4.1 Datasets

We use datasets from DBpedia. DBpedia has abundant structural knowledge extracted from Wikipedia's pages. According to three different language versions of database in DBpedia, Chinese, Japanese and French, we build up our experiment datasets. For each language, its datasets include test set, answer set and training set. Test set contains some broken triples in English, whose tail entities are manually removed, of which the effect is the same as the truly uncompleted triples. Intuitively, we are based on the interlanguage links to find the removed tail entities' corresponding entities in *language L'*, which constitute the answer set. Training set contains the triples involved in all the entities and relations, and some interlanguage links where the interlanguage links to the removed tail entities are kicked out. The statistics of all the datasets are listed in Table 2.

Table 2   Statistics of the datasets

Datasets		entltleS	triples	ment lonS	candidate entities	answer entities
zn_en	en	148,068	317,550	3,002	6,468	3,002
	zh	109,602	239,680			
Ja_en	en	140,021	302,067	2,787	5,023	2,787
	Ja	99,629	234,005			
fr_en	en	149,927	329,003	2,942	5,528	2,942
	fr	110,803	243,742			

4. 2 Evaluation Metrics

We use *Hits@*1 to assess the performance of our method. *Hits@*1 measures the proportion of correctly aligned entities ranked in the top 1. For instance, there are five candidate entities for one cross—lingual mention, and we separately calculate the score between each candidate entity and the sum of h and r. The highest score among those five scores represents the appearance of the target entity. A higher *Hits@*1 indicates a better performance.

4. 3 Baseline

Because there has not been any presented work for the cross—lingual entity linking ininfobox yet, we propose a baseline for comparison. The first two steps of Baseline are the same as CELF, from [15], in the disambiguating step, we choose an approach evaluating the likelihood between mention and candidate entities through three semantic features: *Link Probability*, *Local Entity Occurrence* and *Foreign Entity Occurrence*

– **Link Probability**. Link Probability feature approximates the probability that a mention *m* links to an entity *e*:

$$f_1(m,e) = \frac{count(m,e)}{count(m)} \quad (3)$$

where *count* (*m*, *e*) denotes the number of links from *m* to *e*, and the *count*(*m*) denotes the number of times that m appears in Wikipedia.

– **Local Entity Occurrence**. If there has already been a link to a certain entity in the text of article, there will likely be a link to this entity in the infobox. Here, we define a Local Entity Occurrence feature to capture this information:

$$f_2(e,m) = \begin{cases} 1 & e \in E_L(m) \\ 0 & otherwise \end{cases} \tag{4}$$

where $E_L(m)$ is the set of the cross—lingual entities. These entities are linked to those entities, which are in the text of the article containing mention m, by the interlanguage links. Entity e is one of mention m's cross—lingual candidate entities.

– **Foreign Entity Occurrence**

The same as the Local Entity Occurrence, Foreign Entity Occurrence also evaluate whether the entity appears, not in the article of EnglishWiki, but in one infobox of language L' version of Wiki. Conspicuously, the premise is that there must be an interlanguage link for the article containing mention m, if not, we let the score equal zero:

$$f_3(e,m) = \begin{cases} 1 & e \in E_L(m) \\ 0 & otherwise \end{cases} \tag{5}$$

where $E_{L'}(m)$ is the set of entities. According to the interlanguage link for the entity representing the article containing mention m, we find the its cross—lingual entity in language L', and all the entities in $E_{L'}(m)$ are all from the text of that cross—lingual entity's article. Entity e is one of mention m's cross—lingual candidate entities.

We compute the weighted sum of features between mentions and entities by the following score function:

$$S(m,e) = \cdot \mathbf{f}(\mathbf{m},\mathbf{e}) \tag{6}$$

where $\mathbf{\Omega} = (\omega 1, \omega 2, \omega 3)$ and $\mathbf{f}(\mathbf{m}, \mathbf{e}) = (f_1(m, e), f_2(m, e), f_3(m, e))^T$. Here, we use the already existing entity links $< m_i, e_i >$ in infoboxes as training data, and train a logistic regression model to get the weights of different features. For mention m, we separately calculate the candidate entities' score, and then screen the target entity which have the highest score.

4.4 Experiment Setup

For our proposed method, when training our model, we set the learning rate λ to 0.01, the dimensionality of embedding vectors among $\{50,75,100,125,150\}$, and the ratio hyper—parameter λ_1 ranging from 0 to 1. Through changing values of dimensionality and hyper—parameter, we find that when the dimensionality equals 75 and ratio hyper—parameter equals 1, the performances are all better than ever. So, we set the dimensionality to 75 and hyper—parameter to 1 firmly when training our model. As for the baseline, we train a logistic regression model and then get the weights of different features and the expression of S(m,e).

4. 5 Results

For our proposed method and the baseline, we separately find the experimental cross—lingual target entities. Then we calculate all the *Hits*@1 in every method for each language pair. The outcomes are shown below in Fig. 2: From the results, we find that for each candidate language, our method's *Hits*@1 is always conspicuously much higher than that based on the proposed baseline. We have to say that our proposed baseline is a little bit brutal, but our method CELF's experimental outcomes are better, and there are many other disambiguation methods waiting for being applied in cross—lingual entity linking in infobox.

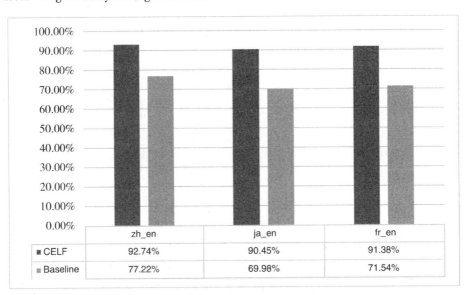

Fig. 2   The *Hits*@1 of CELF and baseline

4. 6 NIL Clustering

In our task, we should consider that, if there is no correct cross—lingual candidate entity of a mention existing inWiki, what the criterion of nothingness is and what we should do. Because of the utilization of cosine similarity to evaluate whether the cross—lingual candidate entity is the object or not, intuitively we set the criterion according to the cosine value. After normal training step, for each mention, we remove its cross—lingual target entity according to the answer set from the training data, and retrain the model, and then, again find the largest cosine value of each mention. Among all the found cosine values (the number of which equals the number of mentions), we choose the largest value as the criterion of NIL clustering in chosen language, which means that if the cosine value of a mention's target entity is lower than the criterion, we regard the object belonging to that mention as nothingness and assign a new ID to it. After training, we get three criteria: zh_en's criterion is 0. 30, ja_en's criterion is 0. 27, and fr_en's criterion is 0. 30.

5 Conclusion

In this paper, we propose an approach named CELF to find the cross—lingual entity links between two different language knowledge graphs. Firstly, we used attribute value's mention to find all the cross—lingual candidate entities and then build up a cross—lingual mention—entity vocabulary. After that, we apply a cross— lingual knowledge graph embedding model for the disambiguation among those candidate entities. For comparison, we utilize three different important features we set to train a classifier, which is another method used for the disambiguation. Through calculating the hits ratio, we evaluate CELF's performance by comparing with the baseline. Results show that our approach has a higher hits ratio than baseline's and can efficiently discover the cross—lingual entity links.

References:

1. BIZER, C. :Dbpedia—a crystallization point for the web of data. J. Web Semantics 7(3), 154 – 165 (2009)

2. Bordes, A., Usunier, N., Garcia—Duran, A., Weston, J., Yakhnenko, O. : Translating embeddings for modeling multi—relational data. In: Proceedings of Advances in neural information processing systems (NIPS2013). pp. 2787 – 2795 (2013)

3. Chen, M., Tian, Y., Yang, M.,Zaniolo, C. : Multilingual knowledge graph embed— dings for cross—lingual knowledge alignment. In: Proceedings of the Twen-

ty—Sixth International Joint Conference on Artificial Intelligence (AAAI2017). pp. 1511 - 1517 (2017)

4. Ji, G. , He, S. , Xu, L. , Liu, K. , Zhao, J. : Knowledge graph embedding via dynamic mapping matrix. In: Proceedings of the 53rd Annual Meeting of the Association for Computational Linguistics and the 7th International Joint Conference on Natural Language Processing. vol. 1, pp. 687 - 696 (2015)

5. Lin, Y. , Liu, Z. , Sun, M. , Liu, Y. , Zhu, X. : Learning entity and relation embed— dings for knowledge graph completion. In: Proceedings of the Twenty—Ninth AAAI Conference on Artificial Intelligence (AAAI2015). vol. 15, pp. 2181 - 2187 (2015)

6. Nickel, M. , Murphy, K. ,Tresp, V. , Gabrilovich, E. : A review of relational machine learning for knowledge graphs. Proceedings of the IEEE 104(1), 11 - 33 (2016)

7. Niu, X. , Sun, X. , Wang, H. , Rong, S. , Qi, G. , Yu, Y. : Zhishi. me— weaving Chinese linking open data. In: International Semantic Web Conference. pp. 205 - 220. Springer (2011)

8. Shen, W. , Wang, J. , Han, J. : Entity linking with a knowledge base: Issues, techniques, and solutions. IEEE Transactions on Knowledge and Data Engineering 27(2), 443 - 460 (2015)

9. Suchanek, F. M. , Kasneci, G. , Weikum, G. : Yago: A core of semantic knowledge. In: Proceedings of the 16th International Conference on World Wide Web. pp. 697 - 706. WWW '07, ACM, New York, NY, USA (2007)

10. Sun, Z. , Hu, W. , Li, C. : Cross—lingual entity alignment via joint attribute—preserving embedding. In: Proceedings of the Sixteenth International Semantic Web Conference (ISWC2017). pp. 628 - 644 (2017)

第三章

基于关系型和文字型事实推理的知识图谱
Knowledge Base Completion by Inference from Both Relational and Literal Facts

Zhichun Wang   Yong Huang[①]

1 Introduction

Recently, a number of large—scale knowledge bases (KBs) have been created, such as DBpedia [1], YAGO [16], and Freebase [2]. These KBs contain large a-mounts of facts regarding various entities, and they are becoming useful resources for many applications, such as question answering, semantic relatedness computations, and entity linking. Large—scale KBs are usually constructed automatically based on in-formation ex— traction techniques. Although KBs may contain huge amounts of facts, most of them are still incomplete, missing many important facts. To add more facts to KBs, much work has been undertaken regarding KB completion, aiming to automatical-ly infer new facts from the existing ones in KBs.

In general, existing KB completion approaches fall into two major groups: symbol-ic approaches and embedding approaches. Symbolic approaches use symbolic rules or relation paths to infer new facts inKBs. For example, Galarraga et al. [5] proposed a rule mining system, AMIE, which extracts logical rules based on their support in a KB. The learned rules are then used to infer new facts in a KB. Lao et al. [11] introduced the path ranking algorithm (PRA), which uses random walks to search relation paths connecting entity pairs. These paths are then used as features in a classifier to predict new facts. Embedding approaches learn low—dimensional representations of entities

① Zhichun Wang, Beijing Normal University; Yong Huang, China UnionPay Co., Ltd. In book: Advances in Knowledge Discovery and Data Mining, pp. 501 – 513. The work is supported by the National Key Research and Development Program of China (No. 2017YFC0804000) and the National Natural Science Foundation of China (No. 61772079).

and relations in KBs, which can be used to infer new facts. TransE [3] is a representative embedding approach, which learns to represent both entities and relations as vectors in R^k. If a triple (h, r, t) holds, then TransE wants that $\boldsymbol{h} + \boldsymbol{r} \approx \boldsymbol{t}$. After the embedding representations are learned, new facts can be predicted based on computations over embeddings. Most recently, some methods have attempted to combine symbolic and embedding techniques, including path—based TransE [12] and recurrent neural network (RNN)—based relation path composition [6].

Existing KB completion approaches of both the symbolic and embedding variety only consider relational facts inKBs when inferring new facts. Here, relational facts refer to those facts using object properties to describe relations between entities. However, in most KBs, there are literal facts as well, which describe certain datatype properties of entities, such as ages of people or areas of a city. Table 1 shows the numbers of relational facts and literal facts in three well—known KBs. This shows that the number of literal facts is close to or even bigger than the number of relational facts. We believe that such a huge number of literal facts in KBs must be useful for inferring new facts as well.

Table 1 Numbers of relational and literal facts in KBs

Knowledge Base	#Relational facts	#Literal facts
YAGO	4.48M	3.35M
DBpedia	14.8M	17.3M
Freebase	1.3B	1.8B

Based on the above observations, we propose a new KB completion approach named IRL (inference from relational and literal facts). The most significant feature of our ap—proach is its ability to extract useful information from literal facts in order to improve the KB completion performance. Our approach first finds a set of path types from the relational facts in KBs, following the same method in PRA. Then, it extracts useful features from the literal facts. Path types and literal features are combined as the input of a prediction model, which is trained to predict new facts in KBs. Experiments on Freebase and YAGO show that IRL outperforms comparable approaches that only use relational facts.

The remainder of this paper is organized as follows. Section 2 introduces the path ranking algorithm, which generates path types in our approach. Section 3 describes the proposed approach. Section 4 presents the experiment results. Section 5 discusses some related work, and finally Section 6 concludes this paper.

2 Background Knowledge

2. 1 RDF and RDF KB

The resource description framework (RDF) is a framework for the conceptual description or modeling of information in web resources. RDF expresses information by making statements about resources in the form of

$$\langle subject\rangle\langle predicate\rangle\langle object\rangle$$

The *subject* and *object* represent two resources, and the predicate represents the relationship (directional) between the *subject* and *object*. RDF statements are called triples, because they consist of three elements. RDF is a graph—based data model. A set of RDF triples constitutes an RDF graph, where nodes represent resources and directed vertices represent predicates. There can be three types of nodes (resources) in an RDF graph: IRIs, literals, and blank nodes. An IRI is a global identifier for a resource, such as people, organizations, and places. Literals are basic values, including strings, dates, and numbers. Blank nodes in RDF represent recourses without global identifiers. Predicates in RDF are also represented by IRIs, because they can be considered as resources specifying binary relations.

An RDF KB is a well—defined RDF dataset that consists of RDF statements (triples). The statements in an RDF KB are usually divided into two groups: T—box statements, which define a set of domain specific concepts and predicates; and A—box statements, which describe facts about instances of the concepts. A—box triples excluding triples with literals are employed by our approach to learn inference rules. Unlike AMIE, our approach also takes triples having *rdf:type* predicate as input. *rdf:type* is a special predicate, which is used to state that a resource is an instance of a concept. The entity—type information specified by *rdf:type* predicate is very useful and important for rule learning from RDF KBs, which is verified by our experiments.

2. 2 Path Ranking Algorithm

PRA is a state—of—the—art KB completion approach, which infers new relational facts from the existing ones. In this work, we propose to extract literal features

237

fromKBs and then combine them with path types generated by PRA for KB completion. Therefore, we first briefly introduce PRA in this section.

PRA was first proposed by Lao et al. [11]. PRA predicates new relations between two entities based on a set of relation paths that connect the entity pair. A relation path is a sequence of relations$\langle r_1, r_2, \ldots, r_k \rangle$. Such a path can be an indicator of a new relation between entities that are linked by that path. For example, $\langle$ *bornInCity*, *CityInCountry* $\rangle$ is a path that may indicate the *nationality* relation between the entities it connects. PRA first finds a set of potentially useful relation paths that connect the entity pairs, and then uses the discovered paths as features in a classification model to predict whether or not a specific relation holds. Formally, there are three basic steps in PRA: (1) path feature selection, (2) path feature computation, and (3) classification model training.

Path Feature Selection. Given a target relation r and a set of its instances $I_r = \{(s_j, t_j) \mid \langle s_j, r, t_j \rangle \in KB\}$, the total number of path types that connect the entity pairs can be considerably large. Therefore, the first step of PRA is to select a set of path types as features in the prediction model. PRA selects useful path types by performing random walks on the graph, starting at the source and target entities. If the walks from the source entities and target entities reach the same intermediate entities, then the corresponding path types are recorded, and measures of precision and recall will be computed for each path type. Path types whose precisions and recalls are not lower than predefined thresholds will be selected as path features in the prediction model.

Path Feature Computation. After a set of path features are selected, PRA computes the feature values of each entity pair in I_r. In this step, PRA will generate a feature vector for each entity pair, where each feature in the generated feature vector corresponds to a path type selected in the first step. Specifically, for an entity pair (s_j, t_j), the value of a path type π is computed as the probability of a random walk starting from s_j and arriving at t_j following the path type π, which is denoted as $p(t_j \mid s_j, \pi)$. In a recent extension of PRA [7], it is shown that using binary features instead of random walk probabilities improves the efficiency of PRA, and there is no statistically significant difference in the performance for KB completion.

Classifier Training. The final step of PRA is to train a classification model on the feature vectors of entity pairs in I_r. Technically, any classifier can be used in this step, but PRA simply uses a logistic regression model.

3 Proposed Approach

This section presents our proposed approach, IRL. This infers new facts using both relational and literal facts in KBs. Figure 1 illustrates the framework of our approach. To predict a relation r between the entities h and t, our approach first extracts relational features by finding path types that connect h and t, following the same method in PRA. Then, it extracts literal features from related literal facts in the KB. After the two types of features are extracted, they are merged to form the combined feature vector of the entity pair (h, t), which is then fed into a classification model for the relation r. The classification model decides whether or not the fact $\langle h, r, t \rangle$ holds. The remainder of this section introduces our proposed approach in further detail.

3. 1 Extract Relational Features

Previous KB completion approaches have already investigated how to extract useful features from relational facts to infer new facts. In our approach, we follow the method in PRA to selects a set of path types as features for fact prediction. Given two entities h and t, the path types that connect them are located in the KB. Instead of computing the random walk probabilities of path types as the feature values, we compute binary features for the path types, as introduced in [7]. It was reported that computing binary features costs less time, and will not decrease the performance. In the work of [7], the authors proposed a subgraph feature extraction (SFE) method, which leads to better results than PRA. Thus, we also test subgraph features as relational features in our approach. Here, we use $v_r(h, t)$ to denote the extracted relational features of an entity pair (h, t).

3. 2 Extract Literal Features

To utilize literal facts when predicting relations between (h, t), our approach extracts literal features from the related literal facts. The process of extracting literal features includes the following steps:

(1) **Literal Value Preprocessing**.

Most literal facts contain numeric values, or contain literals that can be trans-

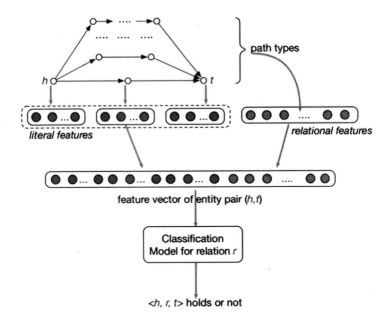

Fig. 1. Framework of our IRL approach

formed into numeric values. Before extracting features from the literal facts, our approach first preprocess the literal values contained in them. Specifically, numeralization and normalization are performed on the literal values. Numeralization transforms non—numeric literal values into numeric values.

After transforming non—numeric literal values into numeric ones, all the numeric values are then normalized to the same scale, i. e. , [0.1, 1]. Normalization is performed for values of each datatype property p separately. Let X_{min}^p and X_{max}^p denote the minimum and maximum property values of p. Then, all the property values of p are normalized by

$$X' = 0.1 + 0.9 \frac{X - X_{min}^p}{X_{max}^p - X_{min}^p} \tag{1}$$

(2) Literal Feature Selection.

To extract literal features from literal facts, we first have to determine which literal facts are useful in predicting new instances of the target relation. Intuitively, if a fact $\langle h, r, t \rangle$ is to be predicted, then literal facts for the entities h and t should be considered in the prediction model. For example, if the target relation is *hasCapital*, then the populations and areas of the entities h and t provide important clues for predicting the *hasCapital* relation between them. In addition, if the entities h and t are connected by multiple paths, then the literal facts for the intermediate entities in these paths might also be useful. Therefore, our approach selects literal features from the literal facts of subject entities, object entities, and intermediate entities in paths that connect the subject and object entities. We use *Esub*, *Eobj*, and E_{inter}, respectively, to denote the above three groups of entities.

Entities in a KB are described by different datatype properties, even for entities of the same type. In order to select literal features of a fixed length, we have to select commonly used datatype properties. This is done by finding frequent datatype properties for entities in *Esub*, *Eobj*, and E_{inter}. More specifically, our approach will enumerate all the entities in *Esub*, *Eobj*, and E_{inter}, and takes all the literal facts these entities appear in from the KB. Then, datatype properties appearing in these literal facts and their frequencies will be recorded. By setting a frequency threshold δ, our approach selects frequent datatype properties whose frequencies are no lower than the threshold as the literal features. Literal features are selected for entities in *Esub*, *Eobj*, and E_{inter} separately. Correspondingly, the selected sets of features are denoted as L_{sub}, L_{obj}, and L_{inter}.

(3) **Literal Feature Computation**.

Once the literal features have been selected for the target relation$r$, the next step is to compute their values. Given an entity pair (h, t), the values of the literal features in L_{sub} or L_{obj} are computed by directly taking the values of the datatype properties of h and t in the KB. More specifically, for a datatype property $l \in Lsub$, if there is a literal fact $\langle h, l, x \rangle \in KB$, then x is taken as the feature value of l. For datatype properties L_{obj}, literal facts of t are used to obtain their values. As introduced above, numeralization and normalization are performed on literal values. The values of datatype properties used here have already been preprocessed. If the value of a selected datatype property does not exist in the KB (i. e. , $\langle h, l, x \rangle \in / KB$ or $\langle t, l, x \rangle \in / KB$), then the value of the literal feature l is set to 0. If there are multiple literal facts for the same datatype property of an entity, then the feature value is computed as the average of the literal values in these facts.

To compute the feature values of intermediate entities of (h, t), our approach first obtains all the intermediate entities that appear in the paths connecting h and t. These paths are discovered in the step of extracting relational features, so the intermediate entities for each entity pair will be recorded in that step, denoted by $I(h,t)$. For each entity $e \in I(h,t)$, a feature vector $v_{Linter}(e)$ is generated by using the same method as for computing literal features of subject and object entities. After obtaining feature vectors for all the intermediate entities, our approach computes the mean vector of these vectors. The mean vector is computed by averaging over all the non—zero elements along each dimension. If the elements along one dimension in all the feature vectors are zeros, this means that none of the entities have the corresponding datatype property in the KB, and the feature value in the mean vector will be set to 0. The mean vector for all the feature vectors is taken to represent the feature values of the intermediate entities of (h, t). In this manner, feature vectors of fixed length can be computed for different entity pairs, although they may have different numbers of intermediate entities.

3.3 Prediction Model Training

Predicting new facts in a KB is considered as a classification problem in our approach. Before predicting new facts, the classification model has to be trained. Our approach trains separate classifiers for different relations. For a target relation r, let the set of training examples for this be $Tr = \{(h_i, t_i), y_i\}_{i=1}^{N}$, where (hi, ti) denotes an entity pair, and $y_i \in \{0, 1\}$ is the class label (0 indicates a negative example and 1 indicates a positive example). After computing the relational and literal features for every entity pair in Tr, we obtain the feature matrix $M_r = [M_{rel} M_{lit}]$ for the training examples, where M_{rel} is the sub—matrix of relational features and M_{lit} is the sub—matrix of literal features. The computed feature matrix will be used to train the classification model to predict new facts in the KB.

In this work, we test both logistic regression and random forest models as the classification model in our approach. Logistic regression is linear classification model, which was adopted in PRA and SFE to predict new facts. Random forest [4] is an ensemble learning method for classification and regression. We use random forest to handle the possible complicated dependencies among relational and literal features.

4 Experiments

4. 1 Experimental Settings

Datasets. To evaluate our approach, we used the data from YAGO knowledge base. YAGO is built automatically from Wikipedia, GeoNames, and WordNet. Currently, YAGO contains more than 10 million entities and more than 120 million facts about these entities. In our experiment, we generate evaluation datasets from two YAGO's datasets named *yagoFacts* and *yagoLiteralFacts*, which can be downloaded from the website of YAGO①. *yagoFacts* contains all the relational facts, and *yagoLiteralFacts* contains all the literal facts (except entities' labels). There are 4,484,914 relational facts describing 38 kinds of relations about entities, and there are 3,353,659 literal facts describing 35 datatype properties of entities.

To generate the evaluation datasets, we first extract positive examples for each relation from the relational facts. Given a relation r and a fact $\langle h, r, t \rangle$, the entity pair (h, t) is then taken as a positive example of the relation r. For each positive example, we generate 10 negative examples; 5 of them are generated by replacing the subject entity h with random entities, and the rest are generated by replacing the object entity t with random entities. 80% of positive examples are used for training and 20% of them are used for testing. Negative examples are split into training and testing sets according to their corresponding positive examples.

Using the above method, we generated two datasets for evaluation. The first one is generated by using all the available entity pairs of each relation as the positive examples, which is denoted as $YAGO_{all}$ here. Another one is generated by removing from $YAGO_{all}$ the entity pairs having not enough literal facts in the KB; the second dataset is denoted $YAGO_{lit}$. The reason of building $YAGO_{lit}$ is that our approach has to extract literal features from literal facts, if entities don't have enough literal facts, our approach will not perform well. So, we think it is more fare to use $YAGO_{lit}$ for evaluating our approach. Every entity in $YAGO_{lit}$ has no less than 3 literal facts. In both two datasets, 32

① http://www. mpi – inf. mpg. de/departments/databases – and – information – systems/research/ yago – naga/yago/downloads/

out of 38 relations are selected as the tested relation; 6 relations are not chosen because they have few or too many positive examples[1]. Table 2 outlines some details of YAGO$_{all}$ and YAGO$_{lit}$.

Table 2. details of evaluation datasets

	YAGO$_{all}$	YAGO$_{lit}$
# Tested relations	32	32
# Avg. train examples/relation	106,711	63,479
# Avg. test examples/relation	26,55 7	15, 706

Evaluation Metric. We use Mean Average Precision (MAP) as the evaluation metric, which is widely used in recent work on knowledge base completion. MAP is computed based on the ranks of positive examples according to the predictions, and it reflects both precision and recall [17].

Compared methods. We compare our approach IRL with PRA and SFE. These two approaches achieve the state—of—art performance in KB completion; and another important reason for comparing with these two approaches is that the relational features used in our approach are computed in the same way as they do. PRA and SFE are both implemented using the code provided by Matt Gardner[2]. Our approach has two variants in the experiments, IRL$_{pra}$ using relational features of PRA and IRL$_{sfe}$ using relational features of SFE.

4. 2 Experiment Results

Table 3 shows the results of different methods onYAGO$_{all}$ and YAGO$_{lit}$. MAP of different methods on the 32 tested relations are outlined in the table. Methods are com— pared in two groups, {PRA, IRL$_{pra}$} and {SFE, IRL$_{sfe}$}; because methods in the same group use the same kind of relational features. In Table 3, numbers in bold are the single best results for relations among two compared methods. Average results of all the methods are outlined at the bottom of the table, the best average results are also in bold.

---

① Not tested relations: Earth, hasGender, wasBornIn, isLeaderOf, participatedIn, isAffiliatedTo.

② https://github.com/matt – gardner/pra

Table 3. KB completion results on YAGO$_{all}$ and YAGO$_{lit}$

Relation	YAGO$_{all}$				YAGOlit			
	IPRA	IRL$_{pra}$	SFE	IRL$_{sfe}$	PRA	IRL$_{pra}$	SFE	IRL$_{sfe}$
actedln	0.2924	**0.3243**	0.3179	**0.3337**	0.2712	**0.3659**	0.3080	**0.4281**
created	0.3312	**0.3366**	**0.3432**	0.3397	0.7743	**0.8099**	0.8094	**0.8225**
dealsWith	0.0617	**0.0669**	0.0562	**0.0680**	**0.0691**	0.0527	**0.0581**	0.0524
diedln	0.5312	**0.5369**	**0.5304**	0.5168	0.5367	**0.5520**	0.4949	**0.5270**
directed	0.7443	**0.7485**	0.8020	**0.8036**	0.8134	**0.8236**	0.8675	**0.9131**
edited	0.7627	**0.7646**	0.7712	**0.7731**	0.7089	**0.8410**	0.7091	**0.8430**
exports	0.0485	**0.1078**	0.0740	**0.1003**	0.0344	**0.0751**	0.0344	**0.0927**
graduatedFrom	0.5849	**0.6407**	0.6138	**0.6223**	0.5421	**0.6504**	0.5426	**0.6483**
happenedln	0.6481	**0.6600**	0.6545	**0.6618**	**0.7812**	0.7808	0.7870	**0.7909**
hasAcademicAdvisor	0.8826	**0.9381**	0.9039	**0.9362**	0.8396	**0.9051**	0.9232	**0.9510**
hasCapital	0.6242	**0.6356**	0.6364	**0.6408**	**0.9189**	0.9154	0.9308	**0.9333**
hasChild	0.8187	0.8187	0.8170	**0.8205**	0.8557	**0.8591**	0.8580	**0.8666**
hasCurrency	0.3519	**0.4004**	0.3742	**0.4108**	0.6976	**0.7505**	0.7337	**0.8319**
hasMusicalRole	**0.0030**	0.0001	0.0006	**0.0012**	**0.9975**	0.9950	0.9765	**0.9975**
hasOfficialLanguage	0.3709	**0.4393**	0.4331	**0.4570**	0.5829	**0.5905**	0.5874	**0.6566**
hasWebsite	**0.0331**	0.0304	0.0301	**0.0306**	0.8500	**0.9500**	0.7500	**0.9500**
hasWonPrize	**0.1286**	0.1217	**0.1417**	0.1157	0.4783	**0.8913**	0.5000	**0.9783**
holdsPoliticalPosition	0.5247	**0.5341**	0.5381	**0.5446**	0.4016	**0.5543**	0.4815	**0.5509**
imports	0.0203	**0.0353**	**0.0415**	0.0188	0.0208	**0.0441**	**0.0271**	0.0143
influences	0.3768	**0.4215**	0.4111	**0.4181**	0.3173	**0.3770**	0.3299	**0.3878**
isCitizenOf	0.4626	**0.7720**	0.4776	**0.4844**	**0.8598**	0.8582	0.5206	**0.5376**
isConnectedTo	0.4505	**0.4599**	0.4577	**0.4660**	0.6944	**0.6964**	0.7039	**0.7082**
islnterestedln	0.1049	**0.1705**	0.1352	**0.1405**	0.2656	**0.3750**	0.3594	**0.4063**
isKnownFor	0.2204	**0.2644**	0.2429	**0.3259**	0.4615	**0.5128**	0.6154	**0.7179**
isLocatedln	0.5322	**0.5368**	0.5353	**0.5415**	**0.8936**	0.8920	0.9024	**0.9066**
isMarriedTo	0.3493	**0.3621**	0.3804	**0.4031**	**0.5862**	0.5065	**0.6272**	0.5522
isPoliticianOf	0.5206	**0.7285**	0.7272	**0.7337**	0.5395	**0.7474**	0.5378	**0.7621**
livesln	0.6751	**0.6768**	0.6908	**0.6983**	0.6938	**0.6965**	0.7098	**0.7305**
owns	0.4020	**0.4079**	0.4098	**0.4109**	**0.8211**	0.8198	0.8294	**0.8312**
worksAt	0.5409	**0.5572**	0.5407	**0.5472**	0.5281	**0.5746**	0.5151	**0.5787**
wroteMusicFor	**0.7243**	0.7170	**0.7648**	0.7632	0.7730	**0.7926**	0.8445	**0.8632**
playsFor	1.0000	1.0000	1.0000	1.0000	1.0000	1.0000	1.0000	1.0000
Avg.	10.4413	**0.4755** *	0.4642	**0.4728**	0.6128	**0.6642** *	0.6211	**0.6822** *

Paired t—test with significance level$p < 0.05$ is performed to find whether the o-verall improvements of the winner methods are statistically significant. If a method with

245

the best result significantly outperform the corresponding baseline method (PRA or SFE), a symbol " $*$ " is marked on its average result.

The results show that the performance of KB completion is improved by taking literal features into account. OnYAGO$_{all}$ dataset, IRL$_{pra}$ performs the best among four compared methods, and its MAP is significantly better than PRA; when using the relational features from SFE, IRL$_{sfe}$ gets higher average MAP than SFE and IRL$_{sfe}$, but the improvements are not significant according to the paired t—test. On YAGO$_{lit}$ dataset, IRL$_{pra}$ and IRL$_{sfe}$ both get the highest average MAP among the compared methods; and the differences between them and their baseline methods (PRA and SFE) are both significant. IRL$_{pra}$ gets a 5% improvement of MAP over PRA, and IRL$_{sfe}$ gets a 6% improvement of MAP.

Based on the experiment results, we get the following observations. (1) The predicted relations between entities can be more accurate if entities' literal features are also taken as the input of the prediction model. Since the improvements of IRL—series methods onYAGO$_{lit.}$ are bigger than on YAGO$_{all}$, it is obvious that more literal facts are helpful for improving the KB completion performance. (2) Using relational features from SFE leads to better results. SFE uses more expressive features than PRA does, and SFE performs better than PRA according to previous published work. So, combining literal features with more expressive relational features is helpful for getting better results.

5 Related Work

As mentioned in Section 1, KB completion approaches can be generally divided into two groups, symbolic approaches and embedding approaches. Symbolic approaches use symbolic rules or relation paths to infer new facts inKBs. For example, AMIE learns logic rules to infer new facts; PRA infers new facts by training classification model based on relation paths. Embedding approaches learn embeddings of entities and relations, and then predict new facts by computations over embeddings. TransE [3] is a representative embedding model, which is simple but powerful. Recently, several ex— tensions of TransE have been proposed, including TransR [14], TransH [19], etc. Most recently, some approaches have been proposed to combine symbolic and embedding technique, aiming to get better performance in KB completion. Nickel et al. gave a comprehensive review of different kinds of KB completion approaches [15].

Most existing approaches only use the relational facts inKBs to infer new facts. Recently, there have been several approaches that utilize information other than the relational facts, but the additional information usually comes from resource outside KBs. For example, Gardner et al. proposed approaches that incorporate latent features mined from large corpus in PRA to improve the performance [8] and use vector space similarity in the random walk inference in PRA [9]; these improved approaches of PRA use extra information in texts, literal facts in KBs are not used. There are also several embedding approaches that use information from texts to improve the performance. Wang et al. proposed a method of jointly embedding entities and words into the same continuous vector space [18]. Their approach attempts to learn embeddings preserving the relations between entities in the knowledge graph and the concurrences of words in the text corpus. Approaches proposed in [10, 21] also used information in text when learn the embedded representations of entities and relations.

Before our work, there have been approaches also use literal facts inKBs. In the work of SFE, Gardner et al. tested one—side feature comparisons as a kind of new features, which involves comparing datatype properties of subject and object entities. But in their work, they just computed the differences between the origin values of datatype properties shared by two entities; and the experimental results show that the performance actually drops after adding one—side feature comparisons in the model. Compared with SFE, our approach provides a more general and effective way to use literal facts in KB completion; our approach uses not only the datatype properties of subject and object entities, but also the datatype properties of intermediate entities in the paths connecting subject and object entities. Xie et al. [20] proposed an embedding approach that uses the text descriptions of entities in KBs when learns the representations of KBs; the descriptions of entities are from literal facts in KBs, but they are the only kind of literal facts used in their approach. Our work provides method to incorporate literal different kinds of facts into the relation prediction model, and to further improve the precision and recall of new predicted facts. In the work of Lin et al. [13], object properties are divided into two groups, relations and attributes. Attributes in their work are not datatype properties in the KB.

6 Conclusion

In this paper, we studied how to perform inference from both relational and literal facts for knowledge base completion. We propose a new approach IRL, which extracts relational and literal features from two kinds of facts inKBs for predicting new facts. By taking literal facts into account, IRL effectively improves the results of KB completion. Experiments on YAGO shows that our approach outperforms the compared state—of— art approaches.

References:

1. Bizer, C. , Lehmann, J. , Kobilarov, G. , Auer, S. , Becker, C. , Cyganiak, R. , Hellmann, S. : Dbpedia—a crystallization point for the web of data. Web Semantics: Science, Services and Agents on the World Wide Web 7(3), 154 – 165 (2009)

2. Bollacker, K. , Evans, C. , Paritosh, P. , Sturge, T. , Taylor, J. : Freebase: a collaboratively cre— ated graph database for structuring human knowledge. In: Proceedings of the 2008 ACM SIGMOD international conference on Management of data. pp. 1247 – 1250. ACM (2008)

3. Bordes, A. , Usunier, N. , Garcia—Duran, A. , Weston, J. , Yakhnenko, O. : Translating embed— dings for modeling multi—relational data. In: Advances in Neural Information Processing Systems. pp. 2787 – 2795 (2013)

4. Breiman, L. : Randomforests. Machine Learning 45,5 – 32(2001)

5. Gala ? rraga, L. A. , Teflioudi, C. , Hose, K. , Suchanek, F. : Amie: association rule mining under incomplete evidence in ontological knowledge bases. In: Proceedings of the 22nd international conference on World Wide Web. pp. 413 – 422. International World Wide Web Conferences Steering Committee (2013)

6. Garcia—Dura ? n, A. , Bordes, A. , Usunier, N. : Composing relationships with translations. In: Proceedings of the Conference on Empirical Methods in Natural Language Processing (EMNLP 2015) (2015)

7. Gardner, M. , Mitchell, T. : Efficient and expressive knowledge base completion using sub— graph feature extraction. In: Proceedings of the 2015 Conference on Empirical Methods in Natural Language Processing. pp. 1488 – 1498 (2015)

8. Gardner, M. , Talukdar, P. P. ,Kisiel, B. , Mitchell, T. : Improving learning and inference in a large knowledge—based using latent syntactic cues. In: Proceedings of the 2013 Conference on Empirical Methods in Natural Language Processing. pp. 833 – 838 (2013)

9. Gardner, M. , Talukdar, P. P. ,Krishnamurthy, J. , Mitchell, T. : Incorpora-

ting vector space similarity in random walk inference over knowledge bases. In: Proceedings of the 2014 Conference on Empirical Methods in Natural Language Processing (2014)

10. Han, X. , Liu, Z. , Sun, M. : Joint representation learning of text and knowledge for knowledge graph completion. arXiv preprint arXiv:1611. 04125 (2016)

11. Lao, N. , Mitchell, T. , Cohen, W. W. : Random walk inference and learning in a large scale knowledge base. In: Proceedings of the Conference on Empirical Methods in Natural Language Processing. pp. 529 – 539. EMNLP '11, Association for Computational Linguistics, Stroudsburg, PA, USA (2011), http://dl. acm. org/citation. cfm? id = 2145432. 2145494

12. Lin, Y. , Liu, Z. , Luan, H. B. , Sun, M. , Rao, S. , Liu, S. : Modeling relation paths for representation learning of knowledge bases. In: Proceedings of the Conference on Empirical Methods in Natural Language Processing (EMNLP 2015) (2015)

13. Lin, Y. , Liu, Z. , Sun, M. : Knowledge representation learning with entities, attributes and relations. In: Proceedings of the 25th International Conference on Artificial Intelligence (2016)

14. Lin, Y. , Liu, Z. , Sun, M. , Liu, Y. , Zhu, X. : Learning entity and relation embeddings for knowledge graph completion. In: Proceedings of the 29th AAAI Conference on Artificial

Intelligence (AAAI 2015) (2015)

15. Nickel, M. , Murphy, K. ,Tresp, V. , Gabrilovich, E. : A review of relational machine

learning for knowledge graphs. Proceedings of the IEEE 104(1), 11 – 33 (Jan 2016).

https://doi. org/10. 1109/JPROC. 2015. 2483592

16. Suchanek, F. M. , Kasneci, G. , Weikum, G. : Yago: A large ontology from Wikipedia and wordnet. Web Semantics: Science, Services and Agents on the World Wide Web 6(3), 203 – 217(2008)

17. Turpin, A. , Scholer, F. : User performance versus precision measures for simple search tasks. In: Proceedings of the 29th Annual International ACM SIGIR Conference on Research and Development in Information Retrieval. pp. 11 – 18. SIGIR '06, ACM, New York, NY, USA (2006). https://doi. org/10. 1145/1148170.

1148176, http://doi. acm. org/10. 1145/ 1148170. 1148176

18. Wang, Z. , Zhang, J. , Feng, J. , Chen, Z. : Knowledge graph and text jointly embedding. In: Proceedings of the 2014 Conference on Empirical Methods in Natural Language Processing. pp. 1591 – 1601 (2014)

19. Wang, Z. , Zhang, J. , Feng, J. , Chen, Z. : Knowledge graph embedding by translating onhyperplanes. In: Proceedings of the 28th AAAI Conference on Artificial Intelligence (AAAI 2014). pp. 1112 – 1119 (2014)

20. Xie, R. , Liu, Z. , Jia, J. , Luan, H. , Sun, M. : Representation learning of knowledge graphs with entity descriptions. In: Proceedings of the 26th AAAI Conference on Artificial Intelligence (AAAI 2016) (2016)

21. Xu, J. , Chen, K. , Qiu, X. , Huang, X. : Knowledge graph representation with jointly structural and textual encoding. arXiv preprint arXiv:1611. 08661 (2016)

第四章

融合实体数值属性的知识图谱嵌入
Knowledge Graph Embedding with Numeric Attributes of Entities

Yanrong WuZhichun Wang[①]

1 Introduction

Recently, a number of Knowledge Graphs (KGs) have been created, such as DB-pedia (Lehmann, 2015), YAGO (Mahdisoltani et al., 2015), and Freebase (Bollacker et al., 2008). KGs encode structured information of entities in the form of triplets (e. g. $\langle Microsoft, isLocatedIn, UnitedStates \rangle$), and have been successfully applied in many real— world applications. Although KGs contain a huge amount of triplets, most of them are incomplete. In order to further expand KGs, much work on KG completion has been done, which aims to predict new triplets based on the existing ones in KGs. A promising group of research for KG completion is known as KG embedding. KG embedding approaches project entities and relations into a continuous vector space while preserving the original knowledge in the KG. KG embedding models achieve good performance in KG completion in terms of efficiency and scalability. TransE is a representative KG embedding approach (Bordes et al., 2013), which projects both entities and relations into the same vector space: if a triplet $\langle head\ entity, relation, tail\ entity \rangle$ (denoted as $\langle h, r, t \rangle$) holds, TransE wants that $h + r \approx t$. The embeddings are learned by minimizing a margin—based ranking criterion over the training set. TransE model is simple but powerful, and it gets promising results on link prediction and triple

① Yanrong Wu, College of Information Science and Technology; Zhichun Wang, Corresponding Author, Beijing Normal University. Proceedings of the 3rd Workshop on Representation Learning for NLP, pages 132 – 136 Melbourne, Australia, July 20, 2018. The work is supported by the National Key Research and Development Program of China (No. 2017YFC0804004) and the National Natural Science Foundation of China (No. 61772079).

classification problems. There are several enhanced models of TransE, including TransR (Lin et al., 2015), TransH (Wang et al., 2014) and TransD (Ji et al., 2015) etc. By introducing new representations of relational translation, later approaches achieve better performance at the cost of increasing model complexity. Recent surveys (Wang et al., 2017; Nickel et al., 2016) give detailed introduction and comparison of various KG embedding approaches.

However, most of the existing KG embedding approaches only model relational triplets (i. e. triplets of entity relations), while ignoring a large number of attributive triplets (i. e. triplets of entity attributes, e. g. ⟨ *Microsoft*, *wasFoundedOnDate*, 1975⟩) in KGs. attributive triplets describe various attributes of entities, such as ages of people or areas of a city. There are a huge number of attributive triplets in real KGs, and we believe that information encoded in these triplets is also useful for predicting entity relations. Having the above motivation, we propose a new KG embedding approach that jointly model entity relations and entities' numeric attributes. Our approach consists of two component models, structure embedding model and attribute embed— ding model. The structure embedding model is a translational distance model that preserves the knowledge of entity relations; the attribute embedding model is a regression—based model that preserves the knowledge of entity attributes. Two component models are jointly optimized to get the embeddings of entities, relations, and attributes. Experiments of link prediction on YAGO and Freebase show that the performance is effectively improved by adding entities' numeric attributes in the embedding model.

2 Our Approach

To effectively utilize numeric attributes of entities in KG embedding, we proposeTransEA, which combine a new attribute embedding model with the structure embedding model of TransE. Two component models in TransEA share the embed— dings of entities, and they are jointly optimized in the training process.

2. 1 Structure Embedding

The structure embedding directly adopts the translation—based method inTransE to model the relational triplets in KGs. Both Entities and relations in a KG are represented in the same vector space $\mathbb{R}^d$. In a triplet ⟨ h, r, t ⟩, the relation is considered as a translation vector r, which connects the vector of entities h and t with low error,

i. e. $h + r \approx t$. The score function of a given triplet $\langle h, r, t \rangle$ is defined as

$$f_r(h,t) = -|| \mathbf{h} + \mathbf{r} - \mathbf{t} ||_{1/2} \tag{1}$$

$||x||_{1/2}$ denotes either the L1 or L2 norm. For all the relational triplets in the KG, the loss function of the structure embedding is defined as:

$$L_R = \sum_{\langle h,r,t \rangle \in S} \sum_{\langle h',r',t' \rangle \in S'} [\gamma + f_r(h,t) - f_r(h',t')]_+ \tag{2}$$

where $[x]_+ = max\{0, x\}$, S' denotes the set of negative triplets constructed by corrupting $\langle h, r, t \rangle$, i. e. replacing h or t with a randomly chosen entity in KG; $\gamma > 0$ is a margin hyper— parameter separating positive and negative triplets.

2.2 Attribute Embedding

Attribute embedding model takes all the attributive triplets in a KG as input, and learns embeddings of entities and attributes. Both entities and attributes are represented as vectors in space $\mathbb{R}^d$. In an attributive triplet $\langle e, a, v \rangle$, e is an entity, a is an attribute, and v is the value of the entity's attribute. In our approach, we only consider attributive triplets containing numeric values or values can be easily converted into numeric ones. For a triplet $\langle e, a, v \rangle$, we define a score function as

$$F_a(e,v) = -|| \mathbf{a}^\top \cdot \mathbf{e} + b_a - v ||_{1/2} \tag{3}$$

where $\mathbf{a}$ and $\mathbf{e}$ are vectors of attribute a and entity e, b_a is a bias for attribute a. The idea of this score function is to predict the attribute value by a linear regression model of attribute a; the vector $\mathbf{a}$ and bias b_a are the parameters of the regression model. For all the attributive triplets in the KG, the loss function of the attribute embedding is defined as:

$$L_A = \sum_{\langle e,a,v \rangle \in T} f_a(e,v) \tag{4}$$

2.3 Joint Model

To combine the above two component models, TransEA minimizes the following loss function:

$$L = (1 - \alpha) \cdot L_R + \alpha \cdot L_A \tag{5}$$

where α is a hyper—parameter that balances the importance of structure and attribute embedding. In the joint model, we let the embeddings of entities shared by two component models. Entities, relations, and attributes are all represented by vectors in

$\mathbb{R}^d$. We implement our approach by using TensorFlow①, and the loss function is minimized by performing stochastic gradient descent.

3 Experiments

3. 1 Datasets

The following two datasets are used in the experiments, Table 1 shows their detail information.

YG58K. YG58K is a subset of YAGO3 (Mahdisoltani et al. , 2015) which contains about 58K entities. YG58K is built by removing entities from YAGO3 that appear less than 25 times or have no attributive triplets. All the remaining triplets are then randomly split into training/validation/test sets.

FB15K. FB15K is a subset of triplets extracted from Freebase②. This subset of Freebase was originally used in (Bordes et al. , 2013), and then widely used for evaluating KB completion approaches. Since our approach consumes attributive triplets, we extract all the attributive triplets of entities in FB15K from Freebase to build the evaluation dataset.

Table 1   atistics of datasets

Datasets	YG58K	FB15K
# Relational Triplets	497783	592213
# Attributive Triplets	130287	24034
# Entities	58130	14951
# Relations	32	1345
# Attributes	24	336
# Train Sets	399480	483142
# Valid Sets	49171	59071
# Test Sets	49132	50000

3. 2 Experimental setup

In the experiments, Mean Rank (the mean rank of the original correct entity),

---

① https://www. tensorflow. org
② https://everest. hds. utc. fr/doku. php? id = en:transe

Hits@k (the proportion of the original correct entity to the top k entities), and MRR (the mean reciprocal rank) are used as evaluation metrics. Given a testing triplet $\langle h, r, t \rangle$, we replace the head h by every entity in the KGs and calculate dissimilarity measures according to the score function f_r. Ranking the scores in ascending order, then we get the rank of the original correct triplet to compute the evaluation metrics. And we repeat the procedure when removing the tail t instead of the head h. We name the evaluation setting as "**Raw**". While corrupted triplets that appear in the train/valid/test sets (except the original correct one) may underestimate the metrics, we also filter out those corrupted triplets be— fore getting the rank of each testing triplet and we call this process "**Filter**".

Because our approach is built based onTransE, we compare our approach with TransE to see whether adding attribute embedding in the model improves the performance of link prediction. For TransE and TransEA, we consider the learning rate λ among {0.1, 0.01, 0.001}, the margin γ among {1, 2, 4, 10}, the dimensions of embedding d among {20, 50, 100, 150}, the types of norm in two score functions among {L1, L2}, and α among {0.2, 0.3, 0.4, 0.5, 0.6}. Based on the mean rank in validation set, we select the best configurations for two approaches. On the YG58K dataset, the best parameter configuration for TransE is ($\lambda = 0.1, \gamma = 4, d = 50, f_r = L1, f_a = L1$), and for TransEA is ($\lambda = 0.001, \gamma = 4, d = 50, f_r = L1, f_a = L1, \alpha = 0.6$). On the FB15K dataset, the best parameter configuration for TransE is ($\lambda = 0.01, \gamma = 1, d = 50, f_r = L1, f_a = L1$), and for TransEA is ($\lambda = 0.001, \gamma = 2, d = 100, f_r = L1, f_a = L1, \alpha = 0.3$).

3.3 Results

Table 2 shows the results of link prediction on YG58K and FB15K datasets. The results of predicting head and tail entities are outlined separately, and we also report the overall results by considering prediction of both head and tail entity. According to the overall results, TransEA out— performs TransE on both two datasets in terms of all the three metrics. TransEA gets lower Mean Ranks by about 10 on YG58K dataset; the MRR and Hits@k of two approaches are very close, TransEA gets slightly better results, the improvements of MRR and Hits@k are 0.1—0.2% and 0—0.3%. On FB15K dataset, TransEA gets lower Mean Ranks by 13, and it also gets better results than TransE according to MRR, Hits@10 and Hits@3.

Table 2 Link prediction results

Dataset	Entity	Model	Mean Rank		MRR(%)		Hits@10(%)		Hits@3(%)		Hits@1(%)	
			Raw	Filter	Raw	Filter	Raw	Filter	Raw	Filter	Raw	Filter
YG58K	Head	TransE	950	731	3.1	5.2	9.1	15.4	**4.1**	8.4	1.0	3.2
		TransEA	**944**	**723**	3.1	**5.4**	**9.4**	**16.0**	4.1	**8.5**	**1.1**	**3.4**
	Tail	TransE	240	234	8.4	10.2	27.0	31.9	12.2	17.0	4.5	6.5
		TransEA	**229**	**223**	**8.5**	**10.5**	**27.6**	**32.7**	**12.4**	**17.6**	**4.7**	**6.8**
	All	TransE	595	482	5.7	7.7	18.0	23.7	8.2	12.7	2.8	4.8
		TransEA	**586**	**473**	**5.8**	**7.9**	**18.5**	**24.3**	8.2	**13.0**	**2.9**	**5.1**
FB15K	Head	TransE	240	115	14.5	25.2	47.0	68.7	26.2	52.4	11.8	30.6
		TransEA	**225**	**100**	**15.1**	**28.1**	**49.5**	**74.0**	**28.0**	**60.1**	**11.8**	**34.8**
	Tail	TransE	168	87	17.6	28.2	54.8	75.1	32.8	58.9	**16.4**	35.7
		TransEA	**157**	**76**	**18.2**	**30.9**	**57.5**	**80.5**	**34.5**	**66.6**	16.3	**40.0**
	All	TransE	204	101	16.0	26.7	50.9	71.9	29.5	55.7	**14.1**	33.I
		TransEA	**191**	**88**	**16.7**	**29.5**	**53.5**	**77.3**	**31.3**	**63.3**	14.0	**37.4**

Table 3 shows the results of different relational categories. In general, TransEA has superiority on two datasets, except one—to—many relation for replacing head entity on YG58K. And the improvements on FB15K are larger than YG58K.

Table 3: Hits@10(%) by relational category in the filtered evaluation setting. (N. stand for MANY)

DATASETS	TASK	Predicting Head(Hits@10)				Prediction Tail(Hits@10)			
	REL. CAT	1-to-1	1-to-N	N-to-1	N-to-N	1-to-1	1-to-N	N-to-1	N-to-N
YG58K	TransE	61.4	**45.5**	15.4	15.5	62.0	18.2	31.9	31.1
	TransEA	**63.9**	36.4	**16.0**	**16.0**	**63.3**	**22.7**	**32.7**	**31.9**
FB15K	TransE	78.1	93.8	68.7	72.3	78.0	42.1	75.1	75.6
	TransEA	**84.3**	**95.5**	**74.0**	**77.6**	**83.3**	**52.4**	**80.5**	**81.1**

In order to figure out which relations are predicted more accurately byTransEA, Table 4 lists the top 5 improved relations in terms of Hits@10 on YG58K. It shows the best improvement of Hits@10 is 25% for the relation *isInterestedIn*. The second one is 12.5% for *hasAcademicAdvisor*, and the third is 6.3% for *worteMusicFor*. Entities of these three relations have plenty of numeric attributes (*wasBornOnDate*, *diedOnDate*) describing people, we believe they are helpful to improving the embeddings of entity relations. Entities in relational triplets about *livesIn*, (e. g. ⟨ *HankAzaria*, *livesIn*, *New-York* ⟩), also have some numeric attributes (*hasLatitude*, *hasLongtude*, *hasNumberOf-People*, etc), therefore TransEA gets a 5% improvement of Hits@ 10.

Table 4 Top 5 relations of promoted Hits@10 and their Hits@10(%) on YG58K

Relation	TransE	ransEA
isInterestedIn	50. 0	75. 0
hasAcademicAdvisor	31. 3	43. 8
wroteMusicFor	12. 5	18. 8
livesIn	23. 8	28. 8
hasNeighbor	48. 1	52. 8

On FB15K dataset, five relations have 100% improvements of Hits@ 10, because-TransE does not correctly predict any correct triplets in the top 10 ranked ones. We find that these relations only have one single sample in the test sets, so Table 5 lists the Mean Rank of them. Obviously, TransEA improves their Mean Rank a lot. Entities in triplets of the five rela— tions have only a few attributes. For example, the relation *business/brand/company* only has one numeric attributive triplet about *organization/dateFounded*. And the relation music/artists supported has two triplets with numeric attributes *person/dateOfBirth* and one triplet with *person/heightMeters*. Therefore, the quality of predicted links can be improved as well even with only a small number of entities numeric attributes.

Table 5: Top 5 relations of promoted Hit@10 and their Mean Rank on FB15K

Relation	TransE	TransEA
business/brand/company	24	2
base/celebrity/restaurant	249	4
base/celebrity/product	24	2
music/artists_supported	44	3
sports/competition/country	24	4

4 Conclusion

In this paper, we proposeTransEA, an embedding approach which jointly models relational and attributive triplets in KGs. TransEA com— bines an attribute embedding model with the translation—based embedding model in TransE. Experiments on YAGO and Freebase show that TransEA achieves better performance than TransE in link prediction task. In the future, we will study how to predict missing attribute values in KGs based on KG embedding.

References:

KurtBollacker, Colin Evans, Praveen Paritosh, Tim Sturge, and Jamie Taylor. 2008. Freebase: a collaboratively created graph database for structuring human knowledge. SIGMOD 08 Proceedings of the 2008 ACM SIGMOD international conference on Management of data, pages 1247 – 1250.

Antoine Bordes, NicolasUsunier, Alberto Garcia—Duran, Jason Weston, and Oksana Yakhnenko. 2013. Translating embeddings for modeling multi—relational data. In Proceedings of Advances in neural information processing systems (NIPS2013), pages 2787 – 2795.

Guoliang Ji, Shizhu He, Liheng Xu, Kang Liu, and Jun Zhao. 2015. Knowledge graph embedding via dynamic mapping matrix. In Proceedings of the 53rd Annual Meeting of the Association for Computational Linguistics and the 7th International Joint Conference on Natural Language Processing, volume 1, pages 687 – 696.

J. Lehmann. 2015. Dbpedia: A large—scale, multilingual knowledge base extracted from Wikipedia. Semantic Web, 6(2):167 – 195.

Yankai Lin, Zhiyuan Liu, Maosong Sun, Yang Liu, and Xuan Zhu. 2015. Learning entity and relation embeddings for knowledge graph completion. In Proceedings of the Twenty—Ninth AAAI Conference on Artificial Intelligence (AAAI2015), volume 15, pages 2181 – 2187.

Farzaneh Mahdisoltani, Joanna Asia Biega, and Fabian M. Suchanek. 2015. YAGO3: A Knowledge Base from Multilingual Wikipedias. 7th Biennial Conference on Innovative Data Systems Research.

Maximilian Nickel, Kevin Murphy, VolkerTresp, and Evgeniy Gabrilovich. 2016. A review of relational machine learning for knowledge graphs. Proceedings of the

IEEE, 104(1):11 - 33.

Quan Wang, Zhendong Mao, Bin Wang, and Li Guo. 2017. Knowledge graph embedding: A survey of approaches and applications. IEEE Transactions on Knowledge and Data Engineering, 29(12): 2724 - 2743.

Zhen Wang, Jianwen Zhang, Jianlin Feng, and Zheng Chen. 2014. Knowledge graph embedding by translating onhyperplanes. In Proceedings of the Twenty— eighth AAAI Conference on Artificial Intelligence (AAAI2014), volume 14, pages 1112 - 1119.